山梨県の古代史

――酒折宮とヤマトタケルの謎に迫る――

森　和敏　編著

アスパラ社

酒折宮でヤマトタケルを迎える御火焼老人《みひたきのおきな》

相模国で火に囲まれて枯草を切りはらうヤマトタケル
南・北熊野神社に掛けられた額

（斉田和也氏撮影）

銚子塚古墳（笛吹市八代町・ふるさと公園）

銚子塚古墳出土の埴輪（甲府市・甲斐風土記の丘）

姥塚古墳（笛吹市御坂町下井之上）

同上　石室入り口に落ちた天井石

グラビア写真

南・北熊野神社（笛吹市八代町北）にある額の絵（「古事記」「日本書紀」による）

『銚子塚古墳附丸山古墳』三つ巴紋文のある壺形埴輪
山梨県埋蔵文化財センター調査報告書　第二五三集　二〇〇八年

姥塚古墳石室入口に落ちた天井石
石室閉塞後に落ちることはあり得ない。天井石が落ちたために入口を閉塞できないの石室として使えなかった。つまり遺体を入れなかったと考えられる。

山梨県の古代史

―酒折宮とヤマトタケルの謎に迫る

再版の辞

拙著の小説『甲斐を拓いた男たち』の発行所アスパラ社の社長向山美和子氏がこの本の種本となった拙著『酒折宮とヤマトタケル』(平成二五)を再版したいとの申出がありましたが売れるかどうかなどの危惧があり「よした方がいいよ」と言ったのですが褒められてつい「いいよ」と返事をしてしまいました。そして『甲斐古代豪族の系譜』(平成二八年、共著)の二冊を合本したらということでした。

私は再版するなら、つけ加えたいことがあることを告げておきました。つけ加えるのは発表された論文や特に『甲斐王家の墳墓』には甲斐古代史の概要やその後新しく発見した塩海宿弥に関係する立石がある神社をまとめた小冊子『補遺甲斐古代豪族の系譜』(二〇一六)のその後にも発見した神社の追加、さらに非常に重要な内容をもつ『秘本酒折宮本宮所在考全』(酒折宮本宮社務所発行、大正一三年四月七日)、五二ページの小冊子ですが、その内容や説明も入れたいと考えています。こうしますとこの本の構成そのものを変えなければなりません。最後の第四章には『甲斐王族の墳墓』と小説『甲斐を拓いた男たち』に深い関係のある私の師でもある犬飼和雄先生の「酒折宮問答歌再考」をのせさせていただきました。

『古事記』『日本書紀』の正しい読み方の論文です。この論文だけは多くの方にぜひ読んでいただきたいと思います。既に両書をお持ちの方には恐縮ですが再版した本も手に取っていただけたら幸です。

山梨県の古代史　―酒折宮とヤマトタケルの謎に迫る―

目　次

補遺

酒折宮とヤマトタケル

もう一つの酒折宮　もう一人の塩海宿弥……263

表紙絵　櫛原 織江

山梨県の原始時代・古代

第一章　山梨県の原始時代・古代の概観

（文責　森 和敏）

古代と呼ばれる時代の前の原始時代における縄文時代を例にとって、この古代を学ぶことの意味を具体的に私なりに書いてみたいと思います。

縄文時代は約一万三千年前から二千三百年前頃までのほぼ一万年間を言います。この一万年間を草創期、早期、前期、中期、後期、晩期の六期に分けています。この六期に作られた土器は時期ごとに変化して一つとして同じものはありません。つまり土器の形、文様の特徴などによって形式を決めることができます。例えばもっとも活力のあった縄文時代中期、文化の中心的位置にあった関東地方の土器形式は五領ヶ台式《ごりょうがだいしき》、勝坂式《かつさかしき》、加曾利式《かそりしき》の三形式に別けられます。

さらにこの形式を同じ特徴をもつものに別けますと例えば加曾利式は四期に分けられます。加曾利式二期の始まりから二期の終りまでは二九〇年の間土器文様の変化はあまりみられません。また勝坂式と加曾利式土器が作られた期間は九一〇年があって両者の土器文様は全く違います。中期はほぼ今から五五二〇年前から二四七〇年前の約一千年間といわれています。この一千年間の形式を細分すると三〇になります。この一千年間を三〇で割ると平均して一期が約三三年間となります。一形式の期間には長短ありますが、この期間は飽きることなく同じ土器形式のものを作っているということです。当時の人の一世代を一五年から二〇年と二・三代にわたって相変らず同じような土器を作っているということです。

縄文時代の草創期では土器形式区分からみると四〇代、前期では二〇代、晩期では七代くらいも飽きもしないで同じ様な土器を作っています。次の弥生時代は六〇〇年間古墳時代は四〇〇年間続きます。その後の流行期間は短くなりますが、現代は一世代三〇年間くらいになっていて、文化は目まぐるしく変化し自動車の形式は数年、携帯電話はスマートホンになり、服装は毎年新しい型が発表され、パーソナルコンピュータは二千年頃新しく出現しました。今後は文化はもっと激しく変化、進歩することになります。老人は理解不能、覚えられない、すぐ忘れることになり、老人と若者の知識や技術、感覚の格差が大きくなります。老人と若者の世代戦争がないのが不思議なくらいですが、世代間の争いやコミュニケーションの断絶は日常茶飯事になっています。

私が住む農村は国内で有数の農業地帯と言われていて、太平洋戦争敗戦までは七〇軒あった家が今は一二〇軒になりこの内純農家は一〇分の一に減りました。一九六〇年代中頃（昭和四〇～五〇年）に農業構造改善事業で果樹や野菜栽培が始まり、農業が近代化し農村は一変しました。純農家では後継者が、公務員や会社員より高い収入を得始めていますが耕作放棄地は増え続けていて、予断を許しません。親子の知識や技術、感覚の差によって農業経営がスムーズに進まなくなっているのが現状です。さらに農家の子供が農業後継者にならない、その上に農家に嫁さん、婿さんがこない、子どもがなくて後継者がない、放棄農地がふえて雑草地になるなどとなって農家・農村は危機的状況です。少し過激に言えばこのような農家が軒を連ねていて農村は瀕死の状態にあると言えます。昔のように貧困家庭はほとんどないのに、国家は国勢調査で社会の状況は分析され把握されているはずであるのですが農村問題を解決する糸口さえみえません。

一方国内の政治は乱れているとみられていると言われています。二〇一六年（平成二八）二月二六日、甲府駅前にある小作に山梨県考古博物館、山梨県埋蔵文化財センターの現職職員とその退職者二〇人ばかりが集まり飲み会を開きました。発起者は将来を有望視されていた故今福氏などの有志です。

誰かが今の政治の批判をはじめたら喧喧諤諤《けんけんがくがく》、嘲笑をまじえた議論になりました。安倍総理大臣と麻生副総理大臣の悪政のことです。当時の象徴的な〝モリカケサクラ〟の事件は私立大学への見返りがある許認可供与、国家機関国税庁の大阪出先が異常な低価格で国有地を売却した書類を改ざんして自殺者が発生した事件、桜の花見会に公費を支出した問題でした。国会は与党の自民党・公明党と野党の立憲民主党・共産党等との熾烈なやり取りで紛糾し、他の案件は付足のようで、国会審議はまともな政治議論はなかった印象しか残っていません。安倍総理はこの中で行政府（官庁）の長である総理大臣は立法府（国会）の長であるとの発言をしました（『文芸春秋』「日本の地下水脈」保坂正保　二〇二三）。また前記の自殺者問題では司法（裁判所）の人事によって事件の裁判をなしくずしたことは司法の長も総理大臣だと認識していた節もあり、民主主義の基本である三権分立さえ知らないではないでしょうか。総理大臣がです。安倍総理は流石《さすが》に都内にある一流私立大学に入学し卒業した程度が低い人だ、と他人のことは言えないけれどと言いながら。我われは大学の入学試験のために必死になって勉強したのは何だったのか。麻生副総理は、空航でサングラスをかけ中折帽子を頭にのせて、子分を引きつれて外国に出かける姿はあたかもヤクザの親分まがいではないかなどと言う過激な意見も言います。我われは酷暑の夏、厳寒の冬も遺跡の現場で発掘調査をしているのにです。

議論は自由な発言で庶民の本音であろうと私は思いました。勿論飲み会は和気あいあい有意義でありました。

また自民党は企事として結託し不正な多額の政治資金を集めて悪用し、私用に使い、国民から徴収した税金という公金を受取って、中には機密を要する支出もありましょうが、横領しました。悪事は延えんと続いて上から下へと蔓延しました。その後安倍総理が凶弾に斃れて三年後の今になっても隠していた様ざまな悪政が次つぎに露呈していることはまがいもない事実であります。

私は反面安倍総理大臣と麻生副総理大臣のコンビだからできたことでもあったと、農村で生まれ育ったので農政に関心があったので、思ったこともあります。

第二次安倍内閣が発足してしばらくたった頃だったと思います。農業政策を改革するために全国農業協同組合連合会の組織を、経済連との関係を含めて合理化しようとして両組織の猛反発を受け紛糾しましたが完結に到りませんでした。しかし、この時から、江戸時代から伝統的に続いていた〝百姓は生かさず殺さず〟という表面には出てこない不文律が断絶したと思われます。農産物の価格形成が政府の圧力によってされていたことが自由化され、近年は農家の収入が一・五倍高くなっていることは農水省の統計で示された私の身近でも今は一千万円を超える粗収入がある農家が少なからずあります。恐らく農政の改革のみならず日本歴史史上で特筆すべきことのあるように考えられたのです。前述した飲み会で議論されたことは、日本歴史の基層部の調査研究をしている日本保守主義の本流である可き若年層中年層が自らを革新系と考えていることもおもしろさがあります。この者たちの力で悪政を克服して悪弊を次世代に残してはならないと思います。

現代は日本の長い歴史の中で最後にあたった第二次世界大戦による直接的な大きな影響による結果です。大戦の悪夢をくり返してはなりません。

また農村に住んで農業を営んでいますと、人間の都合によって、自然の破壊をすさまじくしていることが身をもってわかります。桃、ぶどうなどの農産物の収穫が気候温暖化によって毎年早まっていて、二〇年前より半月以上早くなっています。過去夏の最高気温が三六度以上になることは稀だったのですが、今では四〇度をこすことがあります。

農作物の消毒が多くなり、虫が少なくなったので、小鳥が少なくなり、トンボなどもいなくなって死の世界が広がっています。田にはタニシが、川には雑魚や蜆が、地中にはモグラがいなくなりました。蛇やイタチを見かけなくなりました。その代わりに一九五〇年頃、私が子供の時に里には決していなかった雉や狐、鹿などが山から下りて来ています。猪、熊は普通に居るようになりました。これらの動物をみさかいなく殺すことは人間が住む自然を自ら破壊することです。自らを追いつめることになるでしょう。自然を守るのは一人ひとりの心の中にあるものだと思います。

第二章　山梨県の古墳時代

（文責　森　和敏）

一　古墳時代

西暦三〇〇年頃から始まり、七〇〇年頃まで続きます。王などの有力者が土を盛った墳墓を造って石室、粘土槨《ねんどかく》などの主体部に埋葬され、近畿地方では天皇が国家をつくり組織的に国を統治し始めました。山梨県でも主に甲府盆地で豪族が支配した地域で古墳を造りました。本県でも古墳の形、古墳の主体部の形、土器形式のちがいなどによって五〇〇年頃を境として前期と後期に分けられていますが、中期を入れる説もあります。

二〇〇年代の後半頃に朝鮮半島で内乱があった頃から多数の人達が日本に逃げて来て、近畿地方から東海地方にその渡来人や子孫が移住し、あふれた人達がさらに新天地を求めて甲府盆地や長野県などに入りました。この人達は薄くて特徴的なS字状口縁台付甕《えすじじょうこうえんだいつきがめ》（一四九ページ第1図参照）を残しています。この土器が出土する遺跡が急激に増加するので、人口が急増したことがわかっています。人口増は自然増だけではなく社会的な原因によると考えられています。

甲府盆地では三〇〇年代になる頃から強力な豪族が育ち次つぎに大型古墳をつくりました。その系譜を次のようにまとめてみました。

二　古代豪族の系譜

本書「もう一つの酒折宮　もう一人の塩海宿弥」第2図の甲斐古代豪族は代だいその権力を引き継いで本書の中軸となっていて、歴史を形成していることについて明らかにしたいと思います。この系譜は八代孝元《こうげん》天皇から分れて彦太忍信命《ひこふつおしのまことのみこと》から建内宿弥《たけうちのすくね》（官職につける姓）、波多八代宿弥《はたやしろのすくね》の系統、九代開化《かいか》天皇から分れて日子坐王《ひこいますのみこ》から塩海宿弥《しおみのすくね》に至る系統、開化天皇から分れて垂仁《すいにん》天皇、景行《けいこう》天皇、倭建命《わたけるのみこと》（紀では日本武尊《やまとたけるのみこと》）に至る系統の三筋に分かれていますが塩海宿弥に至る系統が本書の中心になります。

倭建命に至る系統は本県とは直接の関係はないのですが倭建命が甲斐の酒折宮に寄っているのでここに表記しました。ただ景行天皇とその皇子倭建命とは本県の場合は時代が合わないことは後述のとおりです。本書で言う古代の豪族とは古墳に埋葬された人物です。この人物を被葬者と言いますが、この被葬者が誰であるかは山梨県の場合も全国と同じようにほとんど知られていません。県内に築造された千基を超えた古墳でも同じです。文字がなかった時代と言われる古墳時代でも埼玉県にある稲荷山古墳から出土した鉄剣に彫られた金の象嵌《ぞうがん》文字で記録として残されたようなものもわずかですがあります。そこで本書では古記録に書かれた書物などから抽出した人物と現地の伝承などをつき合わせて推察してみました。結論としては確かな人物も少しあり、推測の域を出ないものもありました。その資料を次にあげてみます。奈良時代の七一二年に出版された『古事記』（以下『記』とします）と八代孝元天皇の条、九代開化天皇の条、一一代垂仁天皇の条、一二代景行天皇の条です。

次に同じく奈良時代の七二〇年に出版された『日本書紀』（以下『紀』とします）で、出典は『日本書紀①』（小学館、一九九九年）の第八代孝元天皇の条、九代開化天皇の条、一一代垂仁天皇の条、二八年と三二年の条、景行天皇三年の条、同二五年の条によります。

さて本県でも弥生時代の伝統を継いだ古墳時代も甲府盆地の国中《くになか》地方とは御坂《みさか》山脈を境とする東側の郡内《ぐんない》地方とは様相が異なり、国中は以前から関西文化が入っていて、郡内は関東文化が強くなっています。

前期の古墳は一五基ばかりの前方後円（方）墳、約一〇基の円墳、二基の方墳は石室などの遺体を埋葬する主体部が墳頂にあって全て上から遺体を入れる型式です。主体部は四囲を石垣で作った石室か四囲に板石を立てた石棺又は粘土で作られた粘土槨です。中でも石室が多く粘土槨は笛吹《ふえふき》市八代《やつしろ》町岡《おか》にある銚子塚《ちょうしづか》古墳や同町米倉《よねくら》にある一辺五二メートルの前期方墳として国内有数の大きい竜塚古墳などがあり少数派の古墳です。甲府市の旧中道《なかみち》町下向山《しもむこうやま》字佐久《さく》にある米倉山《こめくらやま》の小平沢《こびらざわ》には、三〇〇年始め頃に本県で初めて造られたと言われる粘土槨と考えられている長さ三六メートルの前方後方墳があります。

三〇〇年代初め頃小平沢前方後方墳が本県で確かに初めて造られた古墳とすればこの時から本県の古墳時代が始まったと言っていいでしょう。前期の弥生時代から古墳時代に移る時代的背景の中で甲府市の旧中道町下向山字佐久にある曾根《そね》丘陵の米倉山はこの条件にふさわしい所と思われます。

米倉山を拠点として発生した豪族は、この古墳で発見された四世紀に作られたS字状口縁台付甕（一四九ページ第1図参照）をもつ入植者集団つまり朝鮮半島から渡来した集団の統率者か以前に入植した渡来集団の土豪化した豪族の子孫だったとも考えられています。小平沢古墳から約二キロメートルの範囲内の狭い下向山地区に次つぎに大形の前方後円墳である長さ一三五メートルの天神山古墳、長さ一二〇メートルの大丸山古墳、一六八メートルの甲斐銚子塚古墳、笛吹市八代町岡に長さ九〇メートルの銚子塚古墳が築造されたと考えられています。水田が拡大し、米が増産されて人口が増加し権力が集中し、甲府盆地をほぼ統一した豪族が造ったのが甲斐銚子塚古墳で長さ一六八メートルの本県最大で東日本でも最大級の古墳です。この古墳群の被葬者である豪族たちは全て同族であろうと思われるのです。というのはこれらの豪族が次つぎに狭い地域に滅びて新しく権力を握った豪族が一代一五年くらいの間に生れ育って次つぎに大形の古墳を造ったとは考えられないからです。

　下向山に大形前方後円墳が造られた時代を過ぎ、四〇〇年代になると中央《ちゅうおう》市大鳥居《おおとりい》宇山平《うやまだいら》に合掌型石室をもち、埴輪を立てた長さ六一メートルの王塚古墳。この南の台地、市川三郷《いちかわみさと》町大塚に葺石があり、馬具などが出土した長軸四〇メートルの小さい大塚古墳がありますが大塚は王塚の意味だったと思われます。甲斐銚子塚の近くに馬具などが出土したかんかん塚古墳がありまた笛吹市成田にある亀甲塚古墳は前期後葉と考えられていましたが発掘調査の結果によって前期前葉に比定されました。（櫛原切一二〇二二）。

　この亀甲塚古墳の北方二〇〇メートルにも琵琶《びわ》塚古墳と呼ばれた（筆者二〇二二）前方後円墳が

あったと考えられます。前期の後葉五世紀後半であると言われていますが、その前方部が破壊されて残っていないので分間図で地割を見ると前方部の角がない柄鏡型ではないかと筆者は考えています。八代町南の孤塚《きつねづか》古墳、同北の団栗塚《どんぐりづか》古墳、団栗塚古墳に似た石棺と石室が並んであると言われている同増利の八幡《はちまん》さん古墳、甲府市上阿原にある藤塚《ふじづか》古墳、和戸町にある琵琶塚古墳、同大神さん古墳は、曽根丘陵上やその北に続く諸扇状地と甲府市北側の沖積地にあります。南アルプス市旧櫛形町の一之瀬台地上に造られた物見塚古墳を除きます。この時期には盆地内の権力が拡散し弱小化して、大和政権に隷属するようになったとも考えられています。

本県前期古墳時代の概観は以上ですが、特に下向山に集中している前述した天神山古墳、国指定文化財になった大丸山古墳、甲斐銚子塚古墳の前方後円墳の問題点などについて取り上げたいと思います。

狭い地域に三〇〇年代前半の短い時間に三基の巨大前方後円墳を造った豪族たちは権力を引き継いだ同族だったと考えられます。つまり前方後円墳を築造する豪族は特定の豪族でした。考古学では遺物や遺構によって立証する学問ですので、この関係は遺伝子（ＤＮＡ）によって立証しなければなりません。しかしこの三基の中で骨が偶然ですが残っていたのは甲府市旧中道町下向山東山にある大丸山古墳だけです。今この骨は東京上野にある東京国立博物館に保存されていますがこの骨だけでは系統はわかりませんので、この系譜は状況証拠による推定です。

この三基の古墳に埋葬された三代が約五〇～六〇年間としますと一代が平均約一七年から二〇年間です。三基の古墳の最古は埴輪が立てられていない天神山古墳と考えられていることは曽根丘陵の奥まった地点で丘陵の間にある低地に始めて稲作文化をもつ集落を形成しそこで権力を育んだ豪族の古墳とみられています。この後に大丸山古墳と甲斐銚子塚古墳を築いた豪族が一キロメートルの狭い範囲に新しく次つぎに誕生したとは考えられません。恐らく子から孫へと権力の継承がなされたと思われます。

　天神山古墳に埋葬された人物が伝承や古文献に出てきます。向山土本毘古王《むこうやまとほひこおう》と呼ばれ、八〇〇年代前期に出版された『先代旧事本紀の巻一〇国造本紀』に「纏向日代朝《まきむくひしろのちょう》（一二代景行天皇）の御代に狭穂彦王《さほひこのきみ》（第九代開化天皇の皇子日子坐王《ひこいますのみこ》の子妹の狭穂毘売《さほひめ》命は垂仁天皇の皇后）の三世の孫臣知津彦公《ちづひこのきみ》の子、塩海足尼《しおみのすくね》を国造に定められた」と載っています。この塩海足尼《すくね》は記紀には載っていない人物で、記紀に載っている狭穂彦公（記は沙本毘古命）の四代後の人で国造で開化天皇の子孫六代目の人だと言うのです。

　狭穂彦公は甲斐国の開祖である可き人ですが伝承や古文献には全く出てきません。出てくる人物は向山土本毘古王で、甲斐の開祖だというのです。実は狭穂彦王は塩海足尼の祖先ではなく本当は向山土本毘古王であると考えられます。関晃氏（昭和四〇）、磯貝正義氏（平成四）は沙本毘古王を甲斐国造の祖とする伝承が平安時代に成立した理由をあげていて、初期の国造（県知事級の官職）について、もともと皇室とは直接血縁関係をもたない地方土着の豪族が大和朝廷の支配に服して国造に任命されたのであろうとしています。この頃は地方に大和朝廷の勢力を拡大するために地方豪族を皇室の組織に組入れる施策が行われていたと言われています。向山土本毘古王を組入れるために向山土本毘古王という豪族―地方豪族に王をつけることが行こわれていた―記にあって紀や国造本紀には載っていない、つまり二書では認めていないない袁耶本王《をざほのみこ》を組入れたとみられます。記の九代開化天皇の条で前述した日子坐王と共に載っています。開化天皇の孫とされる、袁耶本王の時代は四世紀前半で時代的にはあっています。袁耶本王《をざほのみこ》の「袁」は遠（とおい）と同義で「遠」の略字は「を」で訓はとおいと読み、意味も同じです。袁（とおい）は土本毘であり「耶」は父王の日子坐王の坐です。耶の本字は邪でよこしま、いつわり、わるものなどを意味として邪心、邪悪、邪魔、邪宗、邪馬台国などに使います。明らかに悪い人であることを示していて他の兄弟とは別あつかいをしています。漢字がないとみられているこの時代に既に漢字の書き方、読み方、意味を知っていなければできないことですが。

次に向山土本毘古王《むこうやまとほひこのきみ》（袁耶本王）について地元の文献などをみてみます。

『中道町史』（昭五〇年　現甲府市の旧中道町）

「佐久神社」（中道町向山八九二）の概略

祭神の主神は土本毘古王《とほひこのきみ》、建御名方命《たけみなかたのみこと》、菊理姫命《きくりひめのみこと》、第二代媛請《せいねい》天皇のとき大臣土本毘古王が甲斐国造を命ぜられ、土民二〇〇〇余を率いてこの地に入国した時右左《うさ》ベ羅《ら》に入国を阻まれたが屈状させて味方につけ、協力するようになった。湖だった甲府盆地に降った雨水が集まり、出口の山峡に入る所にある鰍沢禹之瀬にある大岩（亀甲岩）を王の強弓で射砕き（あるいは蹴裂き）して難工事を完成させて疏水した。土民に農業や養蚕を教えた。土民は王を祀って古宮としたが南西の大宮山に移し、天神山に改葬した。大宮山の後地に建てた宮が佐久神のはじまりである。のちに山上御殿に遷し、また天文一三年（一五四四）に領主向山出雲守が現在地に社殿を造営したという。四、五回改葬したり霊を移したと伝わっています。このことは、大丸山古墳・銚子塚古墳へ他の王を埋葬したこととと混同しているのかもしれません。禹之瀬《うのせ》については後述する伝説の項でとりあげます。

祭神の菊理姫も古い伝承が残っていて、向山土本毘古王に関係しています。

『中道町史』の「白山神社」（中道町心経寺一二一五）概略

祭神の菊理姫《きくりひめ》は社伝によれば孝徳天皇（六四五〜六五四）の御世に向竜山心経寺に甲斐の湖の疏水に神業を共にした天穂日命の後裔桑原茂登の第二女菊理姫を祀り白山大明神と称した。暦応（暦仁ではないか？）二年（一二三九）心経寺を悟道山安国寺としたが、白山《はくさん》大明神はもとのまま鎮守とした。

国造本紀にも載っていて、菊理姫はククルの意で無事に通り抜けることであるという。白山神社の総社である白山比咩神社（石川県白山市）の祭神となっている。白山は石川、福井、岐阜にまたがる霊峰で北朝鮮国にもある。

また『秘本酒折本宮所在考全』四八ページ（藤巻耶麻登（やまと）大正一三年四月七日）でも白山大明神は向山土本毘古王や塩海宿弥等とともに論じられていて、天白大明神は佐久太神と同体であるとし、佐久太神は向山土本毘古王の霊を向山村（中道町）から遷して祀ったという。なお白山神社は佐久神社と同じ丘陵の南斜面二〇〇メートル西にもあります。

『中道町史』上（中道町役場、昭和五〇年　上野晴朗）では、

一の参考までに某氏所蔵にかかる古文書を左に抄録してみると、

「甲斐国大開祖向山土本毘古王懿徳天皇四甲午八月十四御卆向山県大宮山宮本日奉葬　崇神天皇

八辛卯年二月国祭以宮殿御造営佐久大神御号」

『後向山土本毘古王御改葬向山県内土仏築山土墳廟築』

此の向山県は現今の右左口村向山附近なりと云ひ、土仏築山とは今の天神山にして南東の天地を仏句原と呼ばれ天和三年（一六八三）頃までは現今の金沢を仏句又仏供と呼ばれ……金沢の地は清浄の所なれば馬を乗り入るゝことを禁じたというとあり、天神山古墳があります。

『東八代郡誌』（山梨教音会東八代支会大正三年）では、
63・一ノ宮庄塩田郷
亥（七二三）二月二〇日、行基の弟子行利といふもの、国守向山徳光に上りし国産地蔵安祀の上言中に「景行天皇の御宇塩海宿弥甲斐国造となり、大開祖甲斐国造土本毘古王の後裔井海徳尊政治と行こなわれ、老年に及び塩海県へ退隠せらる、と載っています。

次に向山土本毘古王に関係する伝承の中で湖水であったという甲府盆地の干拓については濃厚な伝承が残っていたことを『中道町誌』『甲斐の伝説』（日橋治重）等でとりあげられています。内容は鰍沢の禹之瀬亀甲岩を開削した向山土本毘古王（佐久神）に、蹴裂明神、穴切《あなぎり》地蔵、国母《こくぼ》明神（瀬立《せたて》明神）と言われた地方豪族と考えられる者達が協力した内容です。禹之瀬の開削や盆地内の疏水工事は土本毘古王の後継者の大丸山古墳と甲斐銚子塚古墳の被葬者も行っていたと考えられるのは当然です。

前述した著書で取扱われていない伝承をあげておきます。曽根丘陵の中部にある米倉山と呼ばれる舌状台地と、その北にある上の平という佐久神社が斜面にある舌状台地の間にある幅三〇〇メートルばかりの平担で傾斜が緩い沢があります。この奥まった沢の上部にある上向山集落は一定の地域に人家が密集している古い形態を残しているようです。集落の中心小字居村一六六番地に清源院があり、土塁に囲まれた中世館跡とみられそれ以前は古墳時代に造られた館跡だった可能性は大きいのです。清源院は古代豪族向山氏の居館だったといい、向山氏は向山土本毘古王であると言います。向山という姓があったといわれる唯一この集落の上部にある小字上ノ田二九三番地の隣地四囲を石垣で囲まれた一辺七メートルの墳丘があり、その上に姫宮大明神が祀られていて「めぐみ深き姫宮さまは王の妻」と刻書された石碑が立っています。弓の名人浅利与一の妻板額御前《はんがくごぜん》が帰りに立寄ったと言われている佐々木家があります（『山梨県考古学協会誌』第二八号「分間図と現地で中世館跡を探す」森和敏　二〇二一）。

『東八代郡誌』（大正三年）と『秘本酒折本宮所在考全』は（大正一三年）に書かれている土本毘古王と塩海宿弥に関係する記載は同じであるので原典は同じとみられます。両記録は奈良時代前記に書かれたものの写と思われますが文書の発出者と宛先は書かれていません。注目したいのは『東八代郡誌』（大正三年）では甲斐国造土本毘古王と記していることで四世紀前半に曾根丘陵に活動した豪族を国造と書いています。又前述した『中道町史』は上野晴朗氏の執筆ですが、両書の原典の所在は不明です。いずれも奈良時代には向山土本毘古王の伝承が大和朝廷に残っていたと考えられます。

第二項目は大丸山古墳についてです。県立考古博物館、県埋蔵文化センターの南にある曾根丘陵の一独立丘の頂上を整形して造った四世紀前半の前方後円墳で長軸一二〇メートルがあります。後円部頂にある主体部は竪穴式石室（石郭とも）の上に竪穴式石室を重ねた珍しい構造をしています。京都府日向市にある妙見山古墳などの類例があり、また笛吹市八代町北にはこれと同類と考えられる石室と石棺が並べて造られた団栗塚古墳があり五世紀後半の前方後円部だったとみられます。大丸山古墳にある下の石棺（石郭）には若い成人とみられる男女二体の人骨と共に二人用石枕、銅鏡三面、管玉などが副葬されていてこの古墳の眼下にある丸山古墳に副葬された鋳型が同じ同范鏡が一面あります。石室には短甲や直刀などの武具や手斧《ちょうな》、やりがんな、のみなどの大工道具が入っていました。この古墳の位置や副葬品などと第三番目の銚子塚古墳とを比較して、大丸山古墳にはまだ埴輪《はにわ》が立てられていないので埴輪が立てられるようになった銚子塚古墳より大丸山古墳の方が古いとみられています。

　前に第九代開化天皇の孫狭穂姫命《さほひめのみこと》のことを書きましたが記紀ともに第一一代垂仁天皇（紀では四年）の条で「沙本毘古王《さほひこのきみ》（日下部連《くさかべのむらじ》、甲斐国造の先祖）次男袁耶本王《をざほのみこ》は（葛野別《かずののわけ》、近淡海別《おおみのわけ》が先祖）次の沙本毘売命は伊久米天皇（垂仁天皇）の后為りき」とあります。兄の沙本毘古王は垂仁天皇の后になった沙本毘売命に働きかけ共謀して垂仁天皇を暗殺し、天皇になろうとしたが、沙本毘売命は愛しい夫を殺すことができないで、暗殺計画を白状して、兄がこもる稲城に逃げ込んだが、兄は殺され妹は自ら命を絶った。紀では二人とも稲城で焼き殺されたとしています。

　紀の垂仁天皇二八年の条で、天皇の義弟倭彦命《わひこのみこと》が死亡した時に垂仁天皇は身近かな人たちを陵墓の域に生きたまま埋め、その人達の号泣が続いたのを聞いて、悪い風習は止めるよう仰せられた。さらに四年後の三二年に続いていた殉死のことを皇后の日葉酬媛《ひばすひめ》が死亡した折に下の者たちに問いかけたら野見宿弥《のみのすくね》が次のように申し上げ出雲の焼物をつくる人たちに埴輪をつくらせて陵墓に立てることを提案した。天皇は私の心にかなったことだと言って皇后の陵墓に埴輪を立てて詔《みことのり》を出して殉死を禁止した。後に焼物を作る人達を土師臣《はにおみ》といったといいます。本県の大丸山古墳が第一〇代崇神天皇から第一一代垂仁天皇の時代である三〇〇年前半頃に造られたと考えられます。

本県では三〇〇年代前半の大丸山古墳とそれ以前に造られた古墳には埴輪は発見されておらず、その次に造られた甲斐銚子塚、さらにその後に造られた八代町岡銚子塚や同町北の団栗塚古墳、南の狐塚古墳、後期古墳の一宮町塩田の稲荷塚古墳から埴輪の破片が発見されています。拙書『甲斐を拓いた男達』では大丸山古墳で妻が殉死したことにしましたが、今後の議論に期待したいと思います。

大丸山古墳の石棺の中から発見された二人用として作られた石枕について、殉死の有無に関連して若干の考察をしておきたいと思います。石枕は一九二九年（昭和四年）に地元住民により発掘されましたがその状況の記録がないので不明な点が多くあります。前述したように石棺の上に造られた石室の蓋を取り除いて石室の底石（下部石棺の天井石）を上げるとその下から四囲に板状の石を立てて造った石棺（石郭とも）がありました。中には二体の若い成人とみられる男女の人骨があり、石枕や副葬された銅鏡などがありました。

この構造は京都府乙訓郡にある妙見山古墳に似ていて、国内では三番目の発見でした。人骨は大腿骨二人分や細片などと頭骨の上部、下顎骨洛一がありましたが二人分が完全に残ってはいませんでした。不用意に取り上げられていて、二体がどのような状態で残っていたかは記録がありません。石枕は花崗岩でなまこの形状をしていて、表面は良質の天然朱で鮮紅色をしていました。長さは七八センチメートル（以下センチという）厚さ九センチ、幅一七センチです。上部に頭を乗せるためと思われる二つの陥部があり、その中心間の距離は二八センチです。二つの陥の間隔は一五センチと異常に狭く人間の肩幅が三五～四五センチとすれば二体を並べて寝かせば人体の半分以上重ねることになります。一説に妻を石棺の足（西）側から入れた可能性も考えられると言いますがこれは難しいでしょう。

第三は、甲府市の旧中道町下曽根小字山本にある甲斐銚子塚古墳についてです。曽根丘陵の裾にあることが、時期的特徴を表しています。本県では最も大きい前方後円墳で全長一六八メートル、中国の晋尺一尺二四センチメートルに換算すると七〇〇尺です。東日本では二、三番目に大きいと言われています。後円部頂上にある竪穴式石室は明治四〇年に地元民によって発掘されました。長さ約三〇尺、幅三尺、深さ三尺の上に蓋石が置かれていて、石室を構成する石垣は下の幅より上部の幅が狭くなる持送り式になっています。発掘された時に盗掘からまぬがれた四神四獣鏡一面、剣身破片、斧頭二、鎌一などが残されていて、他には盗掘された青銅鏡六枚、石製や貝製の釧二（腕輪）車輪石、杵形石製品、勾玉、鉄鍬、刀、斧など多数収集されています。前方後円墳が築造され始めた頃程多くて珍しい権力と富の象徴である威信財が副葬されていました。この古墳左前方には丸山古墳と呼ばれる円墳が造られていて殉死しなかった妻の墳墓だったのではなかろうかと考えられます。銚子塚古墳は前期に造られた国内の前方後円墳としても大きい部類に入ります。この巨大な古墳の多くは設計されて造られています。地上に巨大な土の立体構造物を造るのには設計図に

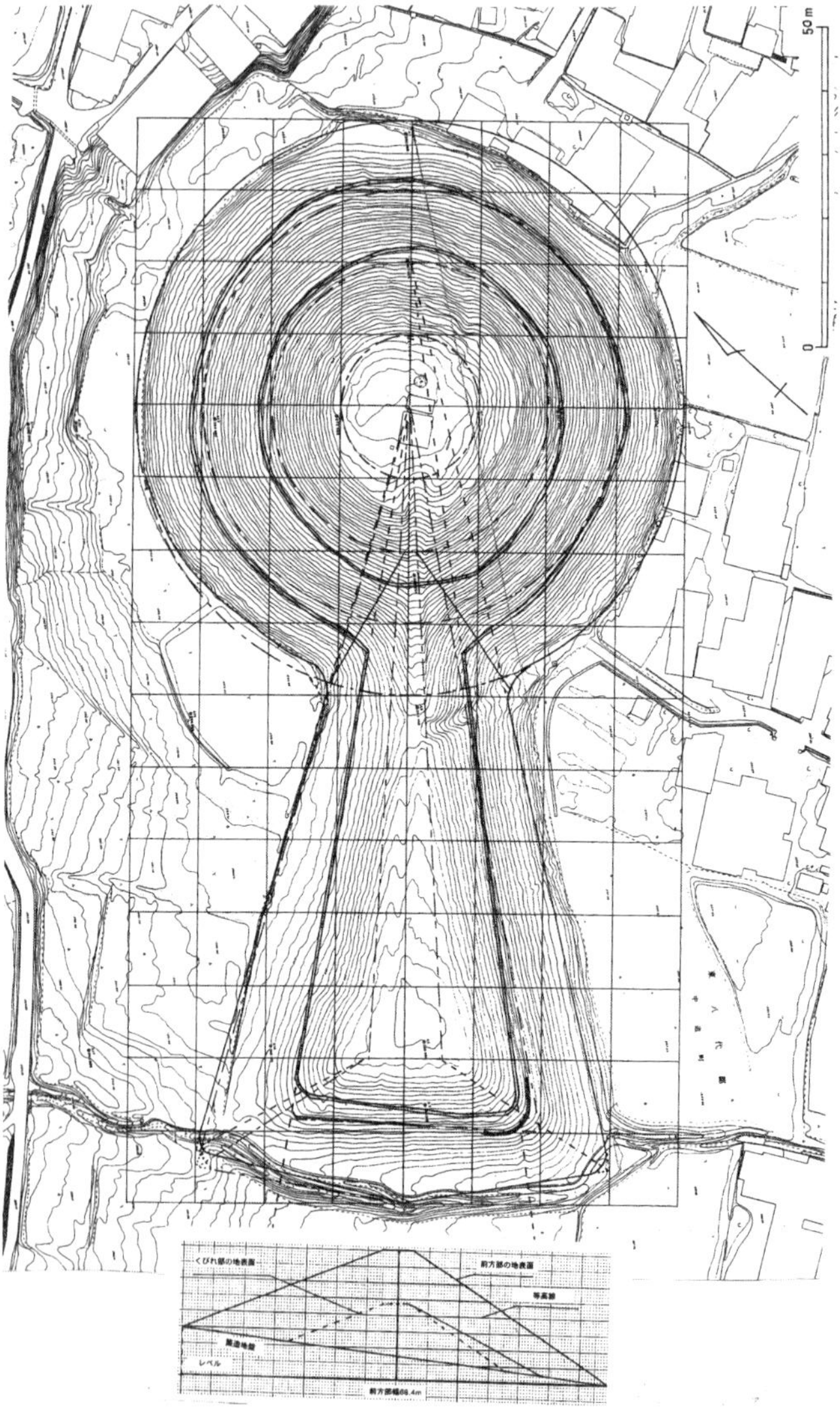

第１図　甲斐銚子塚古墳予想設計図と前方部横断面図　S = 1/1000
「4 基の前方後円墳の設計図」森和敏
『研究紀要』14 号 1998 年山梨県立考古博物館
山梨埋蔵文化財センターより

従って土を盛り上げなければなりません。県内でも大きな前述した二基の古墳も設計して造っています。設計について、山梨大学工学部土木課を卒業して日本道路公団に就職した一寸木和広氏に教示していただきました。氏は長らく中央自動車道等の土盛部分の設計に携わっていて経験から、設計図がなければ工事が終わらないこと、手近にある棒などでも測量用具がなければならないこと、模型を造らなければならないことなどでありました。字も数字もなかった時代と言われていますが、数字はもちろん字もあったのではなかったかと筆者は考えています。斜面に水平に作ったこの古墳を造るのには幾何学的計算もしたのかもしれません。この古墳に関係して、ここより急斜面に造った八代町銚子塚古墳は復元設計画からしても現地でみても水平に造らなかったこと、つまり造られた時と違った復元をしてあることを追記しておきます。

次頁「甲斐銚子塚古墳予想設計図と前方部横断面図」のように区画線を方眼に描くと設計した意図がわかります。ただ造ってから長い期間に沈んだこともわかります。同図のように後円部は八区、前方部は七区割としています。同図は前方部の断面図で、斜面に水平に造ったため左右対称に造る可きを両側の斜角をかえているることがわかります。

前期古墳の中で特記したい古墳として、曾根丘陵上の中央市旧三珠町大塚鳥居原にある狐塚古墳です。明治時代に内行花文鏡、直刀などと一緒に発見された中国時代の呉の年号がある赤烏元年銘《せきうがんねんめい》神獣鏡《しんじゅうきょう》（二三八）があります。犬飼和雄氏によると（二〇二一）、赤烏は古代中国語で太陽のことで『三国志』に呉皇帝孫権は自分が太陽の申し子だと信じていたので赤烏という年号をつけたといいます。この時代甲斐に太陽鏡をとりよせた人物がいて、つまり王と呼ばれた子の豪族は中国文字を読むことができて、鏡の裏にある文字の意味を理解できたのだろうとしています。鏡に「…服者君候…」（この鏡をもつものは君候となり）などとあると言います。筆者はこの豪族は朝鮮半島経由で渡来した中国人の集団の統率者かその子孫ではないかと考えています。また甲府市旧豊富地区大鳥居小字宇山平にある長さ六一メートルで合掌形（切妻屋根形）の朝鮮半島系の石室をもつ帆立貝型古墳があります。この古墳は五世紀後半に造られた王塚古墳で被葬者はやはり大陸からの渡来集団の統率者ではなかったかと考えられます。その後六世紀になると竪穴式石室や粘土槨をもつ前方後円（方）墳や円墳、方墳が造られなくなります。

後期古墳について。

五〇〇年頃を境にして後は古墳時代後期になります。後期の古墳は巨大な石を使って石を積み上げたコ字型に人が立って横から入る横穴式石室を主体部とし、土で覆って土饅頭形の円墳を造ることから始まります。朝鮮半島から始まったこの形の古墳は五世紀には北九州で造られ始めて日本全国に広まります。横穴式石室は一人を入れる竪穴式石室とは意味を異にする習俗で家族などを追葬する家族墓となり、複数の人骨が散乱した状態で発掘されています。天皇家の大和政権の影響は既に四世紀からあったとの説もあり、旧中道町下曽根に造られた甲斐銚子塚古墳の被葬者は大和政権から任命された国造であったとも言われています。甲斐でも御坂町井之上にある姥塚古墳は国造塩海宿弥が六世紀中頃造った古墳と考えられています。県内でも初めは豪族が造った大きい石室の円墳でしたが、次第に小豪族や小有力者が造るようになり、最後には直径三～四メートルの小古墳や積石墳が表われ、破壊され消滅したものを含めると一五〇〇基くらいは築造されたかもしれません。

六世紀になって造られた横穴式石室の古墳はやはり地方の豪族が造ったのですが、その分布をみると甲府盆地の東側、北側に集中して残っています、盆地西部には南アルプス市の旧櫛形町にある鋳物屋古墳など五・六基だけの群集墳もあったとの説もあります。郡内では大月市にある神塚や上野原町にある三・四基だけです。県内では古墳の時代的な経過は、前期古墳に続く時期に空白もありますが筆者は笛吹市八代町北にある南八代・北八代熊野神社は古墳時代前期に造られた堀と土塁に囲まれた館跡―波多八代宿弥の―で、近くにある団栗塚古墳は同時代に造られていて、その次の世代に、近くに石室長一〇メートルの地蔵塚古墳が造られたのではないかと思います。この古墳は鎌倉時代まで熊野神社が支配（所有）していた土地だと言います。（『八代町誌』昭和五〇年　八代町）

六世紀中頃に造られたとみられている笛吹市御坂町井之上の南照院境内にある姥塚古墳を後述する塩海宿弥が築造しました。同じ頃甲府市湯村に神牟那塚《かんなづか》古墳が造られています。姥塚古墳の石室に載せられた天上石は畳三帖もある平石で、石室を造った石垣の壁石は一．二メートルもあります。石室の長さ一七・五四メートル、幅約三メートル、高さ三・六メートルで円墳の直径四〇メートル高さ一〇メートルです。神牟那塚古墳も同じくらいの規模です。県内にはこれに次ぐ石室長一〇メートルを超す古墳三基、八メートルを超す古墳八基などがあります。

峡東地方の大型石室をもつ古墳は急傾斜地にあります。急傾斜地の斜面を切って平坦地にした所に築造しています。恐らく石室を構成する石垣を容易に積めるからでしょう。古墳を造るのに最も難しくて危険が伴う石室の造り方を論じた論文は少ないのですが、筆者はこの方法を著書「甲斐古代豪族の系譜」に試論を書きましたが非常に難しくて、実際当時の方法で造ってみなければわからないと思われる点が多くありました。奈良県飛鳥村にある石舞台古墳の石室に載せられた巨大な石を運んで載せるのは困難極まりなかったと考えられ想像を絶します。

時代が下るに従って甲府盆地の東側の狭東地方に八メートル以下の石室をもつ古墳が多く築造されます。古墳時代の終りに近づく七、八世紀になると、古墳が造られる地域が盆地の東に広がる河川敷や石の多い氾濫原や北山の斜面などになって石を積んだ小積石塚群—群集墳—が造られます。積石塚は朝鮮半島からの渡来人系集団が造ったと言われ、石室が二つ連なる副室式石室や太鼓を横にした形の銅張石室であることが特徴です。笛吹市御坂町長田にある長田《ちょうた》古墳群、同市一宮町国分の四ツ塚古墳群、甲府市横根町桜井に一五〇基を越す古墳群等があります。ただ横根は良質な粘土が堆積している土地で土師器や国分寺瓦を作っていて、最近まで瓦を作っていました。一方積石群には渡来系の副葬品が入っていないので、旧来の勢力をもつ氏族によって石材の多い所に自然発生的に造られたとの説もあります。

古墳の石室には遺体を入れた石棺もありますが本県にはその例はありませんので木棺に納めて入れたと考えられます。棺の中には被葬者が生前使ったものや先祖から伝わった伝世品などを副葬しました。後期古墳には前期と違って簡素になり主に馬具、鉄刀や剣、勾玉、管玉、丸玉などと土器や陶器が副葬されています。特に陶器、馬具は前期末から表れた特徴品でもあります。陶器は須恵《すえ》器《き》と言い、現代でも磁器とともに用いられている釉薬がついた焼物です。

中国、朝鮮半島から伝えられた近畿地方の窯で技術者が一、二〇〇度くらいの高熱で焼かれた須恵器が五世紀後半頃には本県にも移入されて使われるようになり、古墳にも副葬されています。本県で窯がつくられ須恵器が焼かれ始められるのは六世紀末とみられていて、笛吹市境川村坊ケ峰の裾にある下向窯や同藤垈《ふじぬた》の牛居沢窯《うしいざわかま》で坏、高杯、甕、鉢などの実用品が作られました。七世紀末には甲斐市の旧敷島町天狗沢窯でも瓦とともに焼かれています。八世紀になると甲府市横根町等の良質の粘土がある所で国分寺瓦や土師器が大量に焼かれて作られています。

馬具があったことは騎馬が行われていた証です。モンゴルでは裸馬にも乗るといいますが、日本で馬具が使われるようになったのは五世紀前半で四世紀末には乗馬の風習が伝わったと言いますので裸馬に乗ったのかもしれません。

本県で発掘された馬の骨の中では甲府市塩部遺跡で三世紀末のものが最古です。また馬具の最古は、発掘された甲府市の旧中道町風土記の丘地内にあるかんかん塚古墳のものです。五世紀後半に築造されているのでこの古墳より約二〇〇年間前には馬が飼われていました。前述した五世紀後半の中央市豊富地区の王塚古墳と市川三郷町大塚地区の大塚古墳からも轡《くつわ》や鐙《あぶみ》、三環鈴などが出土していて、八代町永井の後期の荘塚古墳で馬鈴、同古柳古墳から轡、鐙などが同竹居の後期御崎古墳からは金銅製飾毛彫馬具（県指定文化財）が出土しています。これらは全て優品です。特に八代町内から出土した馬具は畿内で作られた豪華品であって、馬の飼育が盛んで既に優秀な馬として有名になっていました。この優秀な馬具は甲斐の黒駒を献上した見返りの品だったと考えられます。

筆者は倭建命（紀は日本武尊）が酒折宮に来たのは五世紀後半と考えていて、日本朝廷は馬を献納することを切望したのではないかと考えました。この酒折宮は後述で詳しく証明するように八代町北にある南八代・北八代熊野神社とするのが合理的であると考えています。

甲斐古代豪族の系譜

はじめに

古事記と国造本紀に載る記事を合わせると、甲斐国造《くにのみやつこ》（県知事に相当する官職）に塩海宿禰《しおみのすくね》が任命されたとあり、東八代郡誌[1]や御代咲村誌[2]によると塩海宿禰の血縁者塩田長者がその後継者になったといいます。この両者について明らかにした結果、その時期や所在などが確かめられ、核心にせまることができたと考えています。

第一、二章は今まで先学が積み重ねた研究を基礎として、顧みられなかった史実や地元に残された伝承などを丁寧に調査し、文献や遺跡の発掘調査結果などによって検討しました。第三章は塩田長者が住んだ地元で生まれ育った立場で現地に根差した知識や調査によって塩海宿禰の後裔を論じました。この検証作業がこじつけにならないよう細心の注意を払いました。読者の温かいご批評を期待しております。

書き終わってからの感想として、この小論の展開する順序は山梨県南巨摩郡富士川町鰍沢鬼島《かじかざわおにしま》にある亀の甲《こう》に似た大岩《だいがん》から始まって、盆地の干拓によって発生した霊亀《れいき》伝説が広がり、その一部が山梨県笛吹《ふえふき》市石和《いさわ》町唐柏《からかしわ》の大亀《おおかめ》神社伝説となりました。これが同市御坂《みさか》町国衙《こくが》に移って亀の舞となり、さらに同市一宮《いちのみや》町塩田《しおだ》にある国立《くにたち》神社に伝わる金亀《きんき》伝説となり、最後に金亀院甲塩田浦居士へと伝わる亀の伝承に沿っています。このようなことを知っておくと理解しやすいと思われます。

小論の内容は主に五世紀以降のことですが、記紀（古事記・日本書紀）についての通説として第二一代雄略《ゆうりゃく》天皇、第二〇代安康《あんこう》天皇まではおおむね信用できるとし、五世紀前半第一九代允恭《いんぎょう》から反正《はんぜい》、履中《りちゅう》、仁徳《にんとく》、第一五代応神《おうじん》までの天皇の時代についてはある程度信用できるとし、それ以前はまったく信用できないでもないということに基づいています。また第二章の最後にあげた家紋については今までないがしろにされていましたが、隠れた重要な意味を持つと考えられるに至ったので、各項毎に注意深く、適宜とり上げました。

なお「甲斐古代豪族の系譜」は分担して執筆しました。はじめに、第一章、第二章とおわりには森和敏が、第三章は北村千鶴が文責です。

＊注　文中に掲載している写真のキャプションに第〇図と表記しています。図ではありませんが、便宜上そのようにいたしました。

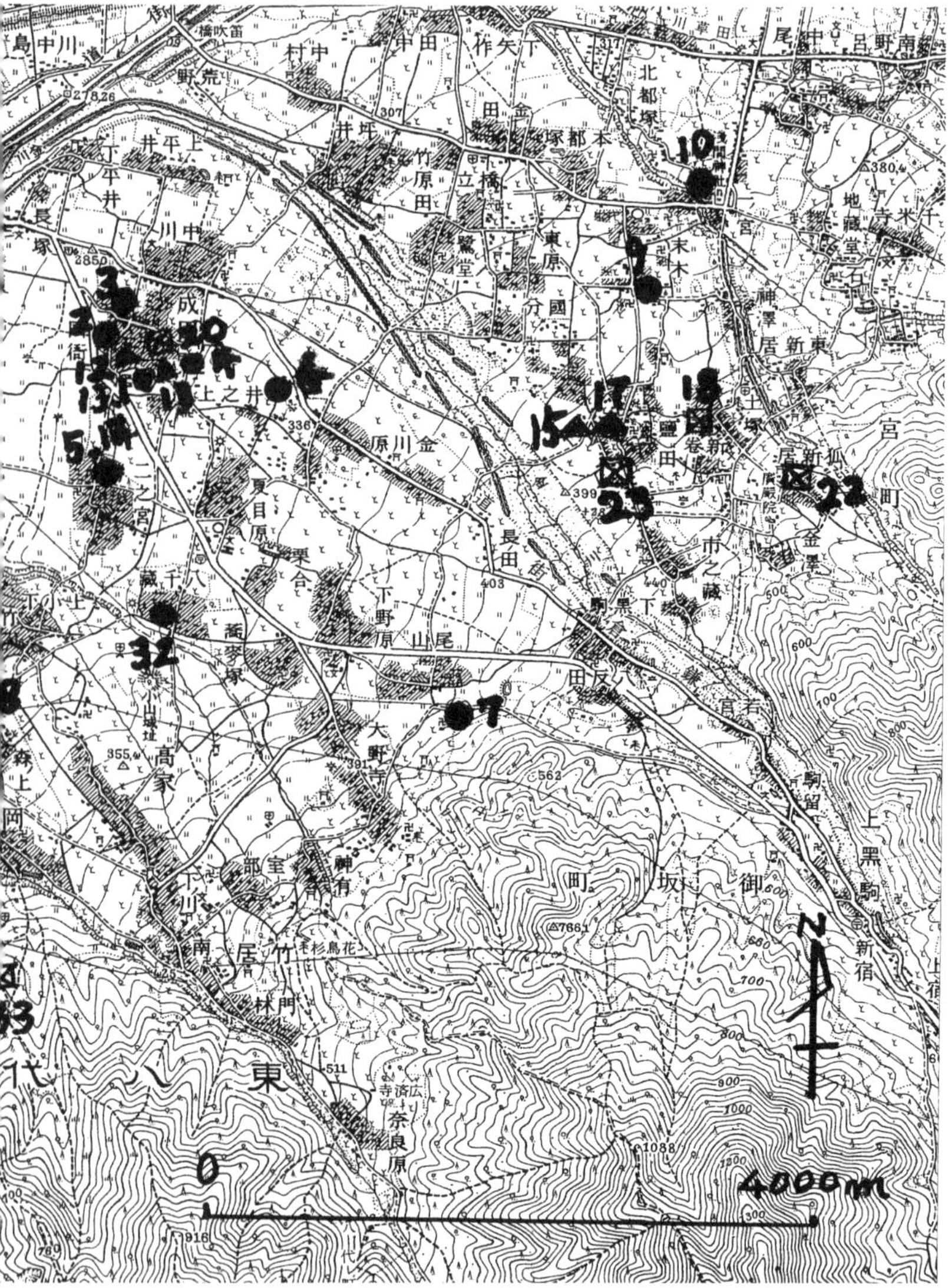

15 石舟神社　16 塩田国立神社　17 塩田長者屋敷　18 天神塚
19 大亀神社　20 天白大明神　21 9 に同じ　22 妙亀神社
23 医王山楽音寺　24 右左口佐久神社　25 河内佐久神社
31 下曽根古墳群　28 南北熊野神社　29 天津司神社　30 諏訪大明神
32 八千蔵熊野神社　33 妙善屋敷（岡銚子塚）

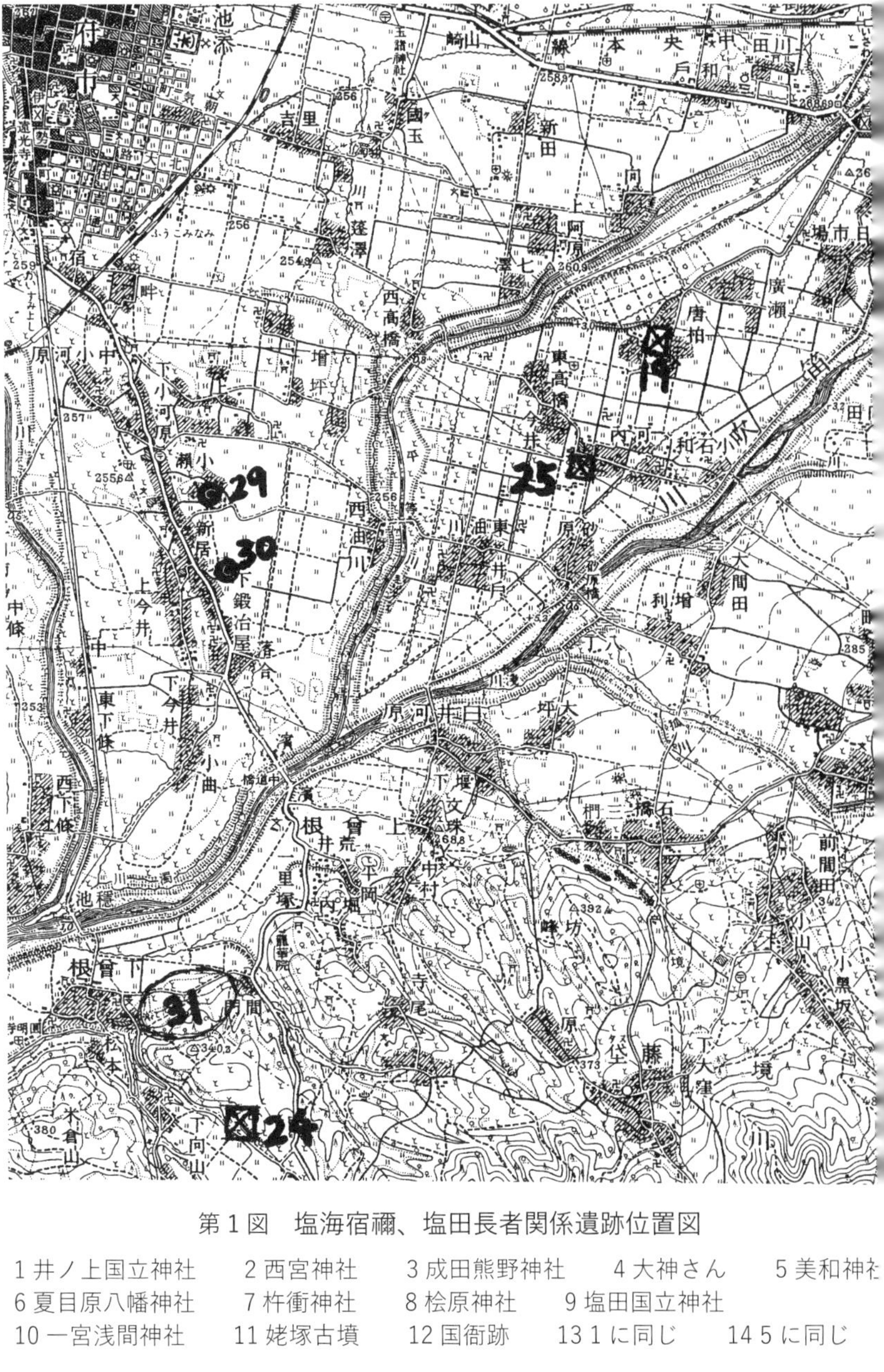

第１図　塩海宿禰、塩田長者関係遺跡位置図

1 井ノ上国立神社　2 西宮神社　3 成田熊野神社　4 大神さん　5 美和神社
6 夏目原八幡神社　7 杵衝神社　8 桧原神社　9 塩田国立神社
10 一宮浅間神社　11 姥塚古墳　12 国衙跡　13 1 に同じ　14 5 に同じ

第一章　甲府盆地東部の地形と古代史

甲府盆地東部に連なる御坂《みさか》山脈山麓の地形は、笛吹《ふえふき》市八代《やつしろ》町を境として、北東では御坂山脈の支脈が北に向かって雁行状に盆地に突き出しています。この支脈の間から流れ出る浅川に沿って通る若彦路《わかひこじ》、金川《かねがわ》に沿う鎌倉街道、日川《ひかわ》に沿う甲州街道、笛吹川に沿う青梅《おうめ》街道があり、この諸河川の間にも小河川があって、それらが形成した典型的な扇状地は、肥沃な土地になっています。

いっぽう八代町から御坂山脈の支脈が逆方向の南西に向かって突き出しているのに沿って、約一二キロメートルにわたって舌状に張り出す曽根《そね》丘陵が連なります。これらの下は盆地床となり低地の湿地帯が多く、かつては水害常習地帯が広がっていました。扇状地上と丘陵上にはその地域に適した旧石器時代・縄文時代から現代までの文化を持つ遺跡が、縄文時代後晩期と弥生時代前・中期を除いて、濃厚に分布しています。本稿で主に関係する地域は、金川と御手洗《みだい》川とその支流が形成した扇状地上にあります。

盆地東部は峡東《きょうとう》地方と呼ばれ、江戸時代には小石和《こいさわ》筋、大石和筋、栗原《くりはら》筋、万力《まんりき》筋など地区別に分かれていました。縄文時代中期に栄えた遺跡群は、中期後半西暦前三〇〇〇年頃から減り始め、後期が終わる頃、西暦前一〇世紀頃には最少となり、そのまま晩期となって、西暦〇年頃の弥生時代中期頃まで続きます。この間に甲府盆地にある遺跡は三二ヶ所に足りない程で断続的に点々とあるばかりです。その後弥生時代が終わる頃から増え始めた遺跡（人口）は三世紀後半頃からS字状口縁台付甕《こうえんだいつきがめ》を伴う稲を作り、鉄器を使う外来性の強い文化を持った人達が東海地方から大挙して移住し、自然増も含めて四世紀後半には盆地一円に広がったとみられています。この時期に曽根丘陵[3]上にある上の平遺跡では、弥生時代後期から古墳時代初期にかけて五五基の大方形周溝墓《ほうけいしゅうこうぼ》群など多くの遺跡がつくられました。[4]その後盆地南東部にある甲府市（旧中道町《なかみち》）下曽根《しもそね》にある古墳群が築造されたと考えられます。

第二章　古墳時代

一　甲府盆地東部の地形と古代史

まず最初に米倉山《こめくらやま》に前方後方墳とみられている小平沢《こびらさわ》古墳が、四世紀中頃には風土記の丘、曽根[5]丘陵公園内の独立に石棺《せっかん》と石室《せきしつ》を重ねた珍しい主体部をもつ全長一二〇メートルの前方後円墳の大《おお》丸山《まるやま》古墳がつくられました。続いてこの西方二〇〇メートルに東日本では最大級で竪穴式石室から多くの副葬品が出土した全長一六八メートルの巨大な前方後円墳銚子塚《ちょうしづか》古墳と円墳の竪穴式石室をもつ丸山塚《まるやまづか》古墳が築かれます。同じ頃とみられる曽根丘陵の奥まった所にある佐久《さく》の向山《むこうやま》に、本県では竪穴式石室をもつ二番目に大きい一三五メートルの前方後円墳天神山《てんじんやま》古墳が、また曽根丘陵上の最北端笛吹市八代《やつしろ》町岡《おか》に全長九〇メートルの前方後円墳で粘土郭をもつ(6)銚子塚古墳とその前方左に盃塚《さかづきづか》古墳が、その南西丘陵上八代町米倉にある上の平に、前期方墳としては国内でも最大級の一辺五二メートルで粘度郭を持つ(7)竜塚《りゅうづか》古墳が五世紀前半に築造されます。以上の古墳はすべて、古墳時代前期に位置づけられています。

この後の五世紀後半には雄略《ゆうりゃく》天皇の権力が地方に与えた影響が大きいとみられている時期で、その強大な権力は分散され盆地の各地に中小の前方後円墳（帆立貝型）七～八基が築かれます。(8)八代町北にある南・北熊野《くまの》神社はこの時期の豪族の館跡であったと考えられ、またヤマトタケルが訪ねたといわれる酒折宮も此処で、その豪族波多八代宿禰《はたやしろのすくね》が葬られた古墳が団栗塚《どんぐりづか》古墳だという伝承などや、この時代の土器が濃厚に分布する遺跡もあり、この館跡に作られた古い社が(9)八代の語源になったと筆者は考えました。この時期の後六世紀には八代町南にある地蔵塚《じぞうづか》古墳や境川《さかいがわ》町三椚《みつくぬぎ》の総合会館地内にあったといわれる大きい円墳、(10)御坂町下野原《しものはら》の御坂中学校地内にある径五〇メートルの弾誓窟《だんせいくつ》古墳や同下野原にあったといわれる径四〇メートルの蝙蝠塚《こうもりづか》などの大きい横穴式石室をもつ後期円墳を築く勢力が台頭してきたと考えられます。

これらの中規模古墳を築いた勢力をまとめたのが、八代町の北東の御坂町下井之上《しもいのうえ》に築かれた円墳姥塚《うばづか》古墳を築造した国造級豪族であったと考えられます。この古墳の横穴式石室は奥行きが一五メートルあり、巨大な石材で築いた石室は東日本では最大のものといわれています。同じ頃に甲府市湯村《ゆむら》に築かれた大円墳神牟那《かんな》古墳があります。この姥塚を造ったのが塩海宿禰《しおみのすくね》(11)であろうと結論づけました。さらに塩海宿禰は姥塚古墳を捨てて一宮《いちのみや》町塩田《しおた》に移ったと考えられます。

六世紀頃の大型円墳が築かれた時期を過ぎると権力が再び分散され、盆地東側の扇状地上では主に横穴式石室をもつ小円墳群や群集墳が造られるようになりました。塩田古墳群も六世紀後半から七世紀後半に築かれたのではないかと思われます。盆地北側には小口積石塚《こぐちつみいしづか》古墳が群集して一五〇基以上造られたり、盆地床部には少ないですが、盆地の山麓全体に後期の横穴式石室をもつ円墳が一〇〇〇基を越すような多数が造られるようになり、八世紀初頭に古墳時代が終わります。

家紋については隠れた重要な意味をもつと考えられるので、本稿の参考として取り上げてみます。(12)紋は古墳時代、弥生時代まで遡るくらい歴史があると考えられていて、注意深く取り扱えば歴史資料としておろそかにできないものと思います。本稿では挿入的な資料として、それぞれの関係性を知るために巴《ともえ》（三巴）、九曜《くよう》星紋、梶《かじ》の葉紋（五葉・三葉）を取り上げました。

かつて氏《うじ》は、同一祖先をもつ血族集団の統一された名称として使われました。姓は古墳時代以降から中世にかけて政治的支配層に用いられ、甲斐でも多くの姓がありました。庶民一般には苗字の使用は禁じられていましたが、潜在してもいました。明治三年以後は禁止令が解かれて、潜在していた姓を使うようになった家も相当ありました。家紋は苗字の目印として、ひとつの苗字に対してひとつの紋章が原則です。公家は平安時代以前、武家は鎌倉時代から、百姓、町人には江戸時代元禄頃から普及したようで、次第に氏の系列を表すために使うようになり、一家で表紋《おもてもん》、定紋《じょうもん》、秘紋《ひもん》など多くの紋をもつ家も表われました。紋を丸で囲うようになったのは江戸時代初期といわれていて、全国的に紋は二〜三千の種類があるといわれています。

本県で特筆すべきは、旧中道町下曽根にある(13)四世紀後半の銚子塚古墳の墳丘から出土した壷形埴輪の口縁部に巴の透彫りが四個あり、また同じ頃に築造された(14)八代町岡にある銚子塚古墳からも壷形埴輪の胴部破片にも巴形を呈する透かし孔が多く出土している。旧中道町下向山にある天神山古墳にもこの紋を透彫りした埴輪があるのではないかと思います。同向山にある佐久神社の古い紋も巴紋だった可能性も考えられます。

また岡銚子塚古墳の直下にある岡八幡神社も三巴です。この他御坂町下井之上にある下井之上国《くに》立《たち》神社も同紋です。八代町北にある南・北熊野神社と甲府市小瀬《こせ》にある許勢小柄宿禰《こせのおからのすくね》がいたという小瀬神社に秘紋と考えられる三巴があったようです。またこの両神社の表紋は九曜星。南・北熊野神社の西に隣接する北島家は以前同神社の別当寺であった千手院《せんじゅいん》でした。この北島家も九曜星紋で、この社家の子孫とみられている八代町南にある中村《なかむら》一族も同紋です。また八代町北にある羽中田姓五軒は羽田（波多）だった可能性があり、五葉梶紋、同町北にある古屋一族も同五葉梶紋で、御坂町国衙《こくが》にある西宮《にしみや》神社は三葉梶紋、同町二之宮光明山にある坂名井《さかない》家の紋は⊜で同寺にある古屋一族も梶紋です。また下井之上姥塚古墳がある南照院《なんしょういん》墓地の古屋一族も梶文です。一宮町塩田にある医王山楽音寺《がくおんじ》、妙亀山広厳院《こうごんいん》とその檀家などの古屋、降矢一族は五葉梶紋ですので、同塩田国立神社も五葉梶紋であったと考えられます。三珠町誌によれば市川三郷《いちかわみさと》町（旧三珠《みたま》町）にある(15)蹴裂《けさき》神社がある上野には五葉梶紋をもつ諏訪家等二一軒、三巴紋をもつ村松家等二〇軒、九曜星紋をもつ望月家等一〇軒があり、特記すべきは三巴を七曜星で囲む紋をもつ竹内三軒が、建内宿禰《たけのうちのすくね》の建内と熊野神社がある地名竹内とも同じ姓です。これらの紋は他地域には少なく上野地区に集中しています。

この三種の紋については次のような説明があります。九曜星紋は道行の安全と守護に霊験があるとし、平安時代に車紋に多く描かれました。妙見《みょうけん》信仰（星宿）、仏教の呪術、吉凶に使います。左三巴紋は西園寺家、藤原北家系の公家で平安時代から使われました。梶葉紋の梶は桑科の植物、古代から神事の祭幣や神饌《しんせん》などの食器に用いられました。神官の衣服の紋様にもなったといいます。

前期古墳と袁耶本王《をざほのみこ》　塩海宿禰とその系譜

まず甲斐国造《かいのくにみやつこ》については、磯貝正義氏[16]と関晃氏[17]がその基礎的なことを発表して、要約を上げると以下のとおりです。

甲斐の古代氏族について、帰化人系氏族を一応除外して、大化前代の氏姓組織の中での存立を考えると、甲斐国造も他国と同じく地方小国家の首長であった人達の子孫が大和朝廷の支配に服し、国造に任命されたのであり、もともと皇室とは直接血縁関係をもたない地方土着の豪族であったと考えます。古事記だけにある甲斐国造についての伝承である塩海宿禰《しおみのすくね》が甲斐国造に任命されたことには矛盾がなく認められます。日下部《くさかべ》は五世紀後半の雄略《ゆうりゃく》朝の皇后草香幡梭姫皇女《くさかのはたびひめのひめみこ》のために設けられたのが最初です。古事記が日下部連と甲斐国造を同祖とした根拠は甲斐には日下部という有力な氏族がいて国造であったからかも知れません。五世紀後半からは日下部直から三枝、小長谷等へと続きます。また三枝氏については大化前代の古代氏族で、五世紀終わりか六世紀初頭に甲斐における管掌（理）者であったとします。また記の開化天皇の段にある日子坐王《ひこいますのみこ》（彦坐王）之子、并十一王、故兄大俣王……次汝本毘古《さほひこ》王者日下部連・甲とみえ、甲斐国造は日下部連と同祖で開化天皇→皇子彦坐子→子狭穂彦《さほひこ》王とします。二として旧事本紀巻十『国造本紀』に甲斐国造は纏向日代朝（景行）世　狭穂彦王三世孫知津《ちづ》彦公《ひこのきみ》比宇（子か？）塩海足尼賜国造という記事で、その臣知津彦公云々の部分には何か伝写の誤りがあるのではないかと思われますが、筆者は後述する袁耶本王《おざほのみこ》が土本毘古王《とほひこのみこ》のことではないかと考えています。野蛮とみなす地方豪族であるから否定的な意味をもつ耶を使います。

とにかく甲斐国造の祖はやはり狭穂彦王で、その三世の孫知津彦王の子が景行天皇のときに、時期的には合わないが国造《こくぞう》に任命されたとしています。筆者は三世の孫の子塩海宿禰が景行朝の人とすると、時期的にまったく合わないため、原文通り知津彦王の字（治世）に塩海宿禰が甲斐国造になったとすれば系図上の時期もほぼ同じになると考えます。これは本県の古墳造営の時期など考古学的事象からみても矛盾しています。知津彦王の時に塩海宿禰が甲斐国造になったと解釈すれば、その時期も六世紀となりほぼ系図にも合うのですが。

関氏は、そのまま信用すれば狭穂彦王の子孫がのちに中央で日下部連という氏になった一方、その一族で早く地方に下って甲斐に土着し、景行朝に国造に任命されたものがあったということになります。―筆者は景行朝の時期には甲斐では下曽根古墳群が築造されていた四世紀前半・中葉と考えますが―甲斐にも日下部の一族が存在したことは正倉院の和銅三年（七一四）の金青白施《あしぎぬ》に日下部某が書かれていて甲斐に居たことが証拠となります。この論は甲斐国造が本来甲斐の地方に成長

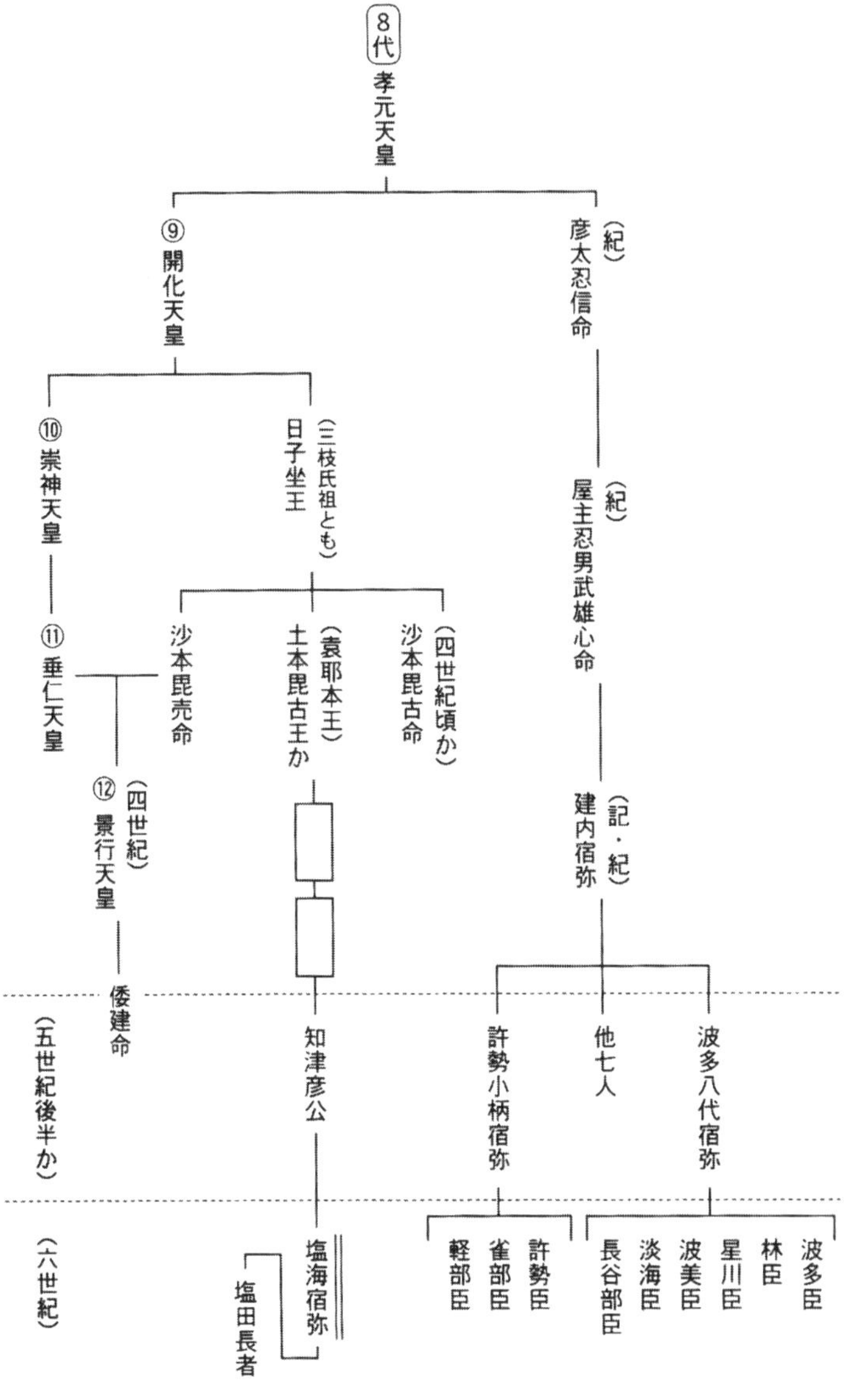
8代
孝元天皇
⑨
開化天皇
(紀)
彦太忍信命
⑩
崇神天皇
(三枝氏祖とも)
日子坐王
(紀)
屋主忍男武雄心命
⑪
垂仁天皇
沙本毘売命
(袁耶本王)
土本毘古王か
(四世紀頃か)
沙本毘古命
⑫
景行天皇
(四世紀)
(記・紀)
建内宿弥
倭建命
(五世紀後半か)
知津彦公
許勢小柄宿弥
他七人
波多八代宿弥
(六世紀)
塩海宿弥
塩田長者
軽部臣
雀部臣
許勢臣
長谷部臣
淡海臣
波美臣
星川臣
林臣
波多臣

第２図　塩海宿祢の系譜

した在地勢力だったという推定を前提としていますが、甲斐の地方に御名代部《みなしろべ》が置かれたのは日下部が最初であり、またそのような形で甲斐国造が大和朝廷の地方政治機構に組み込まれたのもその頃であったとします。

また磯貝正義氏は一・二で関氏と同じことを掲げて、もう一つの甲斐国造に関する伝承史料として三で兵庫県山東《さんとう》町に鎮座する粟鹿《あわが》神社に伝わる『粟鹿大明神記』に大彦速命の児武押雲命は母を甲斐国造等が上祖狭穂彦命の女角姫命と日うと見えます。以上によって開化天皇の孫とされる沙本毘古王（狭穂彦王）を甲斐国造の祖とする伝承が平安時代初期に成立していたことがわかるとしています。こうして四世紀後半頃甲府市旧中道《なかみち》町下曽根《しもそね》地域に発生した大前方後円墳を築造した地方政権に大和政権が足がかりをつけ初めて掌握したことになるでしょう。

五世紀後半頃か六世紀前半頃には中央で成立した日下部氏が後継者としての実権を握り、雄略《ゆうりゃく》朝頃には隷属性の強い国造に変身したとみられます。山梨県に伝わる古代の氏族の発生や動向について末木健氏は、(18)本県内で出土した墨書《ぼくしょ》土器や県外の遺跡で出土した木簡などによって明らかにしました。この系統や時代について表した第一表を参考に塩海宿禰の系譜を考えてみます。また、古代甲斐における有力氏族については、大隈清陽氏が『山梨県史通史編1』に詳しく書いておられます。国造塩海宿禰については、地元で知られている具体的なことまでは言及していません。

本稿に関係する第八代孝元天皇以降の人物で系図を復元すると第2図のようになります。塩海宿禰から塩田長者へと継がる狭穂彦王と知津彦公との間に二人の人物が入ることになりますが、この二人については不明です。山梨県の状況からみると狭穂彦王は日下部氏で四世紀中～後葉に当り、塩海宿禰は六世紀中頃とすることができます。したがって塩海宿禰が第十二代景行天皇朝の人とは考えられません。また倭建命は景行天皇の子とすると時期的に合わないが、本県の場合は五世紀後半としなければ矛盾します。[19]記では九代開化天皇の条で、天皇の子は日子坐王でその子は沙本毘古王、沙本毘売命、袁耶本王です。沙本毘売命は十一代垂仁天皇の后となる。沙本毘古王は日下部連である甲斐国造の祖であるとします。末木健氏も、前述した下曽根古墳群を築いた被葬者は日下部氏の祖としています。

また記紀で垂仁天皇の后となった沙本毘売命はいとこであり、兄の沙本毘古王と謀り垂仁天皇を暗殺しようとしたが失敗し、記では兄は殺され、妹は自殺し、紀では二人とも焼死します。日下部氏について[20]佐賀県唐津市中原遺跡で出土した延暦八年（七八九）記名の木簡に書かれた三九文字のうちにある戌人とは武器を取って守る事を意味するので防人《さきもり》をいうといい、これに「小長谷部」「日下マ公」（草下部公）「物マ」（物部、マは阝のくずし）など七名ほどの甲斐の有力氏族名が記載されています。このうち「日下部公」の公に注目し国造級の大豪族であり、古墳時代の人物の可能性があるとしています。また「日下」の墨書土器が一宮町大原遺跡から二六点の多数が出土していて、その祖は八代郡で四世紀末に遡るとしていて、この遺跡周辺を拠点としていたとみています。

沙本毘古王の弟に袁耶本王《おざほのみこ》がある。この袁耶本王は甲府市旧中道町向山にある佐久《さく》神社の祀神《ししん》として伝わる向山土本毘古《とうひこ》王に比定できるのではないかと考えられます。土本毘古王の伝承は後述するとおりで甲府盆地を干拓したといいます。土本毘古は沙本毘古、沙本毘売とよく似ている名で『日本国家の起源』（一九六〇年　井上光貞）に、似ている人物名は関係が深いとあります。袁耶本王の袁は遠いの旁《つくり》であって、漢和辞典では読み方と意味を表し、道のりが遠いなどの意味です。「遠い」は「土本毘《とうひ》」ではないかと思われ、袁は草下部を日下マ、石和を石禾と略す類ではないでしょうか。また耶は日子坐王の坐ではないかと思われます。また『東八代郡誌』に「養老七（七二三）癸亥二月二十日、行基の弟子行利というもの、国守向山徳光に上りし国産地蔵安祀の上言中に「景行天皇の御宇塩海宿禰甲斐国造となり、大開祖甲斐国造土本毘古王の後裔井海徳尊の娘雛鶴姫を納れて妃となし。国衙に於いて政治を行われ、老年に及び塩海県へ退隠せらる。比地を塩海県又塩田県という。その退隠の際、引率し来れるものに岡彦武・末木辺政・伴真雄・岩間輝・馬池元起等あり。岡彦武は矢を放つに巧にして降矢を氏とし、末木辺政は米を以て酒を作る。其米を作りし田を酒田とも塩田とも称す。」とあり、注目すべきは甲斐の大開祖は向山土本毘古王とすることで沙本毘古王ではないことです。これは塩海宿禰の祖は土本毘古王であることを示唆しているようにみえます。それで筆者は土本毘古王を袁耶本王ではないかと考えます。

また沙本毘古王、沙本毘売命、袁耶本王、土本毘古王の時代を下曽根古墳群が築造された四世紀中頃から後半と考えました。この地元に伝わる土本毘古王の伝承が大和政権の中にもあり、これが奈良時代前期まであったということになるでしょう。

甲府盆地を干拓したという伝承は大豪族の事績を伝えていると考えるのが妥当でしょう。一〇〇メートルの前方後円墳大丸山《おおまるやま》古墳は四世紀中頃に比定されていて、出土遺物は多く優品です。その中には鉄斧なども多く含まれています。禹之瀬《うのせ》の開削には貴重な鉄製品が必要だったと考えれば、大豪族でなければ出来ない事業でしょう。そして盆地が広く耕地化されると共に、人口が急増しS

字状口縁台付甕《こうえんだいつきがめ》を伴出する遺跡が急増します。ここを支配した政権は権力を集中させ、東日本でも有数に大きい一六七メートルの大前方後円墳銚子塚《ちょうしづか》古墳が造られたと推測します。同じ頃向山に造られた全長一三五メートルの天神山《てんじんやま》古墳もこの系統の関係者とみられます。

第二に第八代孝元天皇の子で分かれたもう一系統が建内宿禰《たけのうちのすくね》（紀は武）の系統である。記では孝元天皇の条で建内宿禰と比古布都押之信命《ひこふつおしのまことのみこと》は孝元天皇の子とするが、紀では孝元天皇の条で彦太忍信命《ひこふつおしのみこと》は孝元天皇の子で武内宿禰《たけのうちのすくね》の祖父《おほじ》とし、同景行天皇の条で武内宿弥の祖父とし、同景行天皇の条で武内宿禰は屋主忍男武雄心命《やぬしおしおたけおごころのみこと》の子であるとするので第2図のようになります。記では建内宿禰の子は波多八代《はたやしろ》宿禰、許勢小柄宿禰《こせのおからのすくね》等九人があり、波多八代宿禰《はたのやしろのすくね》の子は波多臣など六人とし、許勢小柄宿禰の子は許勢臣など三人とします。波多八代宿禰は波多が氏で八代は地名からとり、許勢小柄宿禰は許（巨）勢が氏で小柄は甲府市にある小河原という地名から取ったと考えられています。筆者は、波多八代宿禰は笛吹市八代町南・北熊野神社を館とし、ここにあった社が八代の語源となり、倭建命《やまとたけるのみこと》（紀では日本武尊）が寄ったという酒折宮はこの神社であろうと考えました。熊野神社付近の遺跡の状況から五世紀後半の雄略朝のこととしました。従って許勢小柄宿禰も同じ時期と考えると甲府市小瀬町にある小瀬神社（天津司神社）と諏訪宮（鈴宮）も同じ頃にあったと考えられ、この付近に許勢小柄宿禰の館や古墳があったと思われるが、現在知られていません。両者に現在残っている共通した重要なことがあるので後述します。また武内宿禰は蘇我稲目《そがのいなめ》・馬子《うまこ》などを出した古代の大豪族の祖で、物部氏《もののべうじ》などを傘下に入れた六世紀前半に隆盛した一族ですが、大化改新でほとんど滅ぼされました（日本史辞典、昭和四一年、角川書店）。物部の出現は五世紀中頃として、小谷部と密接な関係を持っていたことは時期的にも合っています。古代氏族は平安時代になると婚姻などによって、その系譜が錯綜してくることが伝承、歴史的事実や家紋などによってうかがうことができます。

第三に甲斐の古代氏族とは直接的な関係はないが、第一〇代崇神天皇を祖とする倭建命の系統がありまず。第2図に上げた倭建命は時期的に合わないが、その東征したのは山梨県では五世紀後半雄略天皇朝とみるのが最も妥当な時期であり、彼が景行天皇の子とするとその時期が全く合わないことになります。山梨県では四世紀（中頃）とみられる景行天皇と、五世紀後半に地方豪族への支配を強めた雄略天皇にいろいろな事象や伝承を結び付けようとする力が働いたと思われます。そのためにこの二時期が混同して考えられるようになり、時期的な矛盾を生じ、混乱が起こっているようにみられます。

二　記念物・伝承

姥塚古墳　国衙跡　立石のある神社

下井之上国立《くにたち》神社など九ヶ所に塩海宿禰を祀る神社、亀に関する伝説のある天白《てんぱく》大明神、立石のある神社などが集中している地域があります。その広さは南北一〇〇〇メートル、東西一三〇〇メートルの範囲で、ここを中央自動車道が分断しています（第3図）。塩海宿禰の伝承が残る南照院境内にある姥塚古墳の南西一五〇メートルに塩海宿禰を祀り、国衙《こくが》地区に接し、下井之上に位置する二基の立石がある国立神社があります。この南西約三〇〇メートルに立石がある西宮《にしみや》神社があり、ここに接して北東に広がる方二町（二〇〇メートル）に残る国衙跡で、塩海宿禰《しおみのすくね》が住んだ館だったといわれる場所があり、この中に亀を祀る天白大明神と書かれた石碑があります。ここから東三五〇メートルに立石のある熊野神社（西ノ宮）が位置する。さらに姥塚《うばづか》古墳から三〇〇メートル東に木製の祠の横に立石がある大神さんが、姥塚古墳から約六〇〇メートル南西に塩海宿禰が奈良の大神《おおみわ》神社から勧請したと伝わる二基の立石がある美和神社（甲斐二之宮）が位置します。こうみれば、これらの全てに姥塚古墳を築造したと考えられる人物が関係することがわかり、その人物こそが塩海宿禰でしょう。

塩海宿禰（足尼）についての記事は、古くは記紀や『国造本紀』などにあり、これらが書かれ時

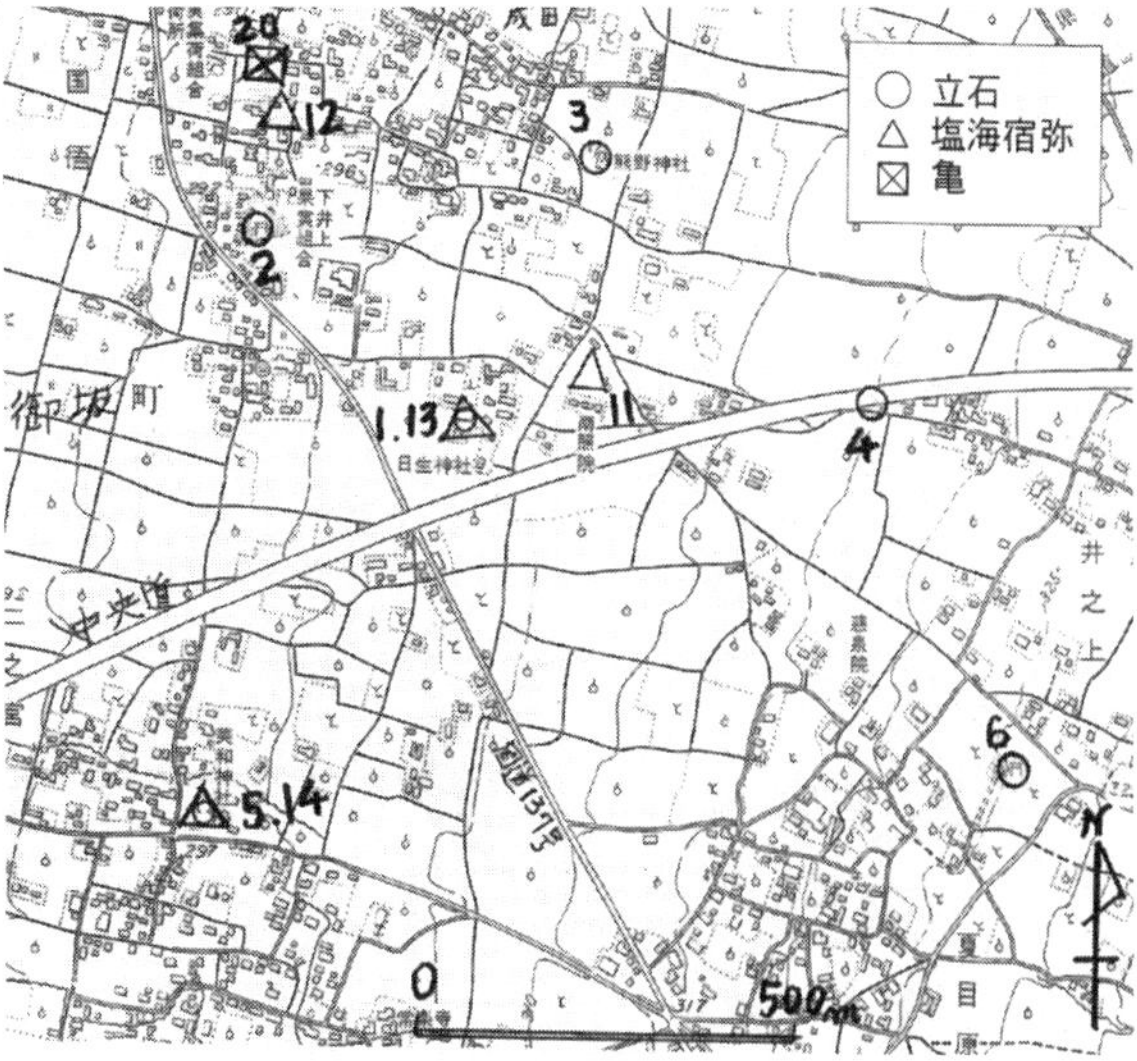

第３図　姥塚古墳周辺拡大位置図
1.13 井之上国立神社　2 西宮神社　3 成田熊野神社　4 大神さん　4.14、美和神社（二之宮）　6 夏目原熊野神社　11 姥塚古墳　12 国衙跡　20 天白大明神

代にはその伝承が残っていました。新しくは『甲斐国志』（一八一四）、『東八代郡誌』（一九一四）や『御坂町誌』（一九七〇）などに載り、記録されていない記念物や伝承などもあります。伝承を史実で証明するのが本稿の目的だが、伝承を系統的にみるとそのものが史実であったことも見えてきます。この頃では今まで顧みられなかった事実や伝承を特に使い、説明していきます。なお記念物の所在地などについては、表にまとめたので本文では省略します。

金川《かねがわ》扇状地には古墳群や群集墳が分布しています。これらは一〇群あり、その中に姥塚古墳を含む姥塚古墳群がある。これは一〇群の中では小群集墳でありましたが、その殆どは人的な開墾によって破壊され、残っている古墳はありませんが、中央自動車道建設工事前に発掘調査された一部が第9図にみられます。古墳・奈良・平安時代で金川扇状地にある中で最も広く、濃厚な遺跡がある場所は二之宮、夏目原《なつめはら》西部、井之上、成田、国衙で、姥塚古墳が築造された時期（六世紀）、地域と国府があった時期・地域が重なっています。ただ第二章でも認められるようにこの古墳に塩海宿禰が葬られたとは考え難く、一宮町塩田に移ったであろうと推定されました。

◇**姥塚古墳**　笛吹市御坂町下井之上にあり、国衙部落に接する南照院境内にあります。この付近にある遺跡を中央自動車道通過予定地域内の予備調査であげられたものを挙げます。

◇**二宮遺跡**[28]　六万平方メートル　御坂町二之宮、国道１３７号線と美和神社との間には微高地があり、土師器・須恵器が散布しています。この発掘調査結果は後述します。

◇**姥塚遺跡**　四万平方メートル　御坂町姥塚　県指定文化財姥塚古墳の南側に土師器、須恵器が多量に散布している。金川扇状地扇央に位置する集落跡でしょう。発掘調査結果を後述します。

◇**無名墳**　三百平方メートル　御坂町下井之上村　社国立神社付近、金川扇状地扇央で西に傾斜している平坦地、南照院の南の畑の中。今は破壊されてその形跡はありません。発掘調査結果を後述します。

◇**無名墳**　三百平方メートル　御坂町下井之上　南照院東二百メートルにあり、墳丘は破壊されていて、石材が畑の中に積まれています。発掘調査結果を後述します。

　このように報告されている地域の中に姥塚古墳があります。この遺跡の発掘調査を行った結果、濃厚な古墳時代から平安時代までの遺構、遺物を検出した。これらの時期は姥塚古墳が築造された頃の主に六世紀と国府が一宮町から移転したと考えられている十世紀～十一世紀にそのピークがありました。姥塚古墳の築造者はこの地域の豪族で、大和朝廷から任命された国造級の人物だろうと推定されています。

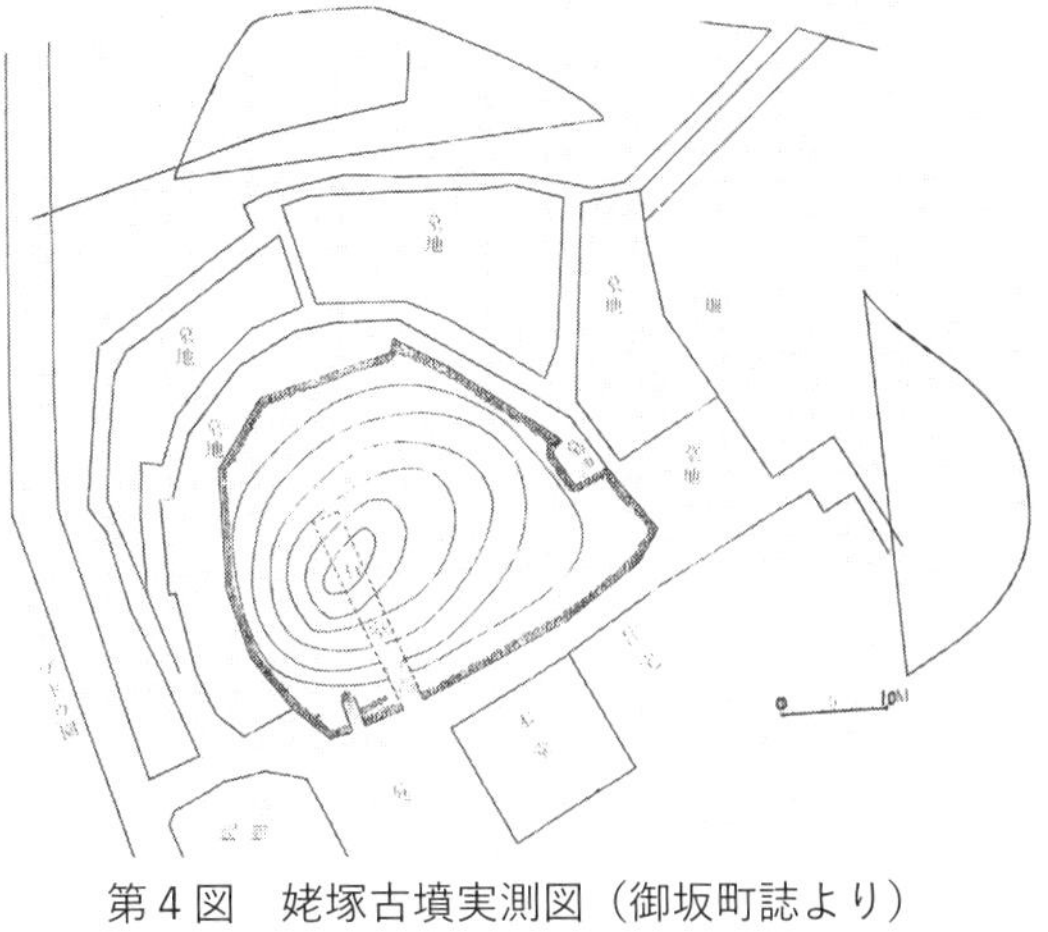

第４図　姥塚古墳実測図（御坂町誌より）

　本県の古墳は六世紀初頭頃から横穴式石室が導入され、六世紀中頃に姥塚古墳が築造されたと編年されています。この石室は巨大な石を使って築かれ、天井石は畳二帖もあるような石を使っていて、東日本では最大とみられています。(22) 姥塚古墳は金川扇状地扇央下部あたりに築造された錦生《きんせい》古墳群の盟主墳《めいしゅふん》で、その南側にある二之宮遺跡や姥塚遺跡集落跡が直接的に関係あり、これを支えたのでしょう。『山梨県史通史編』によると、墳丘は直径四〇メートル、高さ一〇メートル、五メートルほどの周溝をめぐらします。石室は右片袖型横穴式石室で、長さ十七・五メートル、玄室の長さ九メートル、奥壁幅三・三メートル、玄門幅三メートル、高さ三・六メートル、これに南に向かって長さ八・五四メートル、幅二・四メートル、高さ三・六メートルほどの南入口の羨道《えんどう》がつきます。

副葬品などの遺物はまったくなく、出土したかどうかさえ不明であって、築造時期が確定できないが、同様な石室をもつ甲府市湯村《ゆむら》にある加牟那塚《かむなづか》古墳などの例によって六世紀中頃から後半と考えられています。姥塚には多くの不思議な謎があり、その一つが追葬の副葬品も含めて全く知られていないことです。また石室入口の天井石の東側が落ちて斜に立てかけたようになっていて、出入を妨げています。

また石室の奥三分の一くらいは後世に木の床が張られ、その上に石室幅一杯に厨子が作られていて、その中に観音像（穴観音と呼ばれている）が安置され、奥に入ることを拒んでいます。この石室の最奥に巻井戸（井戸の周囲に石垣を積む）があるといいます。南照院に隣接して住む向山長門（当時八〇歳）氏が子供の頃、子供たちと石室に入って井戸の中に水の有無を知るために石を投げ入れて遊んだり、何故井戸を掘ったのか考えたりしました。また御坂町八千蔵《やちくら》の宮本氏（当時七三歳）もこのことを知っていて、子供たちも知っていたというから間違いない事実であると思われます。ただ南照院の住職はこのことを知らないといいます。誠に摩訶不思議なことですが、今後の調査を待ちたいと思います。

この古墳の石室にまつわる伝説があります。[23]古墳は被葬者が生前に造ったと考えられています。井之上に往古大力《だいりき》無双《むそう》の男が住んでいました。一方甲府市中道地区右左口の山奥に山姥《やまんば》が住んでいました。名を谷間の百合姫と呼ばれていて大変な怪力の持主でした。山姥は多勢の人を引き連れて力較べに井之上に行き、二人で競って塚を築こうと言って、山姥は五三八人で右左口から大石や土を運び、穴を掘り築きました。大男も一生懸命作りましたが、約束の一番鶏が鳴くまで間に合いそうになく、山姥は大石塚の入口に立てかけたままで、大男は山奥に逃げ帰ったといいます。

この伝説の主要部分は、両者に競争させて造ったことと、入口の天井石を載せるのに失敗したことではないかと考えられます。またこの集団は石を運び石垣を積む、朝鮮半島に由来をもつ穴能衆《あのうしゅう》のような職能集団を指しているのかもしれません。この天井石が落ちた原因は、石室に向って左（西）側の側壁が崩落したためとみられます。崩れかかった側壁に天井石が寄りかかっています。これに対峙する右（東）側の側壁の石は取り去られて、今は最下段だけが残っ

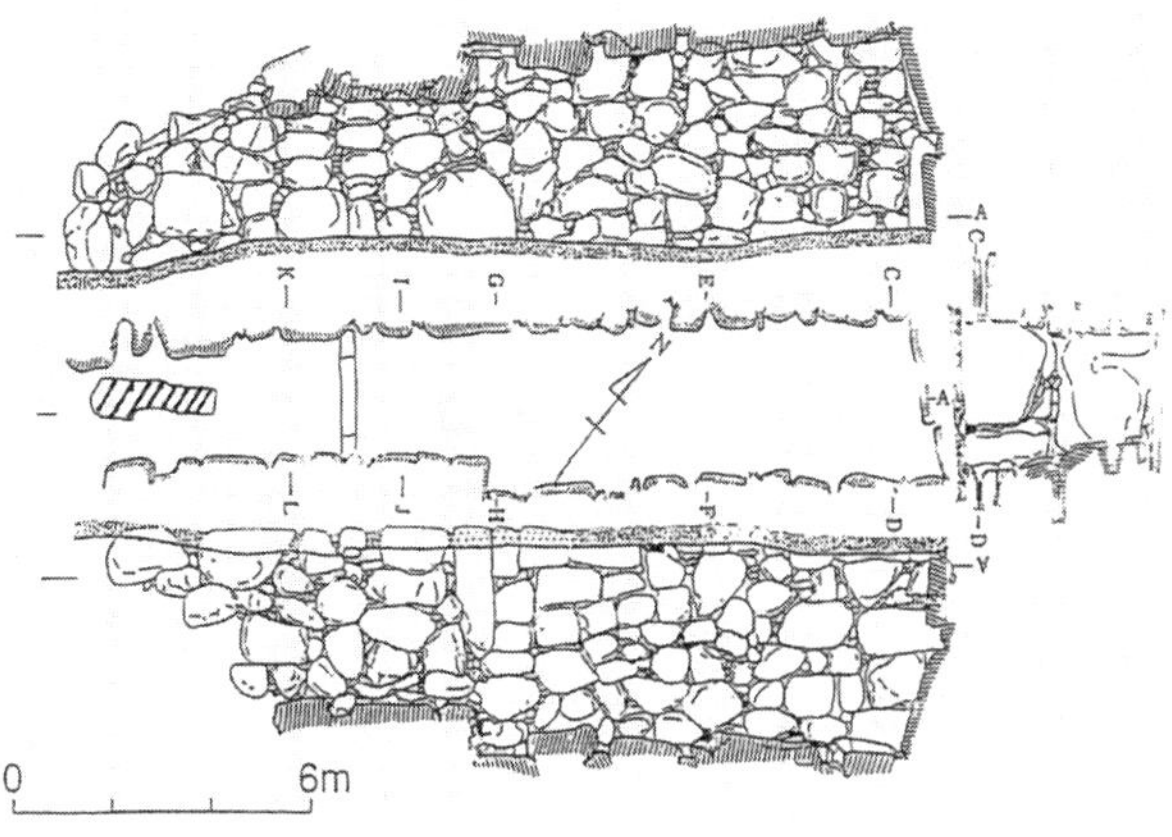

第５図　姥塚古墳石室図（山梨県史より）

ています。石室の入口に石を落としたために死体を入れた棺を入れることができなかったのではないでしょうか。そのために副葬品がないのではないかと推測します。このことから塩海宿禰が一宮町塩田に移ったなどの塩海宿禰伝説や、彼が祀られた神社の伝説になったのではないでしょうか。上野晴朗氏が『御坂町誌』（昭和四六）に塩海宿禰について詳しく書いているのは、甲斐国造と姥塚古墳との三者の関係について説明しているのに他なりません。また宿禰は菊理姫（『東八代郡誌』では雛鶴姫）と結婚したといいます。このことが濃厚な塩田長者伝説やそれを裏付ける事実とつながっているように思うのだがどうでしょうか。

◇国衙跡　笛吹市御坂町国衙にあり、下井之上、成田、二宮の一部も国府に入ると思われます。姥塚古墳の項で前述したように、この地域は扇状地の扇央下部に当り、遺跡がこの湧水地帯に集中する傾向が認められ、特に六世紀中・後期頃以降の遺跡が扇央全体に広がっています。国衙（国庁）に当る地区は姥塚古墳の北西にあります。国衙地内の西部から下にかけては条里型地割の条線と里線は地図で見ると整然としていますが、国衙跡では道の方向はやや北に向け、条里地割とは方向を異にしています。国衙の上

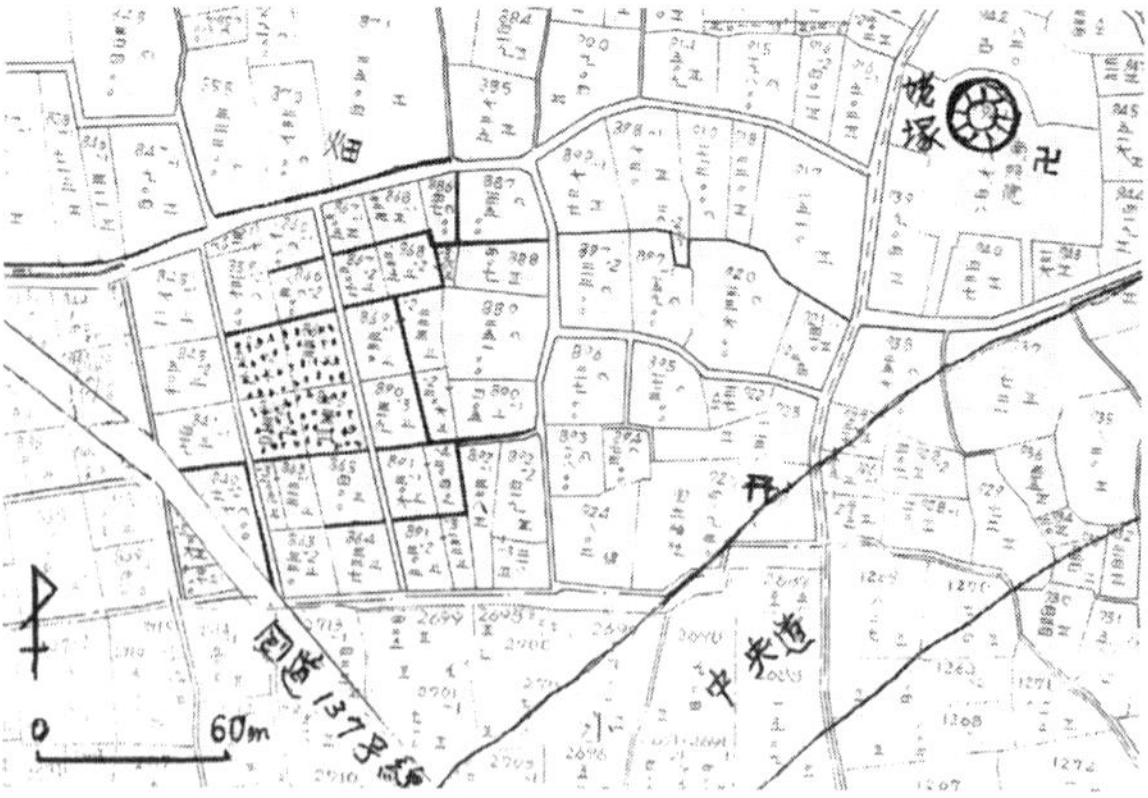

第６図　姥塚古墳、国衙跡位置図（文間図 1892 年）
点部が土塁と塀で囲まれていた。

（東）方では道はつながっているが乱れています。この付近が国府の中心地とみられ、東西七丁、南北六・七丁の中央南西寄りに官衙があったと見られ二丁（二〇〇メートル）四方を、付近の人の話では幅一〇メートルくらいの堀で囲んだ跡があったといいます。堀の内側には当然土塁が残されています。この中に塩海宿禰の館跡があったという伝承があり、館跡であるとすると姥塚古墳の被葬者のものだったでしょう。これは六世紀中葉頃に造られたのではないかと考えられます。官衙内やその周囲は曲り角が多く、袋小路もある迷路のようになっているのは明らかに防御施設でしょう。ここが一〇世紀前半に一宮町から国府を移したとみれば、かつての豪族の館を再利用して、その約四〇〇年後、承平年間（九三一～九三七）に国衙を造ったことになります（『御坂町誌』）。国衙の西側に大門、中央に台上などの遺名が残り、台上では基壇状に遺構跡が残っていました。この南側の道は主要道路で鎌倉街道といったといいます。周囲には多くの神社や仏閣があり、その創建の時代は不明ですが、現在では消滅したものも少なくありません。文化元年（一八〇四）十一月に二宮の社家坂名井直麿の記録に、「同[24]国衙の東南に国立明神有り、中古国造を祀奉ると云う」また「同[25]巽（南東）に当り古塚幾所も数多く有、案に国造代々の墓所なるべし」とあり、姥塚遺跡の発掘調査報告書に記載されている古墳群がこれに当るのでしょう。そして「国衙村の中央に屋敷跡と云う苗所有、国造の御館の所と云う。四方土手にして小堀あり、東西二町

第７図
御坂町　国衙跡にある石碑

程、南北二町内但し艮（北東）に土手附出し有之、裏門なるべし」とあり、「正面中奥に中古天白神を祀り小祠を造立し今に有之、威霊顕著なる御神世、奉祭神亀の勅使と云う。尚其北に稲荷大明神祠あり」とあるのは『甲斐古蹟考』(26)に載っている石和町唐柏《からかしわ》の大亀《おおかめ》神社より亀霊を国衙に移したことを証明する内容であり、これが恐らく塩海宿禰の時代であると考えられ、注目すべき事です。「稲荷大明神祠あり」と記されているが、現在はここにはなく、艮《うしとら》（北東）にある熊野神社（西之宮）にある稲荷祠のことでしょう。国衙の中心部とみられる一辺四五メートルばかりの方形の範囲を第6図からその地番を拾ってみると、明治二五年（一九九二）に分間図を作成した当時は全て水田になっていて、国衙小字横畑八六一（三二八）、八六一ー二（三一七）、八六二（三一四）、八六六（三二四）、八四〇、八四一、八四五、八六三、八五九、八六〇、八六五、八六四、八九一、八九二、八七〇、六七九、八六七、八六八、八九〇、八八六、八八七が入る範囲とみられます。

国衙の四方にある神社は、巽《たつみ》（南東）に国立神社、裏鬼門に当る坤《ひつじさる》（南西）に今は無い山王社《さんのうしゃ》（今も山王の地名が残る）、乾《いぬい》（北西）に稲荷社、鬼門に当る艮《うしとら》（北東）に熊野神社（西之宮）を配祀しました。仏閣は南東に南照院、南西に金清寺（現在廃寺）、北西に薬師堂（薬師堂の地名が残るのみ、かつては薬師さんが祀られていたといいます）、北東に福泉寺（現在廃寺）があったといいます。西宮神社、吉祥院は屋敷神であったか。中川に日当神社、正法寺、九品寺などがあります。

南西には井之上郷があり、条里地割がある土地に引く金清水湧水があって、ここに山王社があることが注目されます。筆者は、山王神は農業に深い関係があるのではないかと思っています。艮

（北東）には最も重要な熊野神社（西之宮）があり、この西には中世の城館があったとみられ、これを福泉城といいました。

　前述したように、塩海宿禰は国衙に於いて政治を行い、老年に塩海県へ退隠させられます。「此地を塩海県又は塩田県という」とあり、一宮町塩田に移ったといいます。前述した坂名井一族は古い氏族で、その墓誌銘には四〇柱ほどの名が載っていて、その内三人程の居士、大姉の他は全て刀自命《とじのみこと》や刀自で神道を信仰していたことがわかります。初期の鷺《さぎ》王《おう》は応神天皇（四世紀後半か）の孫と記され、「おたろしさん」と呼び伝えられ、その妻太郎王妃之命は「おひめのこうさん」と呼ばれていて、両者共に美和神社の境内に祀られました。同天皇の曾孫に坂名井君の命があり、甲斐王と言われて甲斐国造だったといい、和銅六年（七一三）に美和神社を創建したというが検証はできません。なお墓誌銘は御坂二之宮の光明山（常楽寺）にあります。

　なお後日甲斐の国衙については通説になっている二転説三ヶ所を筆者は三転説四ヶ所であろうとしました。それは第一次国衙を塩海宿禰が御坂町井之上にある姥塚古墳の西に開いたと考えたからです。（「分間図と現地で古代の遺跡を探す」『山梨県考古学論集』森和敏）二〇一九年

第８図　国衙　国立神社（左：奥殿　右：本殿）

立石《たていし》のある神社

山梨県内で発掘調査された中の四三遺跡で神社建築として考える対象になる高床式掘立柱建物は二九〇棟ばかり発見されていて、この中で古墳時代に属するとみられる建物が三二棟あり、このうち神社建築として有力視される独立棟持柱があるものは五棟のみです。他は全て奈良・平安時代のものです。この状況を筆者は「酒折宮とヤマトタケル」の章に集成しました。

高床式掘立柱建物の分布は峡西《きょうさい》地方、八ヶ岳南麓に非常に多く、峡東《きょうとう》地方には五六棟あるだけで、このうち古墳時代と奈良時代に属する建物は数棟にすぎません。その後平安時代になると急増する傾向があります。その大きさは一間×一間から一・五間×二間くらいで、本殿だけで拝殿や社務所のような建物は見当りません。平安時代後半になると笛吹市八代町北にある南・北熊野神社や古い歴史をもつ同御

番号	社寺名	所在地	立石cm	家紋	備考
1	井之上国立神社	御坂町下井之上925	106 63	三巴	祭神塩海宿弥 二基の立石あり
2	西宮神社	御坂町国衙字宮本	94	三葉梶	
3	成田熊野神社	御坂町成田区熊野原	115	菊花	西之宮神社
4	大神さん	御坂町井之上 1171	82	なし	木製祠のみ
5	美和神社（二之宮）	御坂町二之宮	109	丸に算木	二基の立石あり 14に同じ
6	夏目原八幡神社	御坂町夏目原	79	2枚鷹羽	
7	杵衝神社	御坂町尾山	106	丸に算木	
8	桧原《ひのきはり》神社	御坂町下黒駒	97	三葉柏	木製祠のみ
9	塩田国立神社 （金亀明神）	一宮町塩田 386-2	100	不明	祭神塩海宿弥 16、20に同じ
10	一宮浅間神社	一宮町一ノ宮	180	菊花	
32	八千蔵熊野神社	御坂町八千蔵	76	割菱	

笛吹市内にある塩海宿弥、塩田長者関係社寺　立石のある神社

＊番号は第5・6図に記すものと同じ

坂町二之宮にある美和神社のような強大な勢力をもっていた社には本殿以外の建物があって、神職も常駐した可能性はあると思われます。また七世紀後半白鳳時代から奈良時代頃に建てられた寺院に隣接している社は寺院と同時期かそれ以前に建てられた可能性もあると考えられる。立石をもつ神社の多くは、その本殿は一間×一間か一尺（三〇センチ）×一尺くらいで、平安時代の本殿とその大きさはあまり変わっていないと思われます。拝殿も二間×二間か三間×三間くらいが多く、比較的小さいです。

七〇一年に大宝律令が制定され、国造に替って国司が奈良朝廷から下向するようになってから、国府に伴う神社（総社）は次のようであったといいます。総社の成立年代は、国司が神拝するためのみに任地に下向するようになった十一世紀後半頃であり、総社は国府の近くになければなりません。全国的にも一キロメートル以内にあるのが普通で、守公《しゅこう》神社と総社とは一体的になります。⑵⑺

甲斐国の守ノ宮神社は『甲斐国志』でいう一宮町にある甲斐奈《かいな》神社でしょう。守ノ宮神社が総社であったのであれば国衙祭祀となる御幸祭《おみゆきまつり》がなければなりません。国衙祭祀は平安時代に出現し、国司初任の御神拝と毎月一日に朔幣《さくへい》が行われていて、この後有力神社に幣帛《へいはく》、神宝を奉らせる御幸祭の中心が守ノ宮神社にあったことが指定できるといいます。

次に立石とそれがある神社について具体的に説明します。笛吹市御坂町と一宮町で立石がある神社は次にあげる十一社十三基でありましたが、補遺にのせた新しく発見した八社一三基を加えると合計一九社二六基となります。本県に他にあるかどうかは寡聞にして知りません。立石は全て加工が施されていない自然石で、当地方にある花崗岩《かこうがん》とみられます。十三基の内三基を除く十基は拝殿または本殿の正面に立てられ、その多くの位置は拝殿の十メートル以後にあります。三基のうち二基はかっては拝殿か本殿の正面に当っていたといいます。立石の地表上の高さ（長さ）は六三センチから一八〇センチ以内で、地中に入っている部分は不明だが、しっかり立っているので三〇以上でしょう。立てた目的などの伝承は全て不明だが、二～三基のものは子供の成長を祈願して、生まれて初めて神社にお詣りをする（うぶ明け）時に〆縄に幣帛をつけて立石に巻きつけるというが、他は古老に聞いても全く知らないといいます。伝承がないだけに古さを感じます。

また石を立てた時期についても何の伝承も得られませんでした。ある場所は御坂町に九社十一基、一宮町に二社二基であり、御坂町では姥塚古墳の近くに五社六基と集中しています。この十一社のうち三社は塩海宿禰を祭神としていて、一社（美和神社）は塩海宿禰が勧請したといいます。また立石のない一宮町石舟《いしふね》神社も塩海宿禰を祭神としています。このうち小さい本殿の前三メートルくらいにある現存する四基が本来の姿であったのではないかと考えられます。

１、井之上国立神社　姥塚古墳南西一〇〇メートルで、国衙の巽《たつみ》（南東）に位置します。中央自動車道建設で敷地の一部南東が、塩田国立神社と同じく偶然にもその用地となりました。この神社の建物は移動しなかったが本殿・拝殿を新築し、本殿の北側にあった奥殿とその正面約二メートルにあった立石を本殿の南側に移しました。奥殿と称し、摂社《せっしゃ》ではないことはこの神社と石の位置関係の初現の形を想定させます。奥殿の大きさは奥行き二尺（六〇センチ）、幅二尺です。奥殿の前にある立石は十三基中最も小さく六三センチで、拝殿が未だない初期の状態とすれば六世紀に遡るでしょうか。拝殿とその正面にある一〇六の立石との距離は約五メートルと比較的近いです。二基の立石をもつ神社はここと美和神社だけです。この神社は下井之上と井之上の土産神で末社に妙見明神社他六反歩、諏訪明神社二反一畝十六歩とある。『御坂町誌』（昭和四六）によれば、中古国造の始祖を祀奉といい、祭神は国造塩海宿禰である。家紋は三巴で八代町岡にある八幡神社、同北にある南・北熊野神社（隠紋か）、甲府市天津司《てんづし》神社（小瀬神社）の（隠）紋と同じです。

次に中央自動車道の建設前に発掘調査された、隣接する二ヶ所の遺跡の結果を記しておきます。

二之宮遺跡と姥塚遺跡で検出された竪穴住居址は五五〇軒で県下最多です。この周辺には中小古墳が濃厚に分布していて、その一部が姥塚遺跡で発掘されました。二宮遺跡で発見された住居跡は縄文時代一軒、弥生時代三軒、古墳時代一五七軒、奈良時代二四軒、平安時代一九八軒、年代不明九軒の合計三九二軒と、多量の土器と馬具、鏡などが出土しました。ただ祭祀関係の遺稿が全く発見されていないのは、国衙の中で全ての祭祀が行われていた可能性があります。

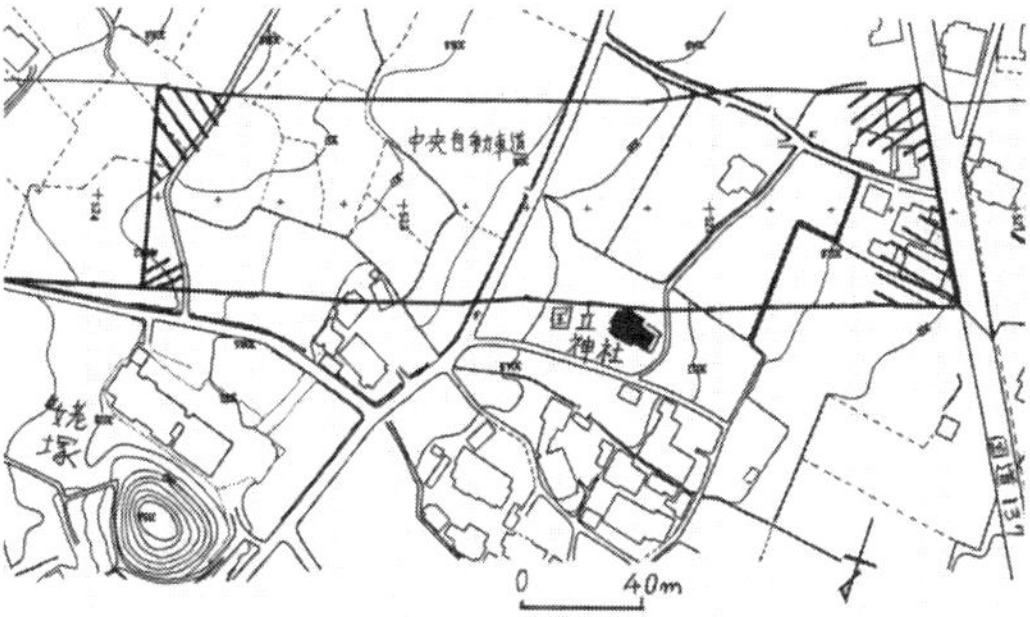

第９図　御坂町姥塚遺跡発掘調査位置図
（中央自動車道）

第 10 図　姥塚遺跡発掘調査全体図

このうち古墳時代住居址は姥塚古墳と同時期のものが多く、姥塚古墳に直接関与した集落と考えられています。奈良時代には減少するが、甲斐国府が国衙に置かれたと推定される平安時代中後期にはまた増加し、井之上郷であったと推定されています。

[29]姥塚遺跡は二之宮遺跡と同一遺跡とみられています。遺跡の中央を町道が通り、西と東に分断されていますが、道は集落があった当時からここを通っていたように見えます。道の西側中央当りの住居跡がない場所に水路がありました。水路の西側は奈良・平安時代の竪穴式住居跡があり、国道を挟んで二宮遺跡に繋がります。水路の東側は古墳時代の竪穴式住居跡で占められています。時期的内訳は古墳時代前期十九軒、中期八軒、後期八八軒で、このうち国立神社境内付近の竪穴式住居跡は前期三軒、中期一軒、後・末期五軒であり、掘立柱建物はありません。東側も古墳時代の竪穴住居跡が密集していて、姥塚古墳南四〇メートルくらいでは一部住居跡と古墳時代後期の周溝遺構四基や後期古墳四基が重複して検出されています。姥塚古墳の被葬者と同族の奥城でしょうか。以上から国立神社に相当できる遺構は発見されませんでしたが、創建は古墳時代に遡る可能性があるでしょう。

2、西宮神社

御坂町井之上にある国立《くにたち》神社ともいったので、本来は国立神社であったのでしょうか。国衙の坤《ひつじさる》（南西）にあり、姥塚古墳の西約四〇〇メートルに位置します。本殿は一尺×一尺と小さいです。九四センチの立石は拝殿正面二メートル程のところに立っています。家紋

第11図　国衙　西宮神社

は三葉梶であり、恐らく五葉梶に関係があると考えられ、塩田長者と同じです。

3、成田西之宮神社 国衙の艮《うしとら》（北東）つまり鬼門にあります。現在は熊野神社の摂社のようになっていて、向って参道の左前に西之宮社と刻した石碑が立っています。熊野神社が全国的に地方に勧請されたのは一〇世紀とされているので、創立されたのは西之宮社の方が前であったと考えられます。一一五センチの立石は拝殿のほぼ正面―恐らく参道をコンクリートにする際に一メートル東（右）に移したのでしょう―二〇メートルにあります。家紋は菊花紋だが、その以前の紋は不明。説明板に「甲斐国総慎守の社格をもつ」と書かれています。

4、大神さん 姥塚古墳の南東三〇〇メートルにあり、中央自動車道南側の側道に面しています。一間×一間（一八〇センチ四方）の中に四囲を石垣で積んだ高さ一メートルの台の上に二尺×二尺（六〇センチ四方）の東を向く木製祠が立ててあり、立石はその北側に立ててあります。中央自動車道の側道にかかったため二～三メートル南に移したが、移す前は東を向く祠の前二メートルに立ててありました。約一〇〇年前には、現在地から二〇〇～三〇〇メートル南東の自然林の中にあったといいます。この時の状態が当初を伝えているように思われる。

第12.図　井之上　大神さん

5、美和神社（二之宮） 御坂町二之宮は古くは小石和筋二宮村と呼ばれ、上代は桧原《ひばら》と言われていたようです。この桧原は別項に上げた「桧原神社」があった桧原という場所を指すのでしょう(30)

か。立石は拝殿正面一〇メートルの所に立てられているものと、もう一基は前記の一基より一三メートルばかり北にあって、南を向く天照大神の木製祠がある正面六メートルに立っています。二基とも同じ様な大きさです。美和神社の創建は五世紀「日本武尊の命によって、甲斐国造塩海宿禰これを勧請す」と伝えられていますが、これは現在の御坂町二之宮へ勧請したというのではなくて、それ以前にあった所、即ちここより三〇〇〇メートル東にある御坂町尾山《おやま》にある山宮神社の社記にいう(31)喜筑《きうき》明神で、現在の杵衝《きつき》神社だろうとしています。さらに遡れば桧原神社がこれにあたるといいます。社記では大和国三輪山麓にある大神神社から古い山宮（桧原神社か）に勧請されたとします。もとは神座山《みわのますやま》つまり神座山薬王権現《じんざさんやくおうごんげん》と称し、神座山頂（桧峰《ひみね》神社）に降臨したのだといいます。大三輪神《おおみわのかみ》は美和神《みわのかみ》であるといいます。南にある神座山と美和社の山宮と国衙所在地は一直線上にあるといい、偶然ではないと考えられています。もし計画的に選地したのであれば、美和神社の成立は六世紀中頃とみられるので、国衙の前にすでにあった国造の館も六世紀中頃には成立していたとも考えられます。また神社の神職を努めていた坂名井家(32)は五世紀代から続く家系があり、古い記録や事実をあげて証明しようとしました。ただ峡東地方にある扇状地上の遺跡は、扇端近くに弥生時代の

第13図　美和神社（二之宮）

第14図　美和神社（二之宮）

遺跡があり徐々に上（東）に移って行き、古墳時代後期後半に扇頂近くに達することを考えれば、神社の創建は現在地が最も古いと考えることもできます。また本殿、拝殿、神楽殿、社務所等とその東にある広場を囲むように（東側は開けていますが）、高さ一〇〇～一三〇センチ、幅三～七メートルくらいの土塁で囲まれていて―しかし土塁の外側に堀らしき跡は見られませんが―中世以前に築かれた可能性があることを付記しておきます。家紋は丸に算木（二本）で、山宮とされる尾山杵衝《きつき》神社の紋と同じであることは、この二者が関係あることを示しています。

6、夏目原八幡神社　御坂町夏目原の上（東）部にあり、扇央上部に位置します。姥塚古墳の東七〇〇メートルにあり、拝殿の正面五メートルに七九センチの立石があります。ここに建久年間（一一九〇～一一九八）に鎌倉鶴岡八幡宮から勧請したといいますが、八幡宮は清和源氏の氏神とされ、鎌倉時代に広まったといわれるので、この神社はそれ以前にはあったと考えられます。

7、杵衝神社(33)　御坂町尾山は御坂山脈山麓にあり、金川扇状地扇頂近くに位置します。姥塚古墳から南東三〇〇〇メートルにあります。美和神社の山宮とか元宮といわれ、神社拝殿の上に「山宮」と書かれた

第15図　夏目原八幡神社

第16図　尾山杵衝神社

額があります。宝永二年（一七〇五）に書かれた『尾山村明細帳』には二宮明「神」又は「喜」とも書かれています。一〇六の立石は拝殿正面一〇メートルにあります。毎年四月三日に美和神社から神幸します。神輿をかつぐのは尾山に住む若者でした。一説に美和神社は、下黒駒《しもくろこま》桧原神社↓桧峰神社↓尾山杵衝神社↓現在の美和神社の順に移ったともいわれていますが、順序は別にしてもこれらは深い関係にあったと考えられます。

また美和神社・杵衝神社・神座山は一直線上にあり、方位を強く意識して選地したようです。冬至の日の出は美和神社から見ると神座山から登るといいます。また桧原神社・春日居町《かすがいちょう》国府跡、神座山も一直線上にあるといいます。御坂町で三輪神を祀るのは美和・桧原・桧峰・杵衝・成田御幣の各神社であるといいます。[34]神座山は桧峰神社の南東に聳える峻峰で、その山容から嵯峨岩（釈迦岳、薬王菩薩）と呼ばれ、高皇産霊命《たかみむすひのみこと》が祀られている山宮であるといわれ、釈迦如来を祀る堂宇《どうう》があります。付近には多くの古跡や伝承があり、行者岩、鉄鉱石採掘場や藤原などの地名があり、藤原は藤原がつく国司が六人あるので、その誰かにより、山宮はこの地に創建されたのではないかといいます。この祭神は大物主命《おおものぬしのかみ》で物部氏《もののべうじ》の氏神です。神座山は一六六四メートルあり、西方から見ると神奈備《かむなび》型の丸い山で桧峰神社はその山奥にあり、上黒駒にある洗宇《あらう》神社から毎年四月に神幸《しんこう》があり、その距離約四畑。峰は寛文四年（一六六四）に書かれた尾山区蔵の絵図に「御たけ」とあり聖なる山でした。神社の庭に拝殿の正面七メートルより右三メートルに立石がありますが、自然石にも見えるので立石であるかどうか確かではありません。なお洗宇神社には拝殿の両側に立石がありますが、正面にないので立石とはみなしませんでした。

8、桧原神社　御坂町下黒駒は金川扇状地扇頂近くにあります。姥塚古墳南東三五〇〇メートルに位置します。かつては広い境内と多くの建物があったと推測されていますが、現在の境内は道に面していて、僅か三メートル×三メートルで、石垣に囲まれた台上に三尺（九〇センチ）×三尺の木製祠の本殿が東に向って建てられていて、これに接して正面に九七センチの立石があります。家紋は不明ですが、近くの古老によると三ツ葉柏（梶であった可能性もある）であったといいます。[35]坂名井深三氏は社地の古名は黒駒御桧原といい、東西二一〇間（三七八メートル）、南北四五間（八一メートル）。今は杉社なりとし、二宮など五箇村の鎮守産神なり、（北畠親房《きたばたけちかふさ》『神皇正統記』）造殿儀式のような神社で、三間桧皮葺正殿一宇、三間板葺拝殿一宇、五間板葺舞殿一宇など七棟があり、堅魚木六丸、千木四支などを載せた内外鳥居二基などがあり、この神社に想応しい形にそった規範だったろうと推測していて、今も桧原の地名が残っています。

9、塩田国立神社（金亀明神）　一宮町塩田小字宮田町三八六、金川支流の田垂川《たたれがわ》中流域にありました。後述する『秘本酒折本宮所在考全』の由緒に「塩海宿禰の死後塩田ニ祭られ国立明神ト称セラル」

第17図　下黒駒 桧原神社

第18図　塩田 国立神社

とあります。立石は本殿と南にある木製祠の間にあり、他とは違い拝殿の正面ではないが、明らかに立石と思われます。中央自動車道を建設するために、神社の敷地、建物の全てを西八〇メートルの地点に移しました。建物や立石の配置関係は移す以前と全く同じように再建したといいます。立石は恐らく本来は拝殿か本殿の正面にあったことは確かでしょう。塩海宿禰を祀り、立石があり、亀の伝説があるという三者が揃っているのはこの神社だけで、これら三者が関係していると考えられる唯一の神社です。ただ立石が傾いています（別項国立神社を参照）。

中央自動車道の工事前に遺跡の発掘調査を行ったので、その状況を以下に記します。

北堀遺跡は金川扇状地の東端、笛吹市一宮町塩田字北堀にあり、発掘調査では古墳時代から平安時代末期に至る竪穴式住居跡五七軒を発見しました。鬼高期（六世紀頃）から国分期（九世紀頃）までに継続的に集落が営まれていました。第22図に示した調査区の中央東を横断する道路の東（図の右）部分が国立神社の境内八〇パーセントで占められています。

偶然にも御坂町下井之上にある国立神社も中央自動車道にかかっています。本遺跡の主な時期が周辺の遺跡をも含めて平安時代であり、『和名抄』（九三〇頃）に載る山梨郡林部郷《はやしごう》を形成する集落と推定されました。調査区域は幅約六〇メートル、長さ約二四〇メートルに及びます。調査区東端は田垂川によって制限されます。西端には小谷がありこの西側には発掘調査された笠木地蔵遺跡《かさぎじぞう》が続きます。北堀遺跡は小谷に挟まれた微高地上に立地しています。発見された遺構は古墳時代後期の竪穴住居跡五軒、奈良時代同四軒、平安時代同四八軒で、平安時代が主と考えられる土壙《どこう》（墓も含まれる）二九〇基も検出されました。また縄文時代の遺構も発見されていて、この地域は肥沃な土地で住居に適した所だったと思われます。なお埋納したという伝説がある金亀は発見できませんでした。

笠木地蔵遺跡[36]では三四軒の十世紀から十三世紀の竪穴住居跡が検出され、最も多い時期は十二世紀で、三八九基の土壙もありその多くは平安末期で、掘立柱建物の柱穴とみられる土壙もありますが、それと確定されていません。時期的には北堀遺跡の後に続く集落とみられます。

10、一宮浅間神社（甲斐一宮） 社記によれば第十一代垂仁天皇朝に神山の麓にお祀りされました。山宮と称し、現在の摂社山宮であるといいます。貞観六年（八六五）に富士山が大噴火し、甚大な被害を生じ、朝廷でも鎮火祈念などが行われ、翌七年南東二キロメートルにある国指定重文の山宮から祭神を勧請しました。創建はこの時かどうか不明だが、以前から社はあった可能性も否定できません。前述したように国衙祭祀の際には総社に国司が参拝する行事もあったとみられていて、甲斐国の国司も七三一年以降から明らかになっているので、一宮町に国府があった時代に国司が新任した時や正月には参拝したことが考えられます。以降、平安時代末期から中世へと神社の足跡は明らかとなっています。

祭は四月一五日に釜無川に水難除けの神幸が盛大に行われています。立石は最大で一八〇センチあり、拝殿正面二〇メートルほどの所に立っていて、二者の距離は最も長いです。立石は子持石《こもちいし》と称し、子供の初参りの時に健やかな成長を祈って幣帛《へいはく》をつけた〆縄をこの立石に掛け

第19図　一宮 浅間神社

るといいます。この状況から立石の中では比較的新しい時期に立てられたと推測します。家紋は菊花紋でこれ以前の紋は不明ですが、宮司によると八重桜だったかもしれないといいます。宮司はこの神社の南にある古屋真孝氏の家系が代々継承しています。古屋（降矢）一族の家紋は梶の葉ですから、神社の紋はこれと同じであったろうと考えてさしつかえないでしょう。

32、八千蔵熊野神社

御坂町八千蔵小字宮の後にあり、浅川扇状地と金川扇状地が接する線を西流する天川右岸に沿って形成された自然堤防上にあります。一三基の立石の中で最も南に位置します。立石は拝殿正面八メートルの所より南（向って左）三メートルに立っていて、高さ七六センチです。御坂町八千蔵小字宮の後にあり、この小字が北西に広がる上部隅に位置するので、地形的にも宮の後にあっても不自然ではありません。ここに接して南東には縄文時代、古墳時代〜平安時代の濃い集落遺跡がある諏訪原遺跡があり、近くには下野原にある御坂中学校に横穴式石室をもつ円墳弾誓窟《だんせいくつ》古墳や集落遺跡があります。八千蔵《やちくら》の穴山徹氏所有の宝永四年（一七〇七）に正因寺《しょういんじ》から出された古文書に、寛文五年（一六六五）には、諏訪明神社地拾貳社権現社地　荒神社地　御先社地の広さが書かれ、右四ヶ所の社地は古代より除地であって、年貢は納めていないこと、古来より同村の正印（因）寺が支配してきたことが記録されていて、古代・古来と書かれ、古い神社であると言っています。拝殿に向って左に一五〇センチばか

第20図　八千蔵熊野神社

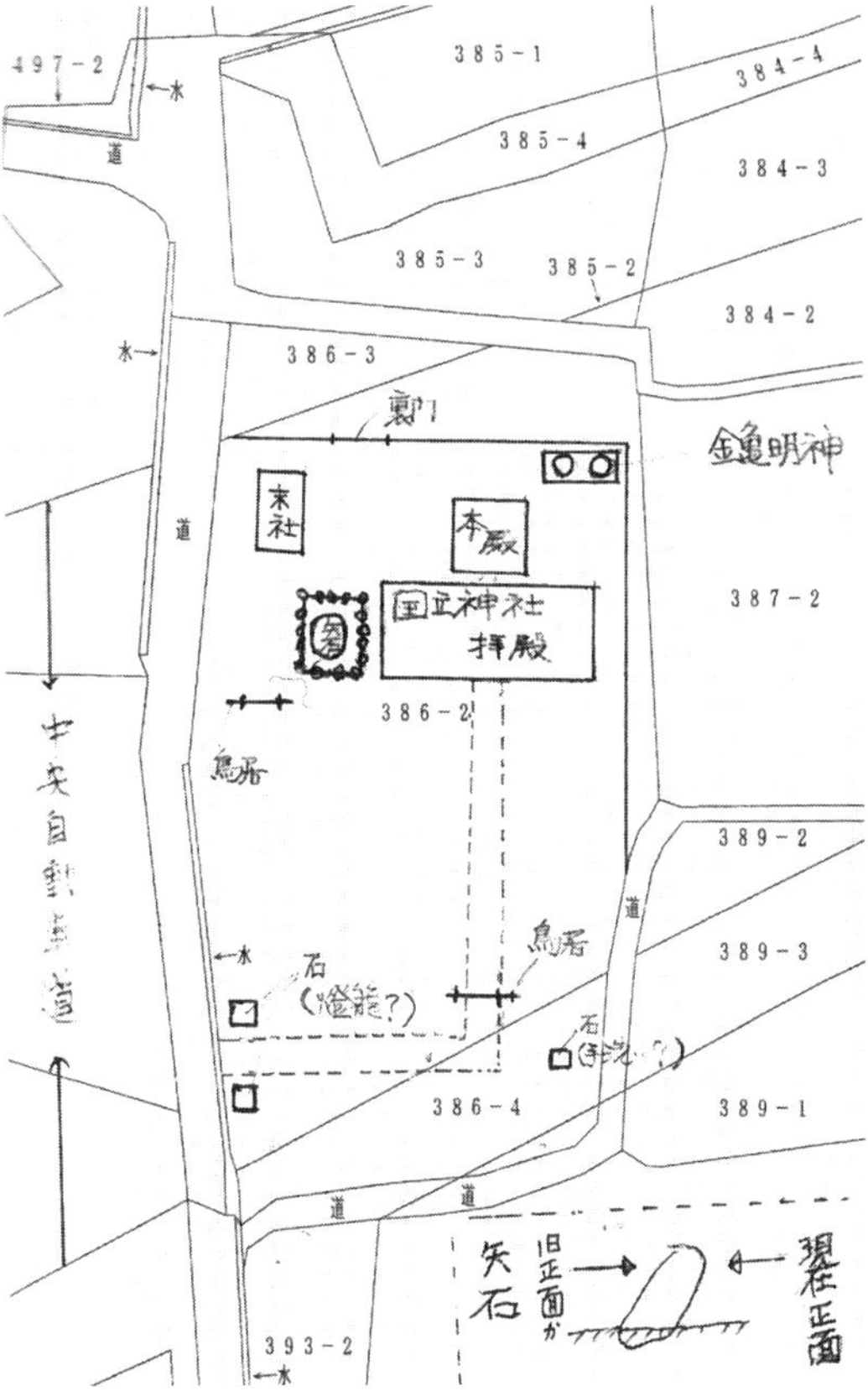

第 22 図　北堀遺跡（国立神社）発掘調査前の図

第 23 図　北堀遺跡遺構全体図

りの蚕影山《こかげさん》、石尊《せきそん》大明神、諏訪明神と彫られた石碑、一三〇センチの顯仁美古登、埴山毘売神、猿田毘古神と彫まれた石碑、一メートルばかりの幻神と彫られた明治参拾年建立の石碑が立っています。二番目の神の名は古い形とみられ注目されます。ただ第一番目は他所から移したことは確かで、他の二基も移された可能性があり、神社とは別に祭をしていたようです。

塩海宿禰を祀る神社と関係地

塩海宿禰を祭神とする神社は下井之上国立神社、国分石舟神社と塩田国立神社の三社で、姥塚古墳は塩海宿禰が築造に関係し、国衙跡にある館跡は宿禰の館跡といわれ、美和神社は宿禰が勧請し、塩田長者屋敷は宿禰が移った所であると伝えられ、天神塚は宿禰から賜った剣を埋めたとの伝承があります。

11、姥塚古墳　塩海宿禰が築造した古墳と考えられます。(10)の項参照。

12、国衙跡にある館跡　土塁と堀があり、塩海宿禰の館跡という伝承があります。

13、下井之上国立神社　塩海宿禰を祀る神社で二基の立石がある神社

番号	社寺名	所在地	家紋	備考
11	姥塚古墳	御坂町下井之上		関係地
12	国衙跡にある館跡	御坂町国衙		関係地
13	下井之上国立神社	御坂町下井之上	1に同じ	祭神
14	美和神社（二之宮）	御坂町二之宮	5に同じ	関係地
15	石舟神社	一宮町国分 221	菊花	祭神
16	塩田国立神社（金亀明神）	一宮町塩田	不明	祭神
17	塩田長者屋敷	一宮町塩田	五葉梶	関係地
18	天神塩海宿弥刀古墳	一宮町土塚		関係地

塩海宿禰を祀る神社と関係地（第１図▲印）

です。(3)の項を参照。

14、美和神社　塩海宿禰が祭神を勧請したとし、二基の立石がある神社です。(3)の項を参照。

15、石舟神社　国分寺跡の南東二〇〇メートルに位置し、塩海尼足（宿禰）を祭神とします。本殿の下に舟に似た石があるので、これが社名になったとの伝承があります。[37]石は石棺だとも云われていますが、粗悪であり蓋もなく、二ヶ所に割れ目があり疑わしく思います。刳《えぐ》り抜いて作られていて、長さ九〇センチ・幅（広い所で）四五三〇センチです。発見地は不明といわれています。又境内には石棒が集められていて、一〇本ばかりあります。家紋は菊花紋で、これ以前の紋は不明です。

16、塩田国立神社　塩海宿禰を祭神とし、立石があり、ここに金製の亀を埋納したという伝承があります。中央自動車道がかかり発掘調査が行われました。(3)の項を参照。

17、塩田長者屋敷　塩海宿禰が御坂町国衙から移り住んだので塩海県とか塩田県といわれたという伝承があり、その後裔が塩田長者となって住んだといいます。旧御代咲村（合併後一宮町）では最古の部落は塩田で、国衙から移った塩海宿禰が隠居し、国立明神を建て、塩田（塩海）県に役所を作ったといいます。（別項国立神社を参照。）

18、天神塩海宿禰刀古墳　「応神の朝降矢真治の築きしもの故に降矢塚、井亀塚と称し、塩海宿禰より受けたる剣二振を埋納」『甲斐古跡考』現在では天神塚と呼ばれています（別項天神塚を参照）。

亀の伝承がある神社と寺院、関係地

釜無川《かまなしがわ》（現富士川）と笛吹川《ふえふきがわ》が合流して甲府盆地の全ての水流が集まる出口は、峡谷に入る所で富士川町鰍沢鬼島《かじかざわおにじま》にあります。この峡谷に入る所に禹之瀬《うのせ》があり、亀甲岩《かめごういわ》という大岩が流れを妨げていました。甲府市旧中道町上向山に居た向山土本毘古王《むこうやまともひこおう》が開削を進め、盆地を干拓したという伝承が盆地に広く濃密に伝わっています。この亀甲岩が以下に述べる亀伝説の起源になったのではないかと思います。禹之瀬の開削は奈良時代初期に行基《ぎょうき》菩薩も行い、さらに江戸時代に角倉了以《すみのくらりょうい》が、富士川舟運のために第一関門である禹之瀬を開削する大工事をしています。建設省は更にここを広げる大工事をしていて、合わせて盆地内の至る所で大小の集水工事や疎水工事を行ってきました。亀は奈良時代に霊亀、神亀、宝亀などと年号にもなっていて、神霊視されていました。亀の甲羅を焼いて占いにも使いました。峡東地方の町村誌（史）には小さい石亀が川に生息していることが書かれていて、筆者が住む地域でも現存しています。

19、大亀神社[38]　笛吹市石和町唐柏字池田にあり、その縁起に「土人相伝えて此国上古一大湖なりし時　霊亀ありて住めり　其大きさ山の如し　後に湖涸れて地中に没す　人其所を下して之を祀ると　社地七畝歩　古社池四畝拾八歩」とあり、また「唐柏大亀神社の由来」[39]として、甲府盆地が湖

番号	社寺名	所在地	家紋	備考
19	大亀神社	石和町唐柏字池田	割菱	
20	天白大明神	御坂町国衙40	石碑のみ	
21	塩田国立神社	一宮町塩田390	不明	
22	妙亀山広厳院	一宮町金沢		
23	醫王山楽音寺	一宮町塩田		

亀に関する寺社（第１図●印）

だった頃、神々が農民の声を聞いて山峡の岩（禹之瀬）を取り除きました。水が引いた所に一匹の大亀が死んでいました。その亀は湖の主で最後まで湖を守ったので、大亀神社を建て祭神として豊作長命の神として祀ったといいます。この神社は明治四十年の台風で笛吹川（前鵜飼川《うかいがわ》）左岸の堤防が決壊して大水害となりましたが、微高地にあった唐柏《からかしわ》とその中にある大亀神社も五〇ばかり水没しただけで被害は少なかったです。周囲の水田は一メートルくらい土砂が堆積したといいます。

この神社の前を幅一メートルの大亀川が流れています。

20、天白大明神

御坂町小字堀の内三六番地に住む古屋みつる氏の屋敷南東の隅にあります。高さ一四六センチの石碑の表に天白大明神、裏に大正十一年三月吉日古屋百太郎と刻んであります。官衙跡の南西隅にある西宮神社に隣接し安置されていますが、かつては国衙の奥にあり、その北に稲荷社があったといいます。このことについて『御坂町誌』に美和神社の社家である坂名井直麿氏が文化元年（一八〇四）に記した記録に[40]「国衙村の中央に屋敷後という苗所有国造の御館の所と云う。正面奥に中古天白の神を祭り威霊顕著なる神也。奉祭神亀之勅使。荷稲大明神あり　これは田の神也」とあります。また「日向土本毘古王向山土本毘古王云井上土本毘古王其申大開祖向山土本毘古王亀を深く愛し喜び多童理に命じて常に喰を興えしむ。甲斐国再開祖塩見宿禰亦大亀を愛し、宿禰の甥岡真由に命じて喰を与えしむ。其時には古湖も開け沃図増殖し、河内県と称す、時に日本武尊東夷御征伐の為甲斐に立寄り遊ばされ、宿禰と深く親交せられ、（中略）唐柏格子より国衙内に亀霊を遷したり」。また[41]「塩見宿禰のころ甲斐に霊亀あり、日本武尊亀に酒を振舞う。富士見村唐柏に大亀明神として祭る。後に国衙城内で毎年亀形の冠をつけ、舞舞殿で舞楽を奏する習俗これにより生ず。また亀の井を掘って亀を放生する習いに至る。これを亀井といった。よって降矢真雄武は祭には必ず参詣し、真治穂は必ず亀を献じたという」[42] 天白については、本県では石棒、石皿を御神体とすることが多く、オシラ様、天白神、大太神、大天魔神、白羽命、天八坂参神などと呼ばれ、古くから農耕漁労の指導者として信仰の対象になっています。長野県諏訪寄りに多く東になるほど少なくなります。佐久神とも関係し、今では弱小化しているものが少なくないといいます。

21、金亀明神（塩田国立神社）『一宮町誌』に、一宮町塩田の氏神国立神社に金亀《こんき》明神を祀った話として、降矢眞治穂が舞舞殿の神体である金亀一組を所望し譲り受けて持ち帰り、一つは、金川の上流（亀ヶ淵）に沈め、もう一つは、塩海宿禰の隠居所である塩田御殿すなわち国立明神の傍に埋めて金亀明神と称して祀ったことに始まると記されています。また塩田長者降矢対馬守が祀った（『一宮町誌』）とか、盆地干拓の際に居た大亀に由来する（『東八代の民話』昭和五七）などの説話もあります。

国立神社は中央自動車道建設のため敷地のほとんどが潰されたので、西八〇メートルに移しました。

前述のようにここの遺跡の発掘調査をしたが、埋納したという金製の亀は発見されませんでした。

甲府盆地干拓と禹之瀬開削に関係する神社等

甲府盆地は典型的な三角形状をした盆地です。低地に堆積した土砂の厚さは七〇〇メートル以上といわれます。盆地を流れる主要河川の釜無川と笛吹川が運ぶ土砂で、盆地床は広い沖積《ちゅうせき》地帯となっていて、現在は平坦地となっています。しかし時代を遡って、各地から出土する土器や遺跡の発掘調査では現在の状況とは異なります。[43]荒川扇状地で盆地底部にある甲府市上石田《かみいしだ》町仲村で発掘調査された上石田遺跡では四〇〇〇〜四五〇〇年前の縄文時代中期藤内期から曽利期にかけての土器や石器が出土した。竪穴住居跡二軒は地表下七〇〜八〇センチの地層で発見されていたり、同じ荒川扇状地扇端に位置する甲府市伊勢《いせ》町では[44]縄文中期の曽利期の土器が井戸掘り中に地下四・二メートルの地層から出土しています。同じ伊勢町にあるJR身延線南甲府駅北二〇〇〜三〇〇メートルにある伊勢町遺跡では、古墳時代前期のS字状口縁台付甕をはじめ、小型丸底壷、珠文鏡一、滑石《かっせき》製模造勾玉、須恵器などが水道工事中に地下二五メートルから出土していたり、またこの近くの朝《あさ》気《け》町にある市立[45]甲府東小学校校庭、相川《あいかわ》扇状地扇端付近で、弥生時代末期から平安時代にいたる時期の土器を伴う遺構が地表下七〇〜三メートルくらいの地層から出土していて、地層図で非常に激しい起伏があることが報告されています。盆地床を流れる笛吹川中流域では、天井川となっているものの、[46]蛍見橋とその下流に架かる四橋の橋脚穴で五〜八メートル下から、弥生時代末期から古墳時代前期の土器が出土しています。このように

番号	社寺名	所在地	家紋	備考
24	右左口佐久神社	甲府市右左口	菊花	
25	河内佐久神社	石和町河内字久保	菊花	
26	蹴裂明神社（鬼島神社）	富士川町鰍沢鬼島	なし	図になし
27	穴切神社	甲府市宝	割菱	図になし
31	下曽根古墳群	甲府市下曽根他		

甲府盆地干拓と兎之瀬に関する神社等（第１図●印）

盆地床にある多くの遺跡の状況から、当時は現状より大きな起伏に富む地形であったと考えられます。その低い所では湖のようであったり、沼や湾があったと思われます。

また甲府市横根《よこね》町や南アルプス市加賀美南湖《なんご》など瓦生産地であった地域は粘土質の土壌があり、湖のような状態の時に堆積したのであろうと見られている。甲府市桜井畑遺跡等では八〜一〇世紀の瓦窯跡[48]が発見されていて、昭和時代までの生産地でした。釜無川（現富士川）や笛吹川の沿岸には多くの水溜り（[47]「笛吹川水系と甲斐国地理認識」二〇一五　川崎剛『山梨県考古協会誌』第二三号）、湾や沼が最近まであったことは盆地の過去を物語っています。

そして甲府市旧中道町下向山では、向山土本毘古王が筏で湖に出たとの伝承がある所で、風土記の丘にある考古博物館、埋蔵文化財センター建設のために事前に発掘調査した所でも静かな湖のような所に堆積したとみられる粘土層が発見されています。このような状態にあった甲府盆地を干拓する努力が、古墳時代に始まり現在も続けられていることが多くの伝承や記録に残されていることを、塩海宿禰について明らかにするために上げなければなりません。

最も古いと考えられる伝承は、甲府市旧中道町向山にある佐久神社に残る向山土本毘古王（第二章参照）が鰍沢口にある禹之瀬を開削したことに始まります。奈良時代初期に行基菩薩を切り開き、[47]江戸時代初期には富士川舟運のための改修工事を慶長一二年（一六〇七）から同一七年頃までの五年間を費やし、さらに一九年までといわれる再改修で一応の完成をみたとされます（禹之瀬開削を含む）大工事を角倉了以が行ないました。昭和六二年から約五年間の工期で禹之瀬近くの山間狭窄部入口の四キロメートルの左岸を整正し、河道の拡幅工事と掘削を建設省が行ない、笛吹川沿岸農業水利事業が昭和四六年から一八年の歳月をかけて、その上流山間地に広瀬ダムを建設し、洪水対策を含む農業関連事業を農林省関東農政局が行なっています。禹之瀬などでこのような工事をしたために水流がよくなり、盆地内の至る所で大小の河川で拡幅や掘削等排水事業が不断に続けられたので、雨期の冠水常習地帯もほとんどなくなりました。甲府市内を流れる濁川《にごりがわ》は古代巨摩郡と山梨郷の境界を流れると磯貝正義氏は想定されていて、人工的に造られたのではないかとも考えられています。甲府市増坪《ますつぼ》町ジクヤ遺跡は古墳時代から中世にかけての遺跡で、濁川を挟んで両岸に広がっていることから渡河《とか》地点であったとも想定されています。この川は甲府市北東にある国玉《くだま》神社（甲斐三宮）あたりを流れ、盆地では最も平坦地が広がる肥沃な土地で、古い条里型地割がある地域を貫通し、蓬沢《よもぎさわ》町などの甲府市東部の低く水没常習地帯を通り、増坪を経て西油川《にしあぶらかわ》で平等川《びょうどうがわ》に合流し、笛吹川に入っています。

24、右左口《うばぐち》佐久神社

甲府市（旧中道町）下向山は曽根丘陵上とその間にある低所にあります。ウバグチはウサグチ（ウ＝オ＝御、サグ＝サク＝佐久、ヂ＝ヂン＝神）の変化と思われ、その他にサクジン、オサンゴヂン、ジャクジイなどと変化し、筆者の部落ではオサゴッサンと呼ばれています。長野県の佐久郡、旧中道町の佐久が佐久神社の佐久とみられます。方言として農業用語でサクルという動詞があり、鍬などで土を上げ畝や溝を掘って種を播いたり苗を植えるようにすることをいいます。かつては右左口村に上向山、下向山があり、佐久は下向山の一集落でした。向山土本毘古王の伝説にも使われます。ここには弥生時代後期から古墳時代前期頃までの多くの遺跡があります。

佐久神社は、『甲斐国志』に大宮明神とあり、向山庄の総鎮守であったので大宮と称すといいます。上代は今の社地より艮（北東）四町（四〇〇メートル）ばかりの古宮という所に鎮座していました。後に社の後の山上にある御殿という所に移し、天文一三年（一五四四）に月領主向山出雲守が今の地に殿社を造営したといいます。神社の説明板によると、祭神は土本毘古王、建御名方命《たけみなかたのみこと》、菊理姫命《くくりひめのみこと》を祀っています。第二代綏靖《すいぜい》天皇のとき、大臣土本毘古王が甲斐国造を命ぜられ、臣佐に真武、長田足、丹後辨尼などと人夫一〇〇〇人余を引き連れ入国しました。姥口山越の際にはこの地に住む右左辨羅と称する土豪に強く阻まれしたが、彼はついに屈服しました。この時甲斐の中央部は一面の湖でした。王は木を組んだ筏に乗り疎水の場所を探し、禹之瀬で大岩を破砕することとし、六度仙人、山祇右左辨羅などの協力を得て、禹之瀬の大岩を強弓で射砕き、蹴裂工事を完成し、多くの平地を作り住民安住の地とした。土本毘古王が死んだ後大宮に葬り、後に土仏筑山に改葬しました。これが今の天神山古墳であるといいます。さらに当初の古宮からその後には山上御殿に遷座し、天文一三年領主向山出雲守が社殿を造栄し、現在地に遷座したといいます。旧中道町心経寺にある白山大明神とも関係があるといいます。遷座を整理すると、古宮（現在地の北東四〇〇メートル）↓山上御殿（天神山古墳の後の山）現在地↓天神山古墳となるでしょうか。これは何かを示唆しているのでしょうか。ここでは盆地に大挙して移住して来たことやその時の盆地の状況や工事のことが伝えられているようにもみられます。また石和《いさわ》町河内《こうち》の佐久神社から当社に神幸が行なわれていました。家紋は菊花紋ですが、以前は巴紋であった可能性があるでしょうか。

25、河内佐久神社

笛吹市石和町河内は笛吹川右岸の沖積地にあります。往古甲斐国が海国と称し一面湖水なりし時、岩裂、根裂の両神相謀り水路の疎通工事を興し成功したるより湖水次第に水がなくなり、田畝となり、人民が栄えたので、雄略天皇の御宇二神を当国開びゃくの祖神として一国の中央に祀るといいます。式内社。家紋は菊花紋であるが以前の紋は不明です（以上神社の説明板による）。

26、蹴裂明神　今は鬼島神社となっていて、富士川町鰍沢鬼島に鎮座します。甲府盆地の水流の全てが集まり峡谷に入る所、つまり出口に当ります。前述したようにここに禹之瀬があり、富士川舟運の難所でもありました。『甲斐国志』に、「そのもっとも難なる所に天神ガ滝が箱原村の東に在り、滝の上下東崖羽鹿島の村境に亀甲石があり、玄石とも言う大厳がある」とあり、向山土本毘古王が開削したといいます。この亀甲岩が後に大亀伝説や金亀伝説の原因になったと考えられます。

27、穴切《あなぎり》神社　甲府市宝は市街地にあり、荒川扇状地扇端に位置します。社記によれば、甲府盆地が湖であった頃、一人の地蔵の発案で二人の神様が賛同し、一人の神様が山の端を蹴破り、もう一人の神様が山に穴を開け、後一人の神様が河瀬をつくり陸地をつくりました。穴を開けた神様を祀ったのが穴切明神となり、河瀬をつくったのが瀬立《せだち》不動となったといいます。家紋は割菱であるが、これ以前の家紋は不明です。

以上のように開削伝説が多数あり、その土地に相応しい内容が含まれていることがあります。ある一つの共通した原因からそれぞれ独立して、伝承が成長した様子が伺えます。この他に『甲斐の伝説』（昭和五〇年　土橋里木）『山梨むかし話』（昭和五〇年　山梨国語研究会編）『甲斐の民話』（昭和五〇年　土橋里木）などに載る伝承もあります。

三　建内宿禰と舟に関係する神社など

塩海宿禰《しおみのすくね》(50)とも関係があると考えられる武内宿禰《たけのうちのすくね》の系譜については第二章で前述したとおりです。この子波多八代宿禰《はたのやしろのすくね》は八代町北にある南八代・北八代熊野神社に、また許勢小柄宿禰《こせのおからのすくね》は甲府市小瀬小河原の天津司《てんづし》神社に深い関係があることを述べました。この両神社は五世紀か遅くとも六世紀には創建され、地名のもとになったとみられます。また塩海宿禰に関係する御坂町国衙国立神社、同美和神社、天白大明神、一宮町国分石舟神社（「立石のある神社」15を参照）や塩田国立神社も六世紀には創立され、存続しているものと考えられます。

28、南・北熊野神社　南・北熊野神社は八代町北区と南区の氏神で、古代八代郷、八代荘から八代郡や八代町が合併するまで中心的位置にありました。古墳時代中期五世紀になって旧中道町にあった強力な政権が分解し、各地に帆立貝（柄鏡《えかがみ》）型の前方後円墳を造った小勢力ができました。五世紀後半に南・北熊野神社付近に有力氏族が占居し、団栗塚《どんぐりづか》古墳、伊勢塚《いせづか》古墳、真根子塚《まねこづか》古墳などを築造。熊野神社はそれを造った豪族の館であったと考えて、そこに建てられた社(49)が八代の地名になったと思われます。この

番号	社　寺　名	所　在　地	家　紋	備　考
28	南北熊野神社	八代町北区竹の内	九曜星三巴	
29	天津司神社	甲府市小瀬	九曜星三巴	
30	諏訪大明神（鈴宮）	甲府市下鍛冶屋	不明	
32	八千蔵熊野神社	御坂町八千蔵	不明	
33	妙善屋敷（岡銚子塚）	八代町岡	不明	

武内宿弥と舟に関する社寺

社こそ倭建命《やまとたけるのみこと》（紀は日本武尊）が訪ねた酒折宮[50]であったと考えました。

　この後に続く六世紀には八代町南にある地蔵塚《じぞうづか》古墳や御坂町下野原にある弾誓窟《だんせいくつ》古墳などを造った豪族があり、その後で巨大な石材で東日本最大の横穴式石室を築いた姥塚《うばづか》古墳の築造者であった塩海宿禰が国造になったと考えられます。この熊野神社付近には伝承として中央から左遷された建内宿禰の子波多八代宿禰が住んでいて、近くにある白髭の泉の水を飲炊に使ったといわれていたり、波多八代宿禰の従者真根子の墓があったなどといわれています。神社の北側には古墳時代の低丘二ヶ所に連なる土塁があり、その外側には堀があったとみられます。

　このような古墳時代館跡は全国で数ヶ所発見されています。本県ではこの他に八代町永井の天神社に六世紀頃と考えられる土塁と堀があります。前述のように御坂町国衙に塩海宿禰と関係すると考えられる土塁と堀があり、一宮町塩田にも塩田長者の館とされる六～七世紀の土塁と堀があります。また甲府市旧中道町上向山[51]にある向岳山清源寺に「比寿の域内是向山氏の古跡跡、丹後守の館跡と云うあり、同村内に煌塁の跡存せり」とあり、向山氏とは向山土本毘古王か、その後裔とすれば四世紀後半以降に比定できそうです。

　また熊野神社境内に接して東[52]にある伊勢塚古墳は粘土郭の主体部を持つと考えられます。団栗塚古墳は帆立貝型の中規模前方後円墳であったと思われ、石棺と石室が並列してあり、珍しいものです。下曽根《しもそね》の大丸山《おおまるやま》古墳の石棺・石室を模したようなもので、両者は系譜上深い関係にあったとみられ、県指定文化財になっている団栗塚から珍品だという青銅鏡が出土しました。真根子塚は八代町教育委員会によって発掘調査され、五世紀後半のものとみられています。この神社の前をヤマトタケルが通ったといわれる若彦路《わかひこじ》が通り、五世紀から以後の濃厚で広い集落跡があると考えられています。南・北熊野神社にある拝殿の東（向って右）と西（同左）の軒下に横約七二メートル、縦約八〇センチの木製の額が懸っています。両方とも右端に極彩色の絵が描かれ、その左に一一〇首以上に及ぶ俳句らしい字と氏名が墨書されている。絵も俳句らしいものも剥落して薄くなり消えている部分が多いです。

西の額には松の下で和服様の衣服を着て笏を持ち刀を佩した武者が腰掛けていて、その前に白髪の老人が跪き会話をしているようです。恐らく酒折宮でヤマトタケルと御火焼老人《みひたきのおきな》を表したものでしょう。東の額には武者らしい若者が右手に刀を立てて持ち、燃える草に囲まれ着物と髪が風になびいている図が描かれています。これはヤマトタケルが静岡県の焼津で相模国造がつけた火に囲まれている図でしょう。

左端にこれを書いた時代かと考えられる明治□の字が見えます。両方とも読めない字があって、これ以上のことは不明だが、この額をかかげたことに単純ではない見えない背影があるのかも知れません。なお当社は明治一八年三月二七日に二軒西の旅館から出火しその延焼により全ての建物が全焼したが明治二四年一〇月に再建されました。この時この絵額は持ち出され焼失しなかったものと推察することができます。かくして年間七五回催した三月三日の甲斐国で行われた三大祭の一つと言われた御舟祭り、九月一五日に盛大に行った競馬などの祭事は縮小され、今は七回しか行われていません。一一六二年に起きた八代荘に関する土地争いがあり、神社の神人の口を八つ裂きにし、荘園境に立てた傍示杭《ぼうじぐい》を抜き取るなどの乱闘があった長寛勘文事件は有名で、その時に関係した神社の西にある別当寺である千手院（一乗院）が支配していました。ここから二〇〇メートルばかり南にある大きい横穴式石室を持つ六世紀前半頃築かれたとみられる地蔵塚古墳は、熊野神社の所有地だったと考えられます。この被葬者は熊野神社と深い関係にあったのではないでしょうか。

また甲斐源氏の系統である八代冠者といわれる奴白《ぬばく》氏は熊野神社に関係したとみられていて、その子孫の中村氏は熊野神社と強い関係があり、この神社と同じ九曜星紋をもっています。定林寺《じょうりんじ》[53]にある中村氏の墓に三巴が彫ってある石祠があり、熊野神社の隠紋であった可能性があります。中村家については詳しい調査がされていて、明治三年（一八七二）に八代町南区森ノ上は四九戸、この内中村姓は七戸で、この中村は地名で、八代（奴白）氏の分流でした。奴白与三といわれた信清は一一五〇年頃武田清光の子として生まれ、八代に館を構えたのは治承年間（一一七七〜八〇）頃です。その館は熊野神社北東二〇〇メートルにあり、そこには奴白殿の碑があります。信清には子がなく長清の子四郎長光を以って八代氏を相続させました。八代長光が中村氏の屋敷神となっています。この頃八代町北にある小山城が八代氏によって築城されたといいます。幾代かして子孫がなく武田信重（一三八六〜一四五〇）の四男伊予守基経が奴白氏を継いだといいます。森ノ上の中央に倉屋敷という所があり「幅六尺ばかり、長さ七二メートルの築堤あり」と記録されています。この頃鎌倉時代に建てた定林寺を援助しました。中村一族の墓の祠に慶安元年（一六四八）と彫られ、屋根に左三巴（一二センチ）が見られます。定林寺南二〇〇メートルに地蔵塚があり、その石室の奥壁に刻まれた五七文字の中に小笠原常源なる人物があり、これについて甲斐国志は奴白氏の子孫ではないかとしていて、中村氏館の主ともみられています。文化一〇年（一八一三）八月村鑑明細帳に「大久根地蔵塚千手院支配」とあり、千手院は熊野神社の別当寺であるから、当社有地であったと思われます。団栗塚、真根子塚、伊勢塚古墳、白髭泉なども当社所有地であり、地蔵塚の被葬者も同族であったらしいことを知っていたかもしれません。

ここで八代の地名の歴史を略記しておきたい。五世紀ごろ、八代町北にあった豪族波多八代宿禰の館にあった社がもとで地名が興り、その地名をとったのが波多八代宿禰であろう。六世紀には八代郷が成立し、記録には八代と書かれ、『続日本紀』天平一六年（七四四）の項では八代郡となり、『日本三代実録』（九〇一）に「貞観六年（八六四）八月八日右京の人故従五位下岡屋公祖代姓を八多朝臣を賜ふ」とある。また「其先八太屋代宿禰より出ずる」とあるので、八六〇年頃まではやしろと呼ばれていて、九三四年頃にできた『和名類聚抄』では都之呂となっています。

八代荘の成立は一一四三年以前で一六世紀頃に八代県とも呼ばれ、一七世紀には南八代・北八代となり、東・西八代郡となったのは明治一一年（一八七八）、八代村になったのは昭和一六年（一九一四）、昭和三一年（一九五六）に八代町に、平成一六年（一九九四）に笛吹市八代町となっています。

29・30、天津司神社（小瀬神宮）と諏訪大明神（鈴宮） この両神は甲府盆地中央部南にあり、この一帯は沖積地となっています。小瀬スポーツ公園にある西方森の中に鎮座しています。

諏訪大明神は元小瀬組玉田寺境内にありましたが、武田信光居館を営むため鈴宮に移したといい、『甲斐国古社史考』に「下鍛冶屋に産神鈴宮あり、後に巨勢天津司神を此所（鈴宮）に遷し相殿に祭り諏訪明神と称す。又住吉村に小河原と云う部落あり、(54)後に巨勢天津司神を此所に遷し相殿に祭り、諏訪明神と称す」とあり混同していますが、鈴（雀）宮は諏訪明神に合祀されました。有名な天津司の舞は鈴宮で舞われます。ここから北東二〇〇メートルにある天津司（小瀬）神社に保管している九躰の天津司人形に衣裳をつけ、顔は赤布で覆い隠し、人形を操る人は別《べっ》火潔斎《かけっさい》して九曜星の定紋をつけた白袴を着てお成の笛を吹き、赤い三巴を皮に描いた一の太鼓と黒い三巴を描いた二の太鼓を打ちながら進み鈴宮に至ります。鈴宮（諏訪神社）に高さ四尺（一二〇センチ）の葉がついた竹を四方に立て、縄で結いめぐらせた九曜星紋入りの幕で囲みます。これをお舟といいます。この内側でびんざさら、横笛、太鼓の音に合わせて極めて神聖視されている三部構成の舞を舞います。この中を何人も見ることは許されません。見物者は舟の外で舞を見ることになります。この舞は十三世紀には始まっていると考えられていて、田植えなどの時に舞う一種の田楽とみられていて、国指定重要無形文化財になっています。

天津司は手傀儡《てくぐつ》という木偶《でぐ》（操人形）と津司、つまり厨子が合わさったデクのズシのことで、かつては天津司神社の神主の家に厨子があったのだといいます。

この小瀬町小河原にある天津司神社は小瀬神社とも言い、前述した武内宿禰の九人の子の一人

第23図　天津司神社の紋
天津司舞の九洋曜星紋と三巴紋

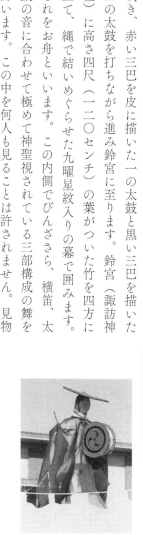

で、許勢小柄宿禰がいたところという伝承があり、小柄は小河原で、地名によっている。小柄宿禰等九人が武内宿禰の霊を慰めるために舞を舞ったのだといいます。

九曜星は九人の子供を表し、星は小柄宿禰の子星川日子建《ほしかわのたけひこ》に関係するといいます。また太鼓の三巴は隠紋になったとも考えられ、八代町の南・北熊野神社との関係が連想されます。天津司祭りは熊野神社のお舟祭りとともに甲州の三大祭の一つであるといいます。また鈴宮には長さ二メートルばかりの舟と称する大石が、柵で囲まれた中に安置されています。

15、石舟神社　一宮町国分にある。第二節を参照

33、妙善屋敷と米倉の妙昌寺岡の善国寺など　八代町岡は浅川扇状地扇央上部にあり、伝妙善屋敷は岡銚子塚古墳に隣接した曽根丘陵上の平坦地にあります。銚子塚古墳は本県では四番目に大きい長さ九二メートルの前方後円墳で、前方左に前期円墳の盃塚古墳があります。甲府盆地を一望できる絶景地に占地したことに設置意図が感じられます。甲府市旧中道町下曽根と向山の曽根丘陵上にある三基の前期前方後円墳と形状がよく似ていて、二世代か三世代のうちに築造された四〇〇年前後のものとみられています。下曽根銚子塚から出土した巴の透かし彫りがある壺形埴輪と同じ埴輪破片が岡銚子塚からも出土しています。この岡銚子塚の近くにあったとの伝承がある妙全（善）屋敷に真言宗妙全（善）院がありましたが、鎌倉時代に分かれて、一つは西側下方の米倉にある妙昌寺となり、もう一つは北側下方の岡にある善国寺になったといいます。ただ屋敷といわれる場所を八代町教育委員会が銚子塚古墳、盃塚古墳保存整備事業を行う際に発掘調査したが、これに関係する遺物や遺構は発見されませんでした。丘陵先端部にかつては式三番叟堂が建ててあり、その横に

深さ二〇メートルばかりの石垣を積んだ巻井戸があったことがその名残かもしれない。この善国寺にある七面堂の屋根に七曜星と三巴紋があることや、また岡にある三〇軒の中村氏は全て九曜星紋であることが注目されます。なお妙昌寺の紋は菊花紋でその前の紋は不明です。

（1）大正三年山梨県教育会東八代支会『東八代郡誌』「名勝古蹟・一宮塩田郷」（第三章）
（2）伊東英俊『御代咲村史』全昭和十三年　御代咲村立農業青年学校青窓会（第三章）
（3）山梨県教育委員会　一九九一年『上の平遺跡』第一・二・三次調査報告
（4）中道町役場　昭和五十年『中道町史』
（5）森和敏　一九九八年「四基の前方後円墳の設計」『研究紀要』一四号山梨県立考古博物館　山梨県埋蔵文化財センター
（6）八代町教育委員会　一九九五年『山梨県指定史跡　岡銚子塚古墳』
（7）八代町教育委員会　二〇〇四年『竜塚古墳』
（8）森和敏　二〇一三年『酒折宮とヤマトタケル』
（9）森和敏　二〇〇三～二〇〇五年「地名や（つ）しろの語源」『山梨県考古学協会誌』第一四・一五・一六号
（10）御坂町役場　昭和四六年『御坂町誌』
（11）一宮町役場　昭和四二年『一宮町誌』
（12）三珠町役場　昭和五五年『三珠町誌』

(13) 山梨県教育委員会　二〇〇八年『銚子塚古墳附丸山塚古墳』山梨県埋蔵文化財センター
(14) 八代町教育委員会　一九九五年『山梨県指定史跡　岡・銚子塚古墳』
(15) (12) に同じ
(16) 磯貝正義　平成四年「甲斐国造」『山梨郷土史入門』山梨郷土研究会
(17) 関晃　昭和四〇年「甲斐国造と日下部氏」『甲斐史学』甲斐地方史の諸問題　甲斐史学会
(18) 末木健　二〇〇五年「甲斐国古代氏族と墨書土器」『甲斐』第一〇九号　山梨郷土研究会
(19) (8) に同じ
(20) 末木健二〇〇五年「甲斐国成人木簡」『甲斐』第一〇九号　山梨郷土研究会
(21) 山梨県教育委員会　昭和四七年『中央自動車道通過予定地域内一宮―双葉間埋蔵文化財緊急分布調査報告書』
(22) 山梨県教育委員会　一九八七年『姥塚遺跡　姥塚無名墳』山梨県埋蔵文化財センター
(23) 大島八重子　一九八五年「姥塚」『みさかの民話』ブランコの会
(24) (10) に同じ
(25) 伊藤国康　一九九九年「みさか町の昔と今　つれづれに想う」
(26) 須田宇十　大正八年『甲斐古蹟考』
(27) 坂本大輔　二〇〇六年「日本古代の地方行政と寺社」『山梨県考古学協会誌』第一六号
(28) 山梨県教育委員会　一九八七年『二宮遺跡発掘調査報告書』山梨県埋蔵文化財センター
(29) (22) に同じ

(30) 坂名井深三　昭和三十六年『笛吹川に住んで千五百年』
(31) 伊藤国康　平成十二年『尾山ふるさと誌』
(32) (30) に同じ
(33) (31) に同じ
(34) (30) に同じ
(35) 山梨県教育委員会　一九八五年『北堀遺跡』山梨県埋蔵文化財センター
(36) 山梨県教育委員会　一九八五年『笠木地蔵遺跡』同右
(37) 山梨県教育委員会他　一九七四年『国分築地一号墳』同右
(38) 富士見村役場　昭和三十二年『富士見村誌』
(39) 東八代教育協議会　昭和三十二年『東八代の民話』荘司存良監修
(40) 須田字十　大正八年『甲斐古蹟考』
(41) (30) に同じ
(42) 浅川源吾　昭和五十八年「天白について」『甲斐路』No 49山梨郷土研究会
(43) 甲府市教育委員会　一九七三年『上石田遺跡』
(44) 山本寿々雄　昭和四十三年『山梨県の考古学』
(45) 甲府市教育委員会　一九八〇年『朝気遺跡』
(46) 八代町役場　昭和五十年『八代町誌』上巻
(47) 建設省関東地方建設局甲府工事事務所　平成三年『甲斐の道づくり　富士川の治水』

(48)(18)に同じ
(49)(9)に同じ
(50)(8)に同じ
(51)(48)に同じ
(52)(8)に同じ
(53)中村良一　平成元年「八代氏の末流の変遷」『甲斐路』No67山梨郷土研究会
(54)林貞夫　昭和三十一年『天津司の研究』

第三章　塩田長者

一、塩海宿禰から塩田長者（降矢対馬守）へ

[1]笛吹市一宮町にある塩田の起源は、甲斐国造塩海宿禰が隠居地として多くの臣下を従えて、此所に居宅を構えた事に始まります。塩海宿禰が六世紀に御坂町国衙から塩田に移り、さらに居住地を後に塩田から甲府市塩部に移した時、甥の岡武彦の子眞雄武が降矢姓を賜り、塩海宿禰の死後、氏神として国立明神（現・国立神社）に奉斎し、代々降矢氏が敬神司を勤めました。

[1]降矢姓の起こりは『甲斐古蹟考』所載の国立明神縁起によると塩田の地に留め、塩田県の県主を勤めさせたという故事により、今に伝わる降矢家の表紋は「梶の葉」となっています。神事の供物を供えるための器として用いられたことから、神職に用いられるようになったのが梶の葉であることも興味深いです。[4]国立神社本殿横の建

（文責　北村千鶴）

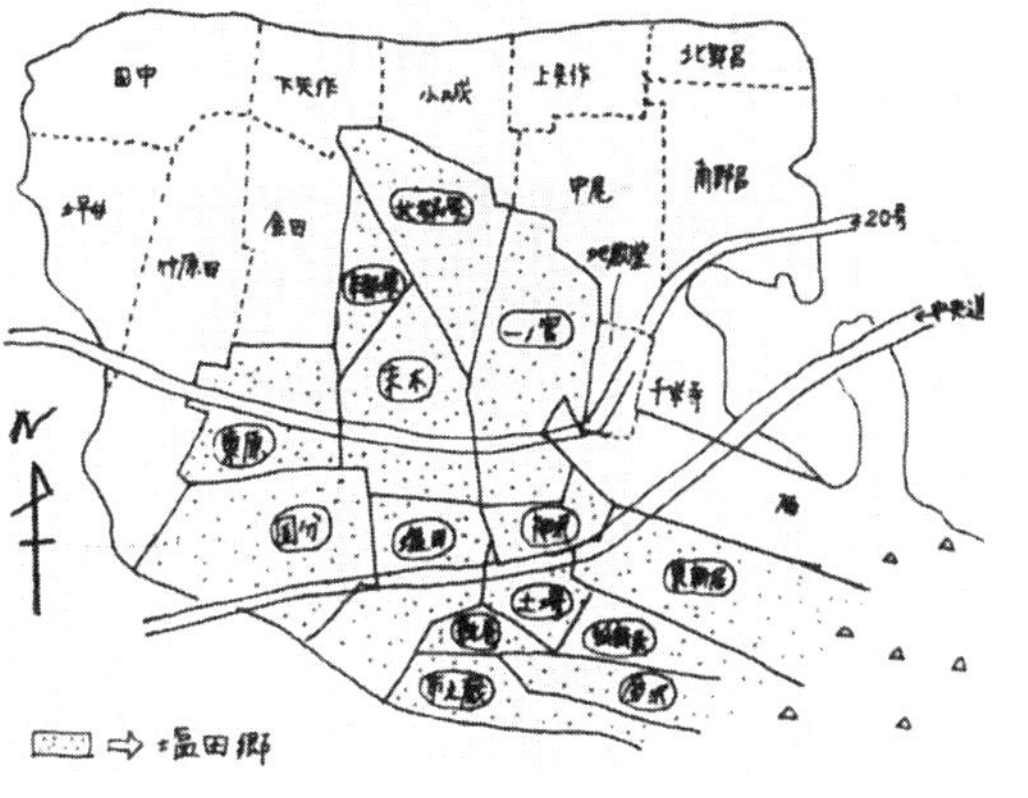

第24図　笛吹市一宮町地区別図

石或いは矢石と称する石には、「天より矢降り化して石となる」との伝承があり、降矢の姓はここから始まると伝わっています。

塩田県については、一ノ宮・末木・本都塚・北都塚・塩田・国分・狐新居・門前・土塚・東新居・神沢・新巻・中沢市之蔵の諸村からなっている。郷を総べて司った者が長者（塩田を居としていたことから塩田長者）と呼ばれ、鎌倉時代には守護地頭となってゆきます。伝承も数多く残されています。また、明治四二年市之蔵古屋邸より一三五貫の古銭が発掘されました。最古銭は支那銭の開元通貨です。新巻の降矢邸横の畑からは、古常滑大甕や皿が出土していることなどから伝承を裏付けていると思われます。

二、塩田長者の足跡

屋敷地を守る各地蔵（小字に残る地名）

塩田長者の足跡は、現在でも数々のものが引き継がれ残っています。長者の居館は広大な地域に築造したもので確然と指摘できないが、土塁跡から小字名で天神原・北堀・中新居が本拠地とみられ、土塁には欅を植えたものらしく、今も大欅がそびえ立ち残っている所もあります。また、竹藪のほとんど全部に土塁跡があるといいます。

茅葺屋根の立派な屋敷であったといわれ、屋敷地四隅に地蔵を祀り、家運の無事を祈りました。

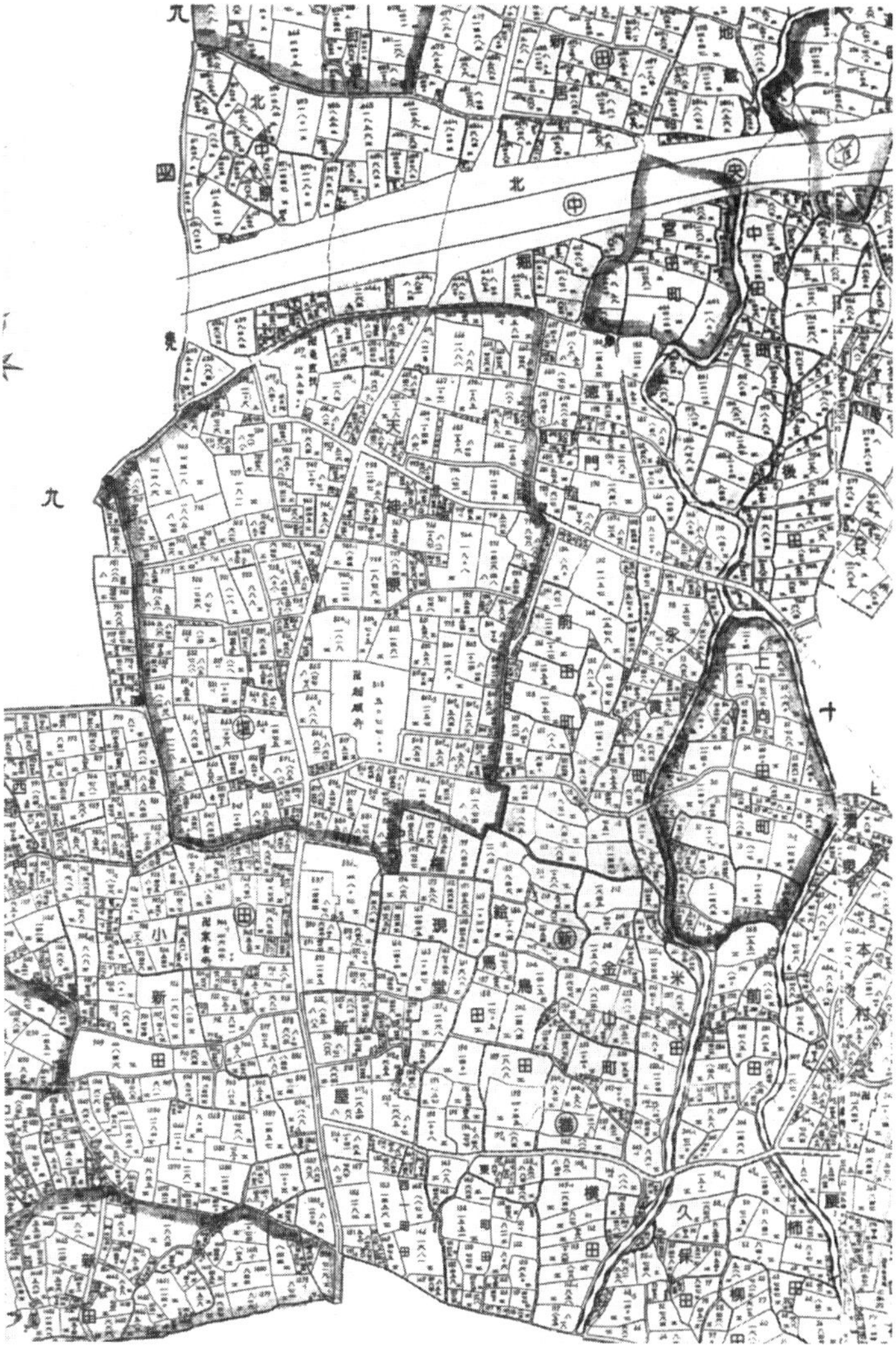

第 25 図　塩田、新巻等文間図

屋敷外輪廓の鬼門除けとして立てた地蔵、北門地蔵（竿地蔵）は、現在岩間弌勇氏邸の庭に移されていますが、他の桜地蔵、手杵地蔵、いぼ地蔵は当時のままの場所に現存し、今に至っています。小字名には、徳門（東門または表門）、西門、北門の地名が現在も存在し、城下は東町と西町として繁栄しました。東町は宮堰からの水が流れる田垂川沿いに発達、西町は町屋と称する鎌倉街道への道と道者街道に沿って城内に繁昌しました。

◇医王山　楽音寺　開創は推古天皇二年（五九四）というが判然としません。塩田で最も古い寺で、長者が上洛の際法興寺に詣で、精舎建立の意志を述懐し、帰国後、異人が来て一七日間夜を徹して地蔵菩薩を彫刻しました。その後、天平一二年（七四〇）行基が長者屋敷に逗留し、丈八寸の薬師を手刻して病苦に悩める長者の娘を救います。長者は伽監を増築して二つの仏像を祀り、塩田長者秘蔵の黄金の宝亀がこの善因としたものと喜んで、妙亀山と山号にしたといいます。

第 26 図　降矢家の家紋「梶の葉」

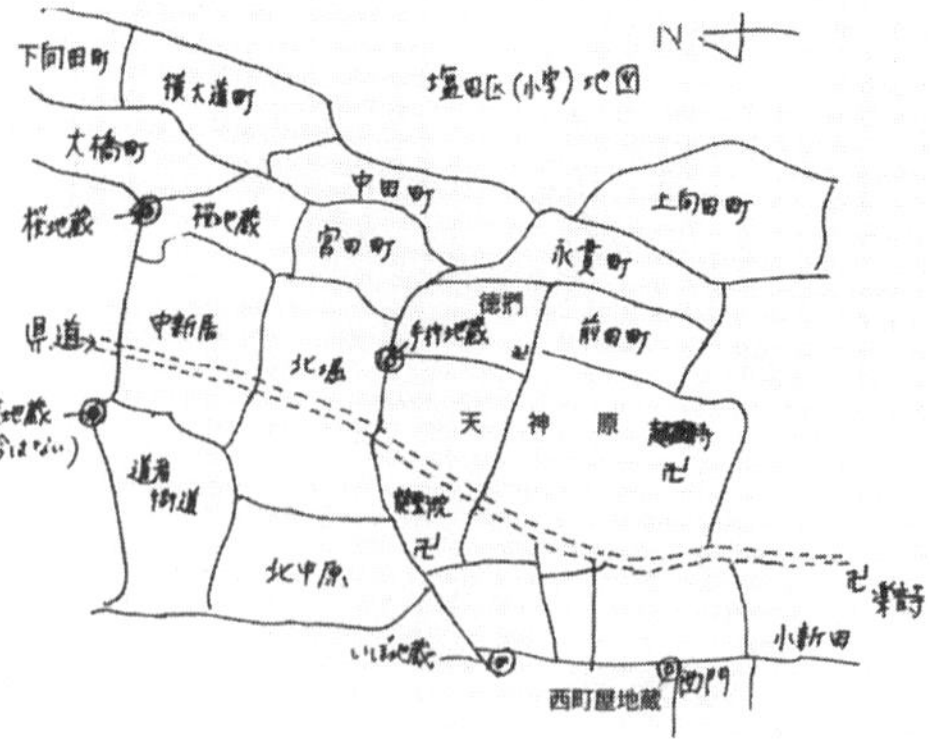

第 27 図　塩田区小字と地蔵位置図

聖武天皇病の折にも、寺の施薬により無事平癒したことから、天平一七年（七四五）、医王殿の勅額を賜り、医王山と山号を改め現在に至っています（妙亀山の山号は後に広厳院に贈られました）。

文亀三年（一五〇三）武田信虎により塩田長者の所領没収、家名断絶、長者が新巻の二男邸へちっ居となった折、楽音寺住職の袈裟裏には財宝を旭山に埋めたことを示す言葉が記されていたと伝わっています。「旭射し　夕日かがやく　雀ちゅうちゅう」

一二五五年と一五八二年に兵火により仁王門を残し焼亡、明治四十年（一九〇七）三度目の火災。この時も仁王門は残り、焼け跡の残る仁王は現在も同場所に残っていますが、度重なる火災により先の袈裟は焼失したといいます。

境内には古来[1]より三塚を領し、神代窟と称して現在も存在しています。一つは八幡宮を祀って「八幡塚」。一つは稲荷を祀って「稲荷塚」。「稲荷塚[4]」では残片だが、人物埴輪二体の一部が出土しているその一体は、武人とみられています。本県では横穴式石室をもつ後期の円墳で埴輪が出土したのは異例で、塩田長者との関係も考えられます。

『東八代郡誌』に、「塩田[3]には古墳甚だ多く、大小およそ三百有余もありつらん」とあります。「今は大抵開墾せられ桑園となり、発掘の際金環、古刀、土器等の発見許多ありしが多くは散逸せり」とあります。保存がしっかりできなかったことは残念としかいいようがありません。

◇甲斐国一宮　浅間神社　垂仁天皇[7]八年に摂社山宮が鎮座したのに始まると伝承されています。貞観六年（八六四）に富士山の噴火があり、翌年一二月現有地に社殿を造り遷座された。浅間神社の

上右 手杵地蔵
小字徳門の辻にある
上中 西町屋地蔵
小字西門にあり、鎌倉
街道に続く道辻
上左 いぼ地蔵
鎌倉街道に続く道にある
下右 桜地蔵
下左 竿地蔵（北門地蔵）
岩間弌勇邸に移された

第 28 図　塩田長者屋敷の地蔵

第 29 図　医王山　薬音寺

[7]社地は付近平地より約六尺高いですが、これについて本社が現在地に遷座のころ、塩田長者が本社崇敬の心篤く、同郷東原の地内より飼牛三頭をつかい、三年間清浄な土砂を運搬して、社地を造成したと伝えて来ています。その真偽はともかくとしても、その土質は付近とは異なっていると『浅間神社誌』に載せられています。

◇妙亀山　広厳院《こうごんいん》　[1]寛政元年（一四六〇）塩田長者降矢対馬守内護となり開創された寺です。開山は相州（神奈川県）最乗寺一四世雲岫宗龍禅師で、神霊を感じて甲斐国に入り楽音寺《がくおんじ》薬師堂に参籠しました。その折、長者が居て禅師の法徳に帰依し、戒を受け邸内に仮の庵を結んで和尚を迎えました。正伝院が此の跡と伝えられています。一、二年後には帰依者が増え、現在の地（一宮町金沢）に広厳院を開きました。中山広厳院と呼ぶこともあるが、それは四郡（山梨・八代・巨摩・都留）の中央に在ることからで、地元では「中山さん」と呼ばれて親しまれています。

　中山は亀湫があって、これを埋めるのに骨を折ったようです。山号を妙亀山と称する事には種々の説が伝えられています。中山を古くは降矢山または塩田山と称していました。また、ここを亀山とも称しました。現状からしても、この一帯は沼地であった可能性があ

第30図　広厳院と家紋の亀甲

ります。以下伝承にふれておこうと思います。

[1]塩海宿禰が国造を勤めていた頃、国内の小池に一匹の大亀がいました。宿禰がこれを愛すが神功《じんぐう》皇后（四世紀）三〇年八月九日に亀が亡くなってしまいます。同三五年大亀神として唐柏（富士見村）に奉祀します。金亀数組を造って神体とし、年々四季に祭りをとり行ない神楽を舞いました（舞舞神楽）。この祭りに生きた亀が奉献されていました。降矢眞雄武、眞治穂は参詣し生亀を献じていました。眞治穂は自分の領内である塩田山（現・中山）に勧請して妙亀神とし、毎年九月九日に亀祭を行い、山中に井を掘ってこの生亀を飼ったことから塩田山の事を亀井山または妙亀山と言うようになったといいます。広厳院の伝承の中にも亀が仏を背負って現れた云々の話もあることから、広厳院開創時、亀が生息していたのかもしれません。

[1]更に、妙亀《みょうき》山号については、雲岫《うんしゅう》禅師が楽音寺《がくおんじ》薬師堂に参籠し、霊験によって広厳院創立の事を縁が結ばれたといい、楽音寺の最初の山号妙亀が贈られたといいます。これらの縁から、現在でも住職が変わる時には、楽音寺と浅間神社、そして塩田長者がちっ居した新巻区の降矢邸への挨拶をしてから広厳院住職に就くといいます。

広厳院が開創したのは、寛政元年（一四六〇）九月二七日です。内護として千人の者を督して建立を行った塩田長者は、同年七月一五日開創を見ることなく死亡しました。法名、「今泉道珠」として広厳院内に祀られています。

広厳院は、甲斐曹洞宗八三〇ヶ所をまとめる僧録司として隆盛時には僧八〇人が住み、敷地は二万六千坪（八五八〇〇平方メートル）。境内の周囲は一里二四町（三八四一メートル）。石和町中川から広厳院まで続く参道は中山街道と言われていました。これだけ大きな寺となり得たのは、当時一宮町の山中にあった密教寺院大積寺《だいじゃくじ》（平安時代頃）が水の災害等により廃絶していった時代との入れかわりとなり、塩田長者（降矢）、武田家、徳川家からの庇護を受けたものによります。現在でも正面が桁間一四間半（二六・一ｍ）梁行七間（一二・六ｍ）の広大な本堂をはじめ、寛文四年（一六五一）に建てられた鐘楼、開山堂、庫裏、書院など面影多く残されています。寺の紋が亀甲であることにも注目です。

◇宮堰《みやせき》　広厳院の亀伝承とも関連する金川《かねがわ》という川があります。

先の金亀《こんき》明神にも記されているとおり、金亀の一つは降矢家の用水である塩田川（現・宮堰）の上流金川の淵に沈めました。この川の淵を亀ヶ淵《かめがふち》といい、川を金亀川又は妙亀川といいました。後に亀川といい、ついには金川となり今日の名称となったと伝えています。

『甲斐国志』によると、古名塩田川（現・金川）の水を引き入れて用水にしたのが宮堰で、塩田長者が造ったものといわれています。上黒駒村分内に堰口があり、一一ヶ村の用水として今でも使われています。市之蔵・新巻・門前・狐新居・塩田・神沢・土塚・末木・本都塚・北都塚・一ノ宮への分水は、水をコントロールして広範囲にわたる水利治水として田畑の生産を向上させてきました。上黒駒村や下流の村との論争・衝突は絶えず、堰筋には有名な番水制度があり、昼水番（明六つから暮六つ）夜番水（逆）が近年まで守られてきました。現在でも一一ヶ村組合制度は守られ、その代表は塩田となっていて、毎年六月に大口堰、宮堰割水式として確認が行われています。

◇国分寺と塩田長者　甲斐国分寺の創建は八世紀前でありますが、その前進に当る寺もあったとする説（佐野勝広　高野玄明一九九〇）とする説や、（註）奈良時代の神亀五年（七二五）に『金光《こんこう》明経《みょうきょう》』を諸国に分つ詔が発せられた以降、天平一九年（七四七）から天平宝字四年（七六〇）の間とする説があり、七五〇年ごろ造栄が本格化したとします。また尼寺はこれより四～五年遅れて造栄が始まったといいます。

甲斐国分寺で使用した丸軒瓦の瓦当面にある蓮弁数と中房の中にある蓮子の数についてみていきます。（註）国分寺に供給した瓦は甲府市川田瓦窯の時代から始まり、甲府市上土器瓦窯跡による生産が始まって本格的になったとみられています。上土器瓦窯の成立は国司主導による国分寺瓦窯が確立した時期で、同時に丸軒瓦や軒平瓦の文様が改変されます。これは天平十九年（七四七）の造栄督促の詔によって工事が本格化され、地域の豪族に働きかけがあった時期で、在地の渡来系工人集団（盆地北部の積石塚

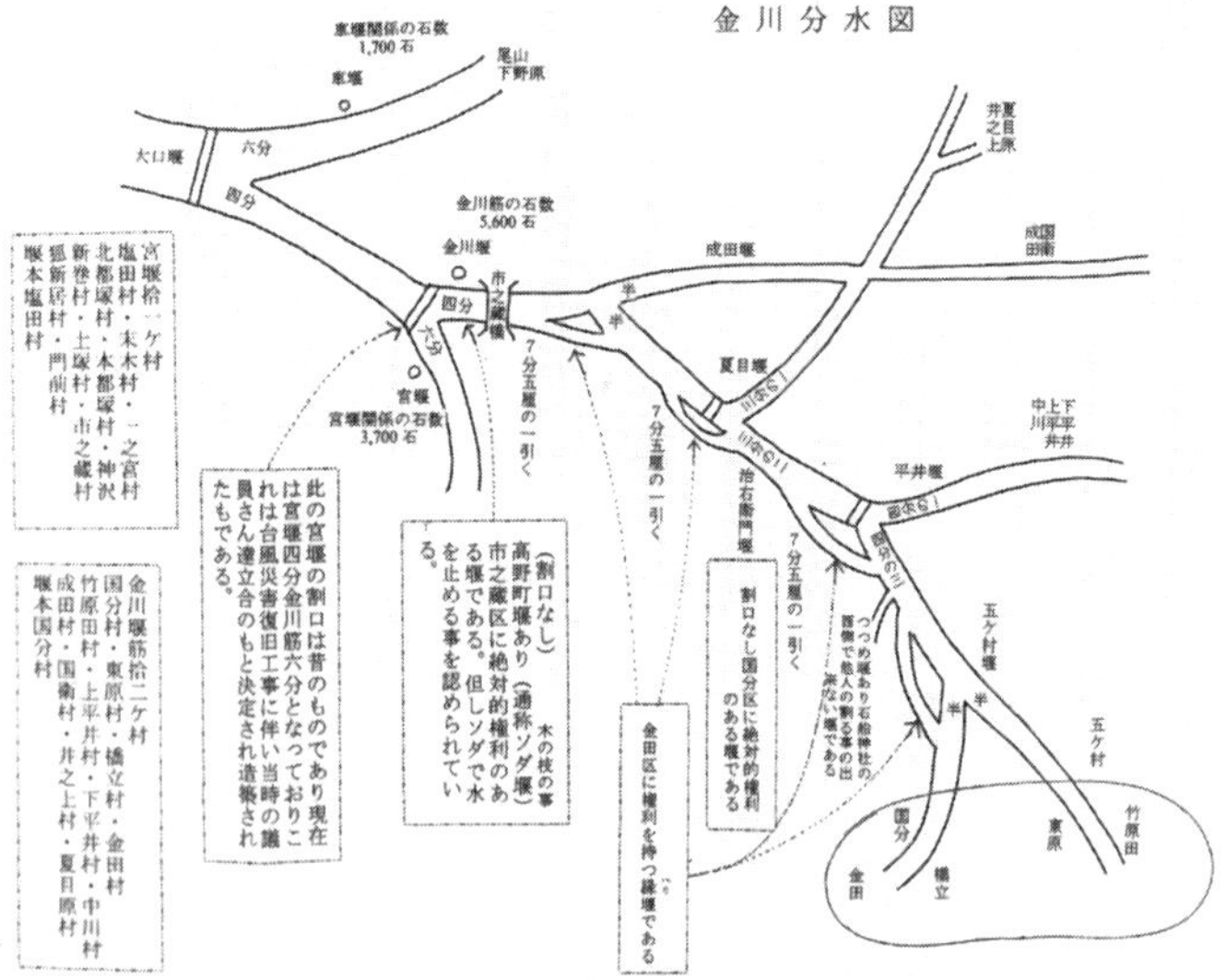

第31図　金川分水図

築造集団）に依存したことにより、瓦当文様のデザインも一任されたと思われます。その結果、寺本廃寺の重巻文素弁八葉の流れを引く百済系の瓦当文様を使用したのであろうとしています。そのほとんどは八葉の単弁、複弁と中房の蓮子はやや大きい蓮子《れんし》を八箇の蓮弁が囲むものであって、中には八箇の蓮子もあるが、九にこだわっていると思われます。これはほとんど全ての版木が統一された文様であったことになり、八葉の蓮弁は中房を入れて九箇とし、中房の蓮子まで九箇であることは少ないです。これは九曜星紋ではないでしょうか。九曜星紋であるとすると、日下部系の塩田長者の在地に建内系の物部氏が入り、国分寺造営に私財を投じたことになります。なお（註）国分寺以前に建てられた春日居町国府にある古代寺院では八葉蓮弁、中房の九蓮子の瓦はほとんどありません。

三、塩田長者の終わり

◇精錬所と贋造銭《がんぞうせん》　財を築き、用水を造り上げ、林野を占拠し、田を開き、富を厚くしながら代々長者として塩田に屋敷をかまえていた塩田長者の時代は進み、大治五年（一一三〇）には武田一族が甲斐国に移り入ってきて様相が変わり始めました。

　武田の祖源義光は、清和天皇の孫経基を祖とする軍事貴族で、近江国（滋賀県）園城寺《おんじょうじ》（三井寺）の守護神である新羅明神《しんらみょうじん》の社前で元服。「新羅三郎」と称し、常陸平氏の一族と連携して陸奥国南部（福島県）から常陸国（茨城県）にかけて所領を獲得します。拠点の一つが武田郷（茨城県ひたちなか市）であり、子息の義清がこの地に拠って「武田」を称したとされています。大治五年（一一三〇）常陸国を治める国司が義清の子清光の乱行を朝廷に報告し、甲斐国は義光の祖父頼信が治安四年（一〇二七）から長元五年（一〇三二）にかけて甲斐守となっていた縁をたより、義清・清光父子は甲斐国に移郷し、これ以降甲斐国一帯に武田一族は勢力を維持して広がっていきました。

塩田長者とかかわってくるのは広厳院《こうごんいん》を造る際の外護となっているところからと記されています。一八代武田信虎の頃には、長者は精錬所を有していたとの伝承などが残り、現、田垂川《たたれがわ》は宮堰からの用水路であり、名前を塩田川、降矢川と称していたが、現名称の音が示すように塘埋川《たたらがわ》の意を持っていると思われます。近くの家は屋号「金山」と今でもいわれ、邸内の塚山に鉱山を司る金《かな》山彦命《やまひこのかみ》を祀っています。

長者は、軍用金に充当するために、金を精錬し、刀剣を鍛えて武器を多く造った事により、武田氏に謀叛心《むほん》があると目され、さらに贋造銭を造った罰により文明三年（一五〇三）領地所領没収ちっ居を命じられました。長者の次男が隣りの地区新巻に住んでいたのでその家に移り住みますが、一年後（一五〇四）に死亡しました。

新巻降矢邸の畑の中からは、古常滑大甕・中国青磁碗・同皿・黄瀬戸皿等が発掘され県立博物館に展示されています。新巻降矢邸の近くには、室町時代以降のものといわれる一石五輪塔群が建てられていますが、くしくもこの場所は、塩田の地を一望できる立地となっている所です。

◇**天神塚《てんじんづか》（土塚《つちづか》の名前の由来となる塚）** 塩田の地との東境に田垂川が流れているが、この川より東の地名は「土塚」といいます。地名の由来となる後期古墳と考えられる「天神塚」が、小字名天神原に存在していて、塩田国立《くにたち》明神（現在は中央自動車道）のあった場所から、東南に二〇〇メートルほどの位置となっています。[1]享保二年検地帳に天神堂・拾壹間・七間天神社地弐畝拾七歩外三坪半道と地名を存しているので、お堂もあったのではないかと思われますが、享保九年の『土塚明細帳』に、「是は当村名所塚にて石は無御座候土の塚にて御座候」とあり、是によって『甲斐国志』はこの塚を「土塚」と称し後に地区名となっています。「[1]応神の朝　降矢真治の築きしもの　故に降矢塚、井亀塚と称し、塩海宿禰より受けたる剣二振を埋能」『甲斐古跡考』といいます。

[1]すぐ近くに古屋専蔵《ふるやせんぞう》氏の家があり古来より古屋家に於いて祭祀が行なわれていました。祭神は日本武尊。古屋専蔵邸には、現在も立派な長屋門と大きな木が残るも住居はありません。この家の家紋は、降矢家と同じ「梶の葉」です。

なお、塩田の地においても小字天神原は存在しています。[1]塩田長者の邸が天神原全体にかかっており、邸内に在って邸神として崇敬されていましたが、明治三年に廃社。降矢家は各々分家した

第32図　天神塚古墳

のちも、皆天神を祀って邸神としています。こちらの天神の祭神は菅原道真《すがわらのみちざね》になっています。

土塚は、墳丘はほとんど全壊していて、現状は東西十二メートルばかりが少し高くなっていて、中心部の高さが一メートルくらいです。主体部は全くなくなっているが、一宮町の古墳の状況から考えれば横穴式石室であったと思われます。一部に割石で石垣が積まれていることをみれば、この石室の石を割って使ったのかもしれません。墳丘上に「石神堂《いしがみどう》」と書かれた標柱が立っています。今古屋氏の屋敷に天神堂が建てられています。

◇洞谷山《とうこくさん》龍雲院《りゅううんいん》　『甲斐国志』に、「中山広厳院末、除地七千坪、開山は自山、開基は梅渓理秋大姉、歳九十三、塩田長者の娘『べん』と云うものなり」と記されています。

古屋家の過去帳に「梅渓理秋大姉は対馬守兼直（最後の塩田長者）の一女なり生涯独身に而爲父母弟長享二年（一四八九）三十九才に而成尼龍雲庵を興す」と記されています。

文亀四／永正元年（一五〇四）、ちっ居先の新巻降矢邸にて最後の塩田長者が生涯を終え（五十二才か）、娘「べん」が開基として塩田の屋敷地跡に庵を開き、ここに龍雲院が始まりとなります。

塩田長者が新巻降矢家に移った後は、その財力は新巻降矢家に集まりました。長者の孫（新降矢第二代）宗眞通稱左衛門が「べん」の庵の後、財力を投じて龍雲院を興しました。法名龍雲宗眞庵主。「べん」家系子孫の家は「古屋」姓となっており現在の家紋は「花菱」ですが、古い墓石の紋は「梶の葉」、龍雲院永久総代となっています。

龍雲院の場所は塩田長者居館の戌亥《いぬい》（乾北西）に在って北に北堀、西に内堀を廻した一隅に建てられたもので、現在も北堀土手が残存しています。龍雲院西隣りにある水上家は、通称で内久根《うちくね》といわれています。開山の時、労を尽した事によると伝えられています。内久根は、久根の内という意味で、久根は竹藪の垣根の意味です。

塩田の地に「降矢」姓の家は現存していないが「古屋」姓の家は数件残り、その家紋は「梶の葉」です。ここで「降矢」姓と「古屋」姓の関連についてふれておきます。武田信虎（一五〇三）に領地・所領の没収がされた頃にはまだ多くの「降矢」の家々が残っていたと思われますが、諸事情により姓の字を古い屋敷を意味する「古屋」に改めたことが考えられます。家紋「梶の葉」がそのまま現在まで続いていることがそれを示しています。また、この傾向は甲斐国一宮浅間神社の宮司系図にも降矢→降屋→古屋の流れが見られます。宮司、古屋家の家紋は「花菱」ですが、古くは「梶の葉」であったと考えられます。

神社北側の古屋眞一邸（山梨学院大学創立者）の家紋も「梶の葉」です。この家紋は、中央に大学の文字を入れて、山梨学院大学の校章となっています。

さて、話を元に戻しましょう。龍雲院の古い墓地の家紋を調べてみました。新巻降矢家に代々伝わる巻物に、表紋「梶の葉」裏紋「三階松」の記載があります。龍雲院墓地住職の墓の手前には「梶の葉」家紋の古屋家の墓が固まって存在し、それらの北側に「三階松家紋の水上家の墓が集まっていることから、全体をみると長者ゆかりの家々の一族墓地と言えます。

龍雲院は広厳院末寺ですが、現在どちらも住職は同じ方で、龍雲院が住まいとなっています。

◇塩田国立神社（国立明神） 現在、塩田にある国立神社は、中央自動車道のルートに字宮田町の（旧）国立神社がかかり移されました。

宮田町にあった国立神社は、社地東西四六間南北三〇間。本殿（桁間五尺梁間四尺）拝殿（桁間四間梁間三間）、外鳥居（木造）一、石燈籠二基（昭和六年寄進）、手浩舎（桁一間一尺梁一間）。祭神は国常立命《くにとこたちのみこと》と国造《こくぞう》塩海足尼。末社は琴平神社（大物主命）、三峯《みつみね》神社（伊弉諾《いざなぎ》、伊弉冉命《いざなみのみこと》）、秋葉神社（軻遇突知神《かぐつちのかみ》火の神）、疱瘡《ほうそう》神社（熕之大人命《わずらひのうしのみこと》）、豊受太《とゆけだい》神社（天照大神）、国常立命は大地の守護神、神道で根源神としての流れをくみながら全国的にもいくつかの神社に祀られているにすぎないといわれています。

『甲斐古蹟考』[1]による甲府市塩部にある国立明神の縁起には、国造塩海宿禰（塩海足尼）が、塩田から加那塚《かむな》古墳の近くの塩部（甲府市）千塚に移り住んだのち死去。千塚に塩海国開大明神として祀られました。後に、以前住んでいた御殿（塩田）に御改葬して国立大明神としたとあります。改葬の年代は一説に大宝二年（七〇二）の頃であったと伝えられています。宿禰の在塩田期間は数年という短い間だったと思われます。

本殿横に矢石または建石が現存しています。「[4]古天より矢降り、化して石となる。故に此辺降矢を氏とする者多し」と伝えています。

伝承では、塩海宿禰[1]が国衙に於いて国政を執って居た頃、宿禰の甥に岡武彦という者があって、非常に弓を射る事に妙を得ていました。彼が矢を空に向かって放つ時は、しばらくたたないと地に落ちて来ません。武彦はこんな事で宿禰に寵愛されていました。宿禰は国造の任に在ったが年老いて国政を執り難くなったので、どこか良い隠居地を得て隠居しようと其の地を探し求めていましたが、どうも良い地が見当りかねていたので、ある時武彦を召して其の由を語り、幸汝が矢を射る事

新巻降矢氏の墓碑
（左上）一石五輪塔

第 33 図　降矢氏屋敷出土（左）常滑大甕
（右）中国青磁、染付、黄瀬戸

が上手だから、お前の矢に依って其の地を定めたいと武彦に矢を射る事を命じました。武彦は命をうけて空に向かって矢を放ったところ、矢は以前の（宮田町）国立神社の境内に落ちて石となってしまいました。それでこの石を矢石とも建石ともいいます。宿禰はお気に入りの臣下を召連れてこの地（塩田）に隠居しました。この辺を塩海県というようになったのもこの時からと伝承されています。その後宿禰が塩部に移った後も、武彦の子眞雄武が降矢姓を賜ってこの地に残り、県主を勤めた事は先に記したとおりです。

境内には末社として五社を祀りますが、これは明治初期雑社廃止の折にここに移したものです。しかし、それとは別に、拝殿横に金亀明神が祀られています。先にも記したが簡単にふれておきます。

[1]降矢眞雄武の一族に真治穂という者がありました。国衙より金亀一組を護り受けて、一個は塩海宿禰の隠居所である国立明神の傍に埋めて金亀明神と称し、一個は降矢氏族の用水である塩田川（降矢川、今の宮堰）の上流、金川の淵に沈めたと伝承されています。現在の地に移される際、金亀明神の下に埋められたとされている金亀を発掘調査で探しましたが、見つからなかったといいます。現在でも、国立神社は塩田氏神として大切にされ、春と秋にお祭りが行なわれています。

塩田の龍雲院にある古屋家の墓
甲　明治十五年三月三十一日

観　同年　　八月二十一日
金亀院甲塩田浦居士
家紋
富峰院観室妙光大姉

龍雲院の北の供養塔

明和四丁亥年九月八日
坂東
奉順礼西国霊観世音菩薩供養塔
秩父
春舍利衆居士
花屋宗春□
古屋太自兵

この墓碑と供養塔については、後日改めて報告したいと考えています。

第 34 図　塩田龍雲院の塩田長者墓碑
「金甕院甲塩田浦居士」

第 35 図　塩田長者供養塔

（1）御代咲村立農業青年学校青窓会　昭和一三年『御代咲村史』伊東英俊著
（2）一宮町　昭和四二年『一宮町誌』上野晴朗監修
（3）中村安孝　昭和五四年『東八代郡誌』山梨県教育会東八代支会
（4）『甲斐国志』文化一一年
（5）『日本社寺明鑑』甲斐国社寺由緒之部　明治三七年発行
（6）武田広著　平成一三年『一宮町史跡めぐり』
（7）浅間神社　昭和五四年『甲斐國一之宮浅間神社誌』
（8）一宮町を考える会　平成二五年『地域再発見ウォーキングマップ』
（9）つなぐNPOまちミュー友の会　二〇一三年『笛吹市一宮町編　国造塩海宿禰と塩田長者　降矢姓発祥の地「塩田」―長者伝説と屋敷まわりを歩いてみる―』
（10）つなぐNPOまちミュー友の会　二〇一三年『広厳院から、水音の響く里市之蔵をめぐる』
（11）「甲斐国分寺・国分尼寺周辺の調査から」『山梨県考古学協力会誌』第六号　一九九三年　櫛原功一
（12）「出土瓦より観たる寺本・国分寺跡」中島正行　一九四九年『郷土研究』山梨郷土研究会

概要と結論

（文責　森和敏、小林信一）

甲府盆地では縄文時代の終り頃、西暦前一〇世紀頃から激減した人口が、弥生時代後期の西暦三世紀頃、稲作が普及すると同時に増加し始めたことが遺跡が分布する状況から読みとれます。甲府市旧中道町下曽根地域に発生した大前方後円墳群を築造した最初の豪族は、二人の協力者と湿地帯や湖水が点在する甲府盆地の河川が集中して出口となる鰍沢の出口にある禹之瀬《うのせ》で岩盤を（亀甲岩）を開削し疎水に成功、肥沃な農地ができました。この農地こそ豊かな農産物を生産し大前方後円墳を築造した豪族を育てたと考えられます。この豪族は国造であった可能性も指摘されています。この疎水工事に関する伝説が盆地の各地で語り継がれています。この時湖水の主であった大亀が死んだという伝説が生まれ、笛吹市石和町唐柏にこの霊を祀る大亀神社が誕生したといいます。この工事を皮切りとして今日に至るまで盆地の疎水工事が、信玄堤の築造など不断に続けられていることはあまり知られていません。

この豪族が畿内の大和政権と従属関係を結び、天皇家の支配下に入りながら、盆地東側に広がる諸扇状地を北側へと移っていきました。浅川扇状地に広がる笛吹市八代町に五世紀に移った政権が、六世紀中頃にはこの北に広がる金川扇状地上の同市御坂町下井之上や成田に移り、東日本最大といわれる横穴式石室をもつ後期の円墳で、県内の考古学界では国造級の者の古墳であるといわれる姥塚《うばづか》古墳が築造されました。この築造者は塩海宿禰と考えられます。塩海宿禰は美和神社（甲斐二宮）を創建し、大和にある大神《おおみわ》神社から勧請したり、付近に神社を造り神殿の前に石を立てました。また大亀神社から御坂町成田に築造した堀と土塁に囲まれた館に、亀の霊を移し厚く信仰しました。畿内の大和政権から、六世紀には国造に任命され、本県では歴史上に登上する初めての国造となりました。しかし塩海宿禰は、自ら築造した姥塚古墳には葬られなかったと考えられます。これは古墳の石室からは副葬品である遺物が全く発見されていないことによります（『御坂町誌』上野晴朗）。これは葬られなかったことを意味します。彼は笛吹市一宮町塩田に移り、国立神社などに亀の霊を移し厚く信仰しました。宿禰の子孫は楽音寺や中山広厳院にも霊を祀り、二体の金の亀を作り代々信仰しました。このことは一宮町塩田を中心に多くの濃厚な伝説や記念物、遺跡などが物語っています。

この後、子孫一族は古屋（降矢）を名乗り、繁栄して優秀な人材を輩出しました。明治時代になっては金亀院甲塩田浦居士の戒名をもつ人物や、甲州財閥が代々社長を継ぐ富国生命株式会社の元社長一宮町土塚出身の古屋専蔵氏（二〇〇九没）。衆議院議員の古屋専蔵氏（一九二四没）は甲斐一宮神社となった浅間神社の宮司を代々務める古屋家から分かれたとされます。その他、全国から優秀な学生を集めている山梨学院大学を創立した一宮町一ノ宮出身の古屋眞一氏など、地域に貢献した人物が多数います。

最後になりますが上野豊彦（御坂町）、鈴木進一（御坂町）、宇野耕二（御坂町）、穴山徹（御坂町）、飯田三郎（八代町）、中村良一（八代町）、斉田和也氏（八代町）（以上笛吹市）の各氏を始め、多くの方々の御教示、御協力をいただいたことに深く感謝します。

追記

前述したように塩海宿禰は笛吹市一宮町塩田から甲府市塩部町に移ったという伝承もあります。史実かどうかを証明することはできませんでしたが、二〇二三年に二回に亘って塩部町で聞き取り調査や塩海宿禰に深い関係がある神社の前にある立石の有無を熊野神社山宮神社などを調べたが発見できませんでした。しかしこの伝承は荒唐無稽なことではないと考えられます。塩海姓は京都に二〇〇〇軒くらいあり、全国各地にもあるといいます。

補遺

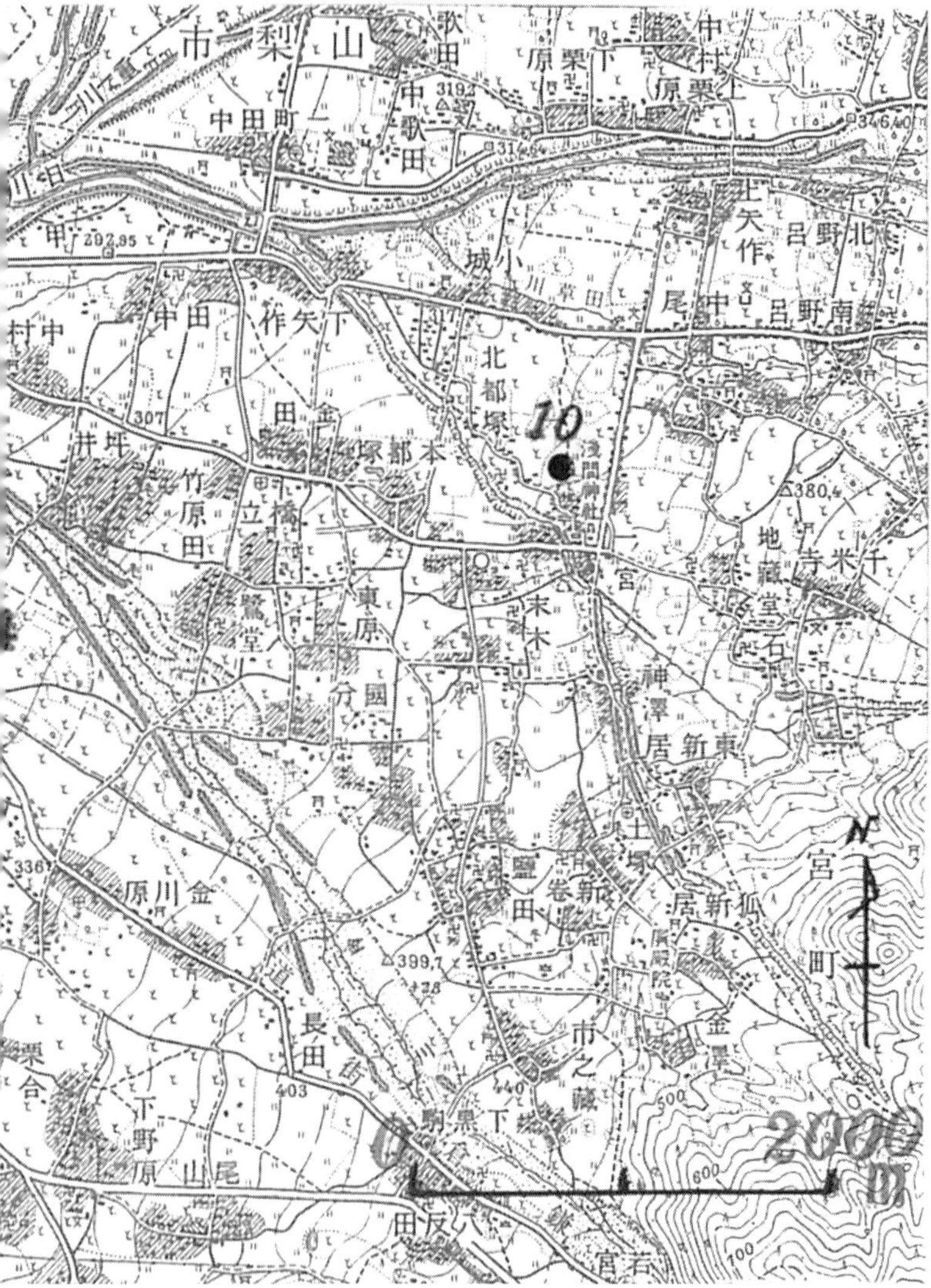
山梨市
中田町
歌田
中歌田
下栗原
上栗原
中村
上矢作
北野呂
南野呂
中尾
小城
下矢作
中田
中村
井坪
竹原田
金田
本都塚
北都塚
東原
末木
地蔵堂
千米寺
国分
神澤
東新居
宮町
狐新居
新巻
金川原
長田
市之蔵
下野原
尾山
八反田
292.95
307
319.2
346.40
380.4
399.7
336
403
440
500
600
10
2000m
N

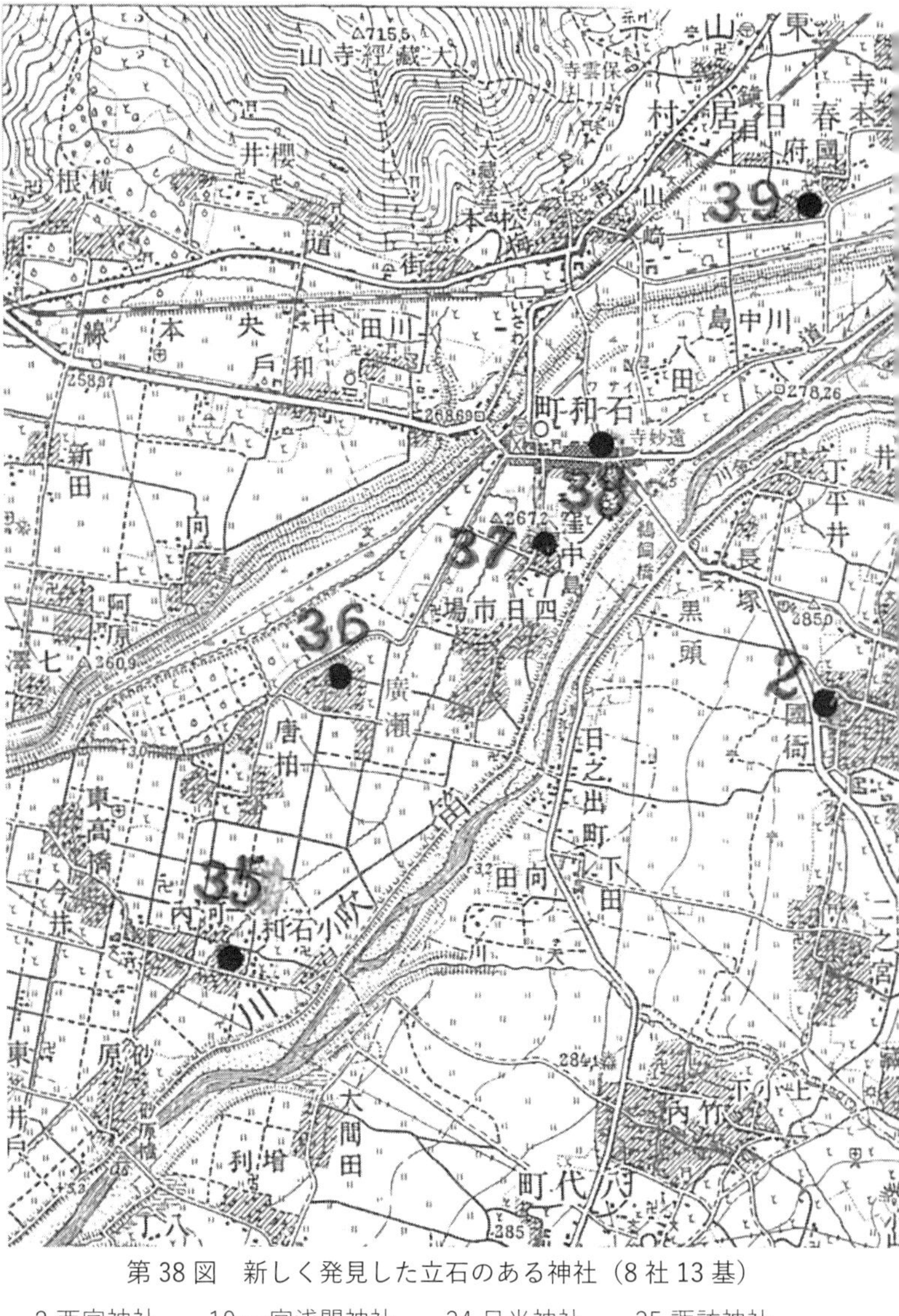

第 38 図　新しく発見した立石のある神社（8 社 13 基）

2 西宮神社　　10 一宮浅間神社　　34 日当神社　　35 諏訪神社
36 八王子権現　　37 神明神社　　38 八幡神社　　39 甲斐奈神社

はじめに

本書『甲斐古代豪族の系譜』中の第二章古墳時代、二記念物・伝承のうち「立石のある神社」を本書発行後新たに一三社一七基を発見しました。筆者の調査不足であったので以下の立石を付け加えます。合計二三社三一基です。

八社は全て笛吹市内にあり、この内三社は笛吹川左岸（東）で御坂山麓側に展開する扇状地上にある西宮神社、一宮浅間神社、日当神社です。西宮神社と一宮浅間神社は一基ずつ既に本文中に載せてあります。この両社にある新しく追加する三基は当初立石とするのに疑わしかったものですが、検討の結果立石と認定しました。

他の六社一〇基は新しく発見した立石です。これらは全て自然石で、加工された様子はないことが特徴です。

この調査によって、全ての立石を設置した時期が塩海宿祢が国造に任命され、第一次国衙を開いたと考えられる六世紀に立てられたものと当初は考えていましたが、社に立石を立てる習慣が引き継がれていて、七〇一年（大宝一）以後にまで及ぶのではないかと考えられるに至りました。七〇一年以前は地方の有力豪族が国造に任命されていましたが、七〇一年に大宝律令が制定されて、国造に替わって大和朝廷の役人が国司となって地方に下向し、その直接的支配が行われるようになってからも立てられていたようです。国司が甲斐に下向した時、正月元旦や毎月一日などに参拝したといわれる甲斐国や郡の総社、国社など有力神社にも立石が九世紀頃までは設置されたと見ることができます。この神社は国司が参拝したなどと伝わる一宮浅間神社、日当神社、八幡神社、甲斐奈神社などです。塩海宿祢が御坂町井之上から一宮町塩田に移った以後に立てられたのが一宮浅間神社ではないでしょうか。また、これらの発見によって立石が塩海宿祢に深く関係していることが確かになったといってよいでしょう。ただ立石を設立した目的が明確に伝承されているものはありませんでした。

笛吹川沖積地に発達した古い集落は必ず微高地上にあり、神社はその中でも高い所に建てられていますが、笛吹川の洪水の氾濫により埋没した立石もあると考えられたのですが、埋没した立石を掘り出したような伝承は採取できなかったので、この点については明かにできませんでした。盆地の低部は昭和中期まで度々洪水で水没していたことは確かで、ここに載せた石和町旧富士見村地区にある神社も例外ではありませんでした。富士見小学校では昭和初期(一九二〇年代)には大雨で水没した集落から筏で通学する事はよくあったといいます。諏訪神社がある小石和では一九〇九年(明治四〇)とその二年後一九〇一一(明治四二)年の洪水で多くの民家が屋根に届く程水没し、その中には流された民家もあったといい、その近くは一メートルほど土砂が堆積したといいます。また甲斐奈神社もその時は大変な被害を受け付近は一メートルくらい土砂で埋没したといいますが、立石は埋没したかどうか定かでなく、設立当初の姿を残しているようにも見えます。

以下個々の神社にある立石について説明します。番号は第1図に一致し、2・10は本文と同じで、他は新しく付しました。

立石に似ています。社紋は三葉の梶です。

2 西宮神社

所在地：笛吹市御坂町国衙小字宮本七

前項に拝殿の正面二メートルの所に立石がある事を載せました。もう一基が拝殿の正面一五メートルの所にやや傾いている高さ四〇センチの自然石が立っているものを立石であるかどうか疑わしかったので載せませんでしたが、立石と認めることとしました。低い立石で、その状態は自然堆積による土で若干埋まった可能性もあります。その形状が西宮神社・諏訪神社No.2井之上国立神社の立石に似ています。社紋は三葉の梶です。

10 浅間神社（甲斐一宮）

所在地：笛吹市一宮町一宮小字桜町一六八四、旧社格国幣中社

前項に拝殿の正面約二〇メートルの所に立石中最大の高さ一八〇センチの立石がある事を載せてあります。これに新しく三基の立石を追加します。三基ともその位置や形状が異なるので掲載しませんでしたが、一基はその形状が他のものとよく似ている事、二基は後述のような疑問をもちますが、立石である事に違いないので一応掲載します。拝殿とその奥にある本殿は東を向く、その正面に前記のように第一の立石があります。その横に「初宮詣ノ紙垂ヲ懸ケ発育成就ヲ祈ル」と石に刻書されています。立石に幣帛を縄に付けて懸けてあります。

立石についての伝承、説明があるのはこの神社だけです。第二の立石は第一の立石の北約一五メートルに立つ、北入口の石門のある鳥居を入って左に立っています。高さ一五〇センチで第一の立石に似た形状であるので、他の立石と同様と考えて差支えありません。ここに流れ着いた石を立

てたとの伝承があると神主はいいます。第二の立石の西（現在神楽殿があります）に本来は本殿があったと考える可きですから、この立石が最も古く、甲斐一宮神社となる前に立てたのではないでしょうか。これにも幣帛を付けた縄が懸けてあります。

第三の立石は第一の立石の二〇メートル南にある南入口にある鳥居の右にあって高さ一七五センチで明らかに男根に似ています。その右に「陰陽石」と刻まれた石があり、その意味を表している立石は男根の北にある高さ約五〇センチの女陰によく似た割れ目がある立石です。最も新しいものではないかと思われ、他の立石のようにその意味や立てた理由がないものとこの二本の立石は違うように見られる。

浅間神社は本来富士山を御神体とするものですが、この神社は富士山に向いていません。ここからは右前方に位置する富士山は見えません。参道もその入口が富士山の方角に向いている事は浅間神社となる前にこの神社が成立していたことの証拠でしょう。浅間神社は八六五年（貞観七）富士山が大噴火した時に開かれたといいますが、四基の立石中最も古いと見られる第二の立石は八六五年以前に立てられたと見る可きでしょう。その成立時期は春日居町国府から一宮町東原付近に国府が移されたといわれている八世紀後半頃でしょうか。位置的には京戸川《きょうどがわ》扇状地の扇央にあって、神社の周辺は土師器の分布も少ないですが、一宮条里型地割の南端の条坊線（道）に接する地点にあるので、条里制の道を敷設する時の基準点にしたのかもしれません。社紋は菊花であるが古屋氏が代々の神主でしたから、かつては梶の葉であったに違いありません。

34　日当神社

所在地：笛吹市石和町中川一〇八八

日当神社は中川集落の上方にある。立石は拝殿の正面二メートルの場所に立っている高さ一一七センチの花剛岩の自然石です。拝殿の奥に一間×一間の本殿があります。正面鳥居に「正一位日当神社」とあります。

当地域は金川扇状地扇端に位置し、金川の左岸にあります。西流する金川は下って笛吹川と合流します。かっては英村《はなぶさ》に属していたが合併して石和町となりました。日当神社に接する道を南に行くと御坂町にあった国衙跡に至り、北に行くと一宮浅間神社の御幸道につながります。

社史に「往古国衙に国司が御下向之時節当社に而日拝被遊候」とあり、国造が国司になった七〇一年（大宝一）以後に立てられたもののようにも考えられます。

国衙を一宮町から御坂町に一〇世紀前半に移してから、立石が立てられたのかどうかについては直接的な証拠は見当たりません。『石和町誌』第三巻（石和町平成六年）によれば、日当神社付近は金川が大きく湾曲して笛吹川に合流する所で、その左岸一帯は縄文、奈良、平安時代の遺跡が全面に濃く広がり、この時代の中心地でもありました。

正月には幣帛を付けた縄を掛ける習慣があります。家紋は割菱です。

35　諏訪神社

所在地：笛吹市石和町小石和小字清原四一二

舟形《ふながた》神社、石禾川《いさわがわ》神社ともいいます。石和郷の総社であったといいます。社地は一三九四坪であったから相当な広さでした。

立石は本殿—拝殿（現在はありません）—第一立石—随身門—第二立石—鳥居—第三立石—石門と並ぶ中心線上にあります。その間の距離は本殿と第一立石の間は二五・八メートル　第一立石と第二立石の間は一五・六メートル　第二立石と第三立石の間は一九メートルです。第一立石の高さは九二、第二立石の高さ六四センチ、第三立石の高さ四〇センチで、本殿から大・中・小の順になっています。三基の立石があるのは神明神社とこの神社だけであり特殊性を感じます。

大亀《おおき》神社との関係。石和町唐柏にある大亀神社に祀られている亀の霊を御坂町の国衙にまつられている天白社に移したとの伝承が根強く残っています。恐らくこのことが起源となって立石が神社に立てられるようになったと思われるのですが、大亀神社に立石がないのは何故か疑問です。大亀神社は現在南を向いて建てられているが、参道は東に向いているので、神社建設時と状況が異なっているのかもしれません。または大亀神社と諏訪神社との混同があったことも考えられます。しかし諏訪神社は大亀神社の南西約八〇〇メートル八王子権現はこの北東七〇〇メートルにあり、この三社は大亀伝承に関係しているように思われ笛吹川の右岸にある同川の沖積地にあり、水害を受けやすい土地です。

諏訪神社社記に五七代「陽成天皇（八七六～八八〇）御宇清原真人当仁任国の時」とあり、同神社境内にある石祠に神主直宿清原庸明、弘化五年（一八四八）戊申春二月建と刻書されていて、甲斐国司清原真人長統に深い関係がある神社と考えられます。

また、同神社東約五〇メートルに石禾いよび女墓があります。東西九メートル南北六五メートル程に鉄網に囲まれた高さ約五〇センチの墳丘上に「石禾いよひ女墓」と刻書された高さ六二の石碑が小石列に囲まれて立っています。その裏に「弘仁□□己歳正月二五日本」とあります。同社西に住む荻野保徳氏によれば、かつては今から二〇年ばかり前にその石碑は出土したものです。

これは塚といわれていて、塚は周囲より二メートル五〇センチくらい高かったですが明治四十年（一九〇七）にあった水害で一メートル以上埋没したといいます。この土地は諏訪神社の所有地で神主石和清原が管理していましたが今は荻野氏の名儀になっているといいます。以上の状況から諏訪神社が古墳時代まで遡る古さがあり、石禾いよひ女墓は古墳だった可能性が高いです。同社も明治四十年の水害で埋まったことも考えられるのですが、立石も埋没したかどうかについては不明です。社紋は梶の葉であるから本文で述べた塩田長者（塩海宿祢）と関係すると考えられます。

36　八王子権現（八王子神社）

所在地：笛吹市石和町広瀬九九八

石和町唐柏にある大亀神社の北東七〇〇メートルにあり、同町小石和にある諏訪神社から一五〇〇メートルに位置します。

立石は現在南に向く本殿の正面から二メートルの所に立ちます。高さ約九八センチの自然石であります。他と同様この立石の意味についての伝承は何もありません。

南から入る参道があり、鳥居をくぐります。近くに住む中村忠夫氏によるとかつては鳥居の直北に立石はあって、その直線上に木で造った三尺×三尺ばかりの祠が一メートルばかりの台の上にあっただけで拝殿や本殿はなかったようです。江戸時代にあった本殿は火災により焼失したといいます。昭和三十四年（一九五九）に中心線よりやや東の現在地に本殿が建てられ立石もこの時移されたといいます。社記によれば天和二年（一六八二）三月十日に火災により記録も焼失した為、歴史は不明だといいます。明治四〇年にあった水害で付近は一メートルくらい埋没したといいますが、この時立石も埋没したかどうかについては不明です。

37 神明神社

所在地：笛吹市石和町窪中島一
石禾見厨郷《いさわみくりや》といい、神部神社とも称したといいます。社地は六町一里あったといい密林になっていたという口碑があります。天正十七年（一五八九）八月に洪水によって荒廃したと伝わります。

神明神社は笛吹川の右岸にあり、この付近から同川の沖積地（氾濫原）が広がり最も水害を受けやすい位置にあります。新しくは明治四〇年（一九〇七）の大風による水害は水深二メートルもあり被害は多大で一メートル以上土砂が堆積した場所も少なくないといいます。位置的には八王子現権や石和八幡神社とも近く大亀伝承の影響により立石が立てられたと考えられます。

前述した諏訪神社と神明神社にだけ三基あります。他の神社より多くある事は塩海宿祢により深い関係があると同時に、立石の中で古い時期に立てられたものではないかと思われます。前述した諏訪神社に関係すると思われる国司清原真人長統のこともあり、遅くとも平安時代前期には成立していたのではないかと考えます。

立石は南を向く本殿（三尺×三尺）と、拝殿の中心線上に拝殿から一〇メートルの所に高さ三〇センチの第一立石が、そこからまた一〇メートルの所に高さ三〇の第二立石があり、そこからさらに約七〇メートルの所に高さ六〇センチの第三立石が約五年前の平成二十三年まで立っていました。第三立石は鳥居の直東に立っていましたが、鳥居の下に道路を通したので自動車が通るようになった為に鳥居の下に移して通れなくしたといいます（古屋一彦氏談）。従って第三の立石だけ直線上から左にはずれています。又、鳥居は拝殿に対して真向いではなく、後述するように累積している大石群の正面に向いている。この大石群は五〇センチから一メートルくらいの石が五メートル四方に高さ一メートルくらいに乱積されていて、その上に蚕影山（大正十三年建）と秋葉山の碑が二基立っています。この付近には流れて来た大きい石はないので、人よって運ばれて来たものと思われ、古墳時代後期に造られた古墳の横穴式石室を破壊した残りの石と考えるのが最も適当でしょう。笛吹川右岸沖積地に古墳はないという先入観で見る可きではなく、御坂町成田の朝日町にある亀甲塚古墳や琵琶塚（後日筆者が報告予定）、前述した諏訪神社領だった石禾いよひ女塚、渋川と笛吹川に挟まれた石和町井戸小字豊富にある古墳の可能性もある富士塚等もあるので、この累石が古墳だった可能性は充分あります。本殿の中心線上にある三基の立石と累石の正面を向く鳥居との関係はなお今後の検討課題です。

石禾厨《いさわみくりや》については石和町誌第一巻（石和町・昭和六十二年）に詳しく書かれていて、これは本来古代、中世にあった神領をいい、神祭に供えた漁具などが、建物や神社領を意味するようになりました。町誌ではこの神社の起源を大和朝廷（伊勢神宮）から二八〇町を寄進されたのが始まりで、六世紀前半欽明天皇の時代には既に成立していたとの社記もあるといいます。しかし一般論に従って十一世紀頃に成立したものではないかと記しています。社紋は葵に似た珍しい紋です。

38　八幡神社

所在地：笛吹市石和町市部一〇九四

『甲斐国社記・寺記』第一巻神社編（山梨県立図書館昭和四十二年）に官知物部神社と記されています。物部神社は甲府盆地の北に連なる北山の山麓にある石和町松本にある大蔵経寺の西隣にあり、古代豪族の物部氏を祀っています。これとは別に当社を物部神社とした経過は不明ですが、社記に甲斐国の国司に任命され大和から下行した国司はこの社に祈願していると見え、聖武天皇御宇天平時代初め（七三〇年頃）甲斐国司田辺史広足等が参拝したと伝えています。

立石は本殿、拝殿、随身門との中心線の先約四〇メートルの所にある鳥居の内側にあり、高さ六八センチの自然石です。他にも国司の参拝所であった社には立石が立っています。ただ本殿との距離が遠い所に立っているので、立石中では新しい時期の物ではないかと考えられます。社紋は三邑です。

39　甲斐奈神社

所在地：笛吹市春日居町国府小字砂原三六一　延喜式内社です。

前出の『甲斐国社記・寺記』に「社記二日七・当社大永年中（一五二一～一五二七）迄八七八丁隔り北山之嶺に観請、甲斐奈山と称し、往古彼山嶺之社に菊理姫命を祀り」とあります。又『山梨百科事典』（一九八九・山梨日日新聞）でも甲府市中央三丁目にある甲斐奈神社について、愛宕山の続きにある甲斐奈山を拝する信仰から出現した神社、上世は甲斐奈山に祭られていて、武田信虎の時代に現在地に移し、祭神は菊理姫命であるといいます。この二社がいう甲斐奈山は同一の山でしょう。

もう一社が笛吹市一宮町東原に古い伝統を持つ橋立明神ともいう古い神社があります。菊理姫命（『東八代郡誌』第十四章六三では雛鶴姫）は六世紀に甲斐国造となった塩海宿祢と結婚していたといいます。菊理姫命と甲斐奈神社と何如なる関係にあったのか、何故に同社の祭神になったのかについては全く不明ですが、塩海宿祢を祀る国立神社などと深い関係があるのでしょうか。社記に天平年中（七三一～七四八）に大和朝廷から任命された国司田辺史広足が甲斐奈神社と名付けたという伝承も記録されています。

立石は高さ七七センチの堆積岩の自然石で拝殿正面二メートルの所に立っています。この位置から考えると立石の中では古い時期に立てられたのではないかと考えられます。子供の産明で参詣した時、立石の上に座らせるといいます。笛吹川右岸にあって水害を受けやすい所にあり、明治四〇年八月の水害では本殿と数本のを残して全てを流失し、「延喜式内社甲斐奈神社」と刻書された一四五センチの石碑も流されましたが、これが立っていた近くの地下五メートルで上水道工事中に発見されたといいます。本殿は石垣で囲まれた高さ一メートルの台上にあり、その南に立つ祠や標柱が四〇センチくらい埋没している事から見ても立石も埋没したのであろうが現状では、埋まっている様子は見られません。

さらに新しく発見した第三八図に載らない立石があり、塩海宿禰や武内宿弥を祭神とする別記の神社を加えます。笛吹市御坂町竹居大野寺の熊野神社、同町神有の坂下神社、同町奈良原の牛玉神社の五社です。

酒折宮《さかおりのみや》とヤマトタケル

はじめに

縄文時代から「祈り」はありました。先史時代を通して、山梨県内にも祈りを行ったと考えられている遺跡や、それに使われたとみられる遺物はたくさん発見されています。例えば気候が寒冷になり始めた縄文時代中期後半から配石《はいせき》遺跡といわれる大環状列石《かんじょうれっせき》の都留《つる》市牛石《うしいし》遺跡や、後・晩期二五〇〇年前頃に築造された石組の祭壇や石棺とみられる配石遺構が見つかった北杜《ほくと》市旧大泉《おおいずみ》村にある金生《きんせい》遺跡などは有名です。金生遺跡は一九八三年に国が史跡として指定し、保存整備されて見学できるようになっています。祭祀《さいし》遺物は土偶や勾玉《まがたま》、銅鏡《どうきょう》や刀、祭祀用土器など多数が出土したり、伝世しています。この小論で重点的に検討する古墳時代にみられる掘立柱《ほったてばしら》で高床式の建物(以下「掘立柱建物」という)の中には、祭祀を行った神社(以下「社《やしろ》」という)建築があるのではないかと考えられています。ヤマトタケルが訪ねたという酒折宮《さかおりのみや》に、この社があったかどうかから論を起こしていきたいと思います。

まずヤマトタケルの時代以前に、甲府盆地がどのようであったか、縄文時代中期以後について概略を述べておきます。縄文時代中期、西暦前三〇〇〇年頃に最も繁栄した文化が衰え始め、後期から晩期にかけて遺跡数が激減します。その中でも甲府盆地、特にその東に連なる曽根丘陵や扇状地上の遺跡は極めて少なくなり、散在するようになります。その間盆地では人口減少になることは確かで、西暦〇年前後の弥生時代中期頃まで同じような状態が続きます。今後発掘調査などが進んでも、この傾向は大きくは変わらないと思われます。

弥生時代末西暦二〇〇年頃になってやっと遺跡が定着し始め、増加していきます。土器型式などの状況から、東海地方で弥生人が移住しはじめ、自然増も伴って急速に人口が増加したと考えられます。この中には県内に残る文化などで朝鮮半島や中国大陸から来た人やその子孫が大量に混入していたのではないかと推察することができます。

土器型式は口縁部に刻み目のある台付甕《だいつきがめ》と、S字状口縁台付甕といわれる米などを煮るために作られた土器です。山梨県で古墳が築造され始めた三〇〇年代に、甲府市内旧中道町《なかみち》下曽根《しもそね》地区に定着した人たちは小平沢《こびらさわ》古墳や大丸山《おおまるやま》古墳、天神山《てんじんやま》古墳、大型の銚子塚《ちょうしづか》古墳などの前方後円（方）墳を造りました。これらを造った豪族たちは畿内の政治や文化を取り入れ、大和王朝に従属し始めたとみられています。ヤマトタケルが東征した時代の始まりです。三世紀から七世紀までの古墳時代を中心に、大和王朝（天皇家）が各地の豪族を従わせ国内を統一していきました。北海道・東北地方の北部を除く本州・九州・四国でその活動が行われました。未だ日本には紙がなかったので紙に記された記録は残っておらず、わずかに刀、鏡などの金属製品や石碑などに彫られたり、鋳出《いだ》された文字（金石文《きんせきぶん》）や中国の文献に記録されたものが少しあるだけで、わかることは極わずかです。

この時代のことは遺跡や残された遺物から明らかにする以外に方法はありません。そこで甲府市にある酒折宮をヤマトタケルが訪ねたかどうかということも考古学の観点から確かめたいと考えました。山梨県の場合は四〇〇年代前半頃まではヤマトタケルは複数の人物として、四〇〇年後半は一人の特定の人物であるとされており、本論ではこの後半の時代に光を当てて考察していきます。

第一章　酒折宮について

一　神祇《じんぎ》信仰の初期

酒折宮を論ずるにはヤマトタケルの時代である古墳時代の神々と社について考察しなければなりません。まずその時代に社《やしろ》があったかどうかを検証する必要があります。その後で甲府盆地にあった社がどのような状況であったかを遺跡を発掘調査した報告書によって明らかにして、酒折宮の有無を推察してみます。

社の発生

社は国内で発生したとする説や、朝鮮半島や中国から伝播したとの説があります。社建築の発生も大きく二系統に分かれています。日本固有の信仰が、社殿という建築物をもつ以前から長きにわたって行われていた歴史があります。信仰に使う目的で建てられたと考えられる棟持柱《むねもちはしら》がある高床式掘立柱建築は、縄文時代中期から後期にかけての遺跡で、富山県桜町遺跡、新潟県岩野遺跡をはじめ、山梨県北杜《ほくと》市武川《むかわ》町の宮間田《みやまだ》遺跡などで発見されています。これらは高床式住居であった可能性もあるといわれています。

弥生時代になっても掘立柱建築で祭祀が行われたと考えられています。また古墳時代になって土《は》師器《じき》、手捏《てづくね》土器、須恵器《すえき》や石製品、玉類とともに、完形土器や破砕された土器が並べられた遺構が全国各地で出土しています。そこに祭場の固定化が見られ、後の社建築につながったとする見方もあります。

韓国では祭場標式として元来樹木が用いられていました。(1) これはもともと素朴な樹木であったといいます（『韓国の村祭り』朴柱弘）。同国済州島《チェジュ》やその近くにある多くの島には厳かな森を信仰対象とする堂があり、このうち堂舎のあるものは三割に満たないといわれています。大方は一本の神樹、巨石、立石、チャンスンなどを堂としていて、沖縄で信仰されている御嶽《うたき》に近いとみられています。長野県には御嶽山《おんたけさん》があり、山梨県にも御嶽山神社があって、今も笛吹市八代町増利では講を組織してお詣りをしています。『播磨国風土記《はりまのくにふどき》』（七一五年以前）には、揖保郡伊勢野の条に百済（朝鮮半島南部）から来た渡来人たちが「此所に居らむとして、社を山本に建てて敬ひ祭りき」とあるなど、渡来人が社を設けた事実を伝えていて、その数一四〇に及ぶといいます。

また神社は縄文時代中期頃にはあったのではないかとの説もあり、環状列石など様ざまな例を挙げています。縄文時代と現在の社の歴史をつなぐことが至難であることは考古学研究者は知っていますが、日本には社殿がない森だけの聖地が点てんと残っていて、朝鮮半島や済州島からの視点が必要なことを説いています。

日本でも自然物崇拝があり、(2) 巨岩は磐座《いわくら》、神聖な樹木は神籬《ひもろぎ》と、神奈備《かんなび》型の山を神座《かみくら》山として御神体としたと考えられています。大阪府の石上《いそのかみ》神宮、奈良県三輪《みわ》山の麓にある大神《おおみわ》神社、長野県諏訪神社上社本宮や埼玉県金鑚《かなさび》神社には本殿がありません。また東大寺正倉院御物の東大寺図（七五六年）によると現・春日大社の中心部分は神地と書かれていて、御蓋山《みかさやま》を御神体とする斎場であったとみられています。やがて神の依代《よりしろ》として神籬や磐境《いわさか》のある所が斎場になったといいます。

『古事記』『日本書紀』『風土記』等でも森の木、石などの自然物を社とするようになり、さらに神柱、酒屋などを社殿化するようになりました。柿本人麻呂が万葉集に〝処女《おとめ》らが袖振《そでふり》山の瑞垣《みずがき》の久しき時ゆ思いきわれは〟と歌ったように、瑞垣で囲む聖地に人びとは神の降臨を仰ぎ見たのでしょう。万葉集では神社や社を「もり」と読む例は少なくなく、厳かな森や樹林を社と称した記録もあります。

社建築の起源

『出雲風土記』に「意宇社を郡家《ぐうけ》の東北の辺、田の中にある敦是《こやま》なり、周八歩ばかり、其の上に木ありて茂れり」とあり、また「樹木あり此は即ち社なり」ともあります。長野県諏訪神社に立てた標柱、御柱も御神木から屋形《やかた》、屋代《やしろ》とも呼ぶ社殿へ発展したと考えられています。『日本書紀』垂仁天皇八七年二月の条では石上（神宮）にある「天の神倉」を「ほくら」（穂倉）といい、これが「ほこら」（祠）へと転化したと考えられています。ほこら（祠）は最初数一〇センチと小さく、木で造っていましたが、やがて石製になったのでしょう。この「ほ」は稲の穂をさし、高く突出したものをいったと考えられています。「ほこら」は木の土台の上に木を組み合わせて造る家で、神《み》輿《こし》へと発達。現在みられる神社の本殿になったと考えられていて、棟持柱《むなもちばしら》をもつ掘立柱建物とは系統を異にする神社建築であるとの説になっています。このほこら系統の建築は列石で基礎を作りその上に木で井桁《いげた》を組んで土台とし、その上に角の柱を立て正面にのみ板扉《いたとびら》があります。その前に木の階段をしつらえ、二本柱で支えた屋根をつけ、妻入り口とする春日造りです。

春日造りと同じ土台を作り、片方の屋根を長く延ばして、そこに入口を付けて平入りとするのが流れ造りです。山梨県甲州市塩山《えんざん》にある熊野神社本殿などがあります(3)。列石を敷いた上に木の土台を置く建物が、八世紀の恒川《ごんが》遺跡（長野県飯田市）や一〇世紀塩崎《しおざき》遺跡（長野市）などで五棟発掘されました。この形の建物は、当初小さく動かせるように造られた建築的工作物、つまり祠型のものと考えられています。この特徴は自然物を崇拝するのに用いられ山や木、岩の前あるいは森林の中の厳かな場所に置かれた神輿の起源つまり可動式工作物、神が降臨して一時ここに鎮座するためのオカリヤ（お假屋）だったとみられ、祭りが済めばまた神は天に帰ると考えられています。山梨県内にある社の本殿はこの形式のものがほとんどです。

盆地東部とその山間地に鎮座する国と県が文化財として指定した神社本殿を例としてあげてみます。

では、山梨市東後屋敷に鎮座する大岳山本殿《おおだけさんほんでん》（県指定）は身舎《もや》が桁行《たけゆき》、梁間とも三尺ばかりの小さい建物です。山梨市三富《みとみ》にある大岳山の遥拝所《ようはいじょ》とされ、一七三五年から四七年の間に移築されたといいます。山梨市牧丘町《まきおかちょう》西保中《にしほなか》の山腹に鎮座する笠石《かさいし》大明神本殿（県）は身舎が桁行、梁間とも一間ばかりの小さい建物で、後ろにある巨大な岩石が御神体とみられます。安田義定の関係者が室町時代末に建立したと伝えられています。山梨市大工《だいく》にある天神社本殿（国）は身舎が桁行、梁間とも一間で、大永二年（一五二三）に造営されています。笛吹市一宮町山宮の蜂城山《はちじょうやま》山腹にある浅間神社上社摂社山宮神社本殿（国）は貞観七年（八六五）に現在地に遷座《せんざ》。富士山を鎮護する浅間神社の攝社《せっしゃ》で、当本殿は永禄元年（一五五八）に建立された身舎二間、染間一間の建物です。山梨市下石森《しもいしもり》にある山梨岡《おか》神社本殿（県）は、平地に火成岩の巨大な奇石怪石でできた特異な孤立小丘石森山の上に鎮座しています。社伝でヤマトタケルの父、景行天皇の代に草創され、現在ある本殿は二間社流れ造りで、天和二年（七六八）に造営されたといいますが、その確証を得ることは難しいと思います。ただこの付近の笛吹川沖積地には弥生時代から平安時代とその後の遺跡が数ヵ所あり、古い歴史があると考えられます。笛吹市春日居町《かすがいちょう》鎮目《しずめ》にある神奈備型の大蔵経寺《だいぞうきょうじ》、山の麓にある山梨岡神社本殿（国）は延喜式（九六七）内社で、山を御神体として、景行天皇の後の代に三室山《みつむろやま》から遷座したと伝えられています。現在の本殿は室町時代に建立したとみられています。塩山市熊野にある熊野神社本殿（重文）二棟は、紀州熊野から平安時代初期大同二年（八〇七）に勧請されたといい、鎌倉時代文保二年（一三一八）に造営されたと推定される正面一間造りです。

この付近にも多くの平安時代の遺物が発掘調査されていて、創建時代とも同じ頃です。山梨市北にある大井俣窪八幡《おおいまたくぼはちまん》神社本殿他六棟は山梨県最多の指定建造物をもっています。貞観元年（八五九）に九州宇佐八幡宮から勧請され、笛吹川の中島である大井俣に祀られたと伝えられています。これらの建物の造営が伝わるのは十一世紀頃からで、現在の本殿は永正一六年（一五一九）に再建され、他の五棟は一五世紀から一六世紀、一棟は一七世紀に再建されています。

以上のように創建年代は八～九世紀頃が多く、当初は大岳山本殿のように小さい建物であったと考えられ、徐々に大型化していきます。この八～九世紀は高床式掘立柱建物跡の中に社とみられるものも現れ始め、朝鮮半島文化の影響もうけて、竪穴式住居に柱の礎石を置いて木の土台を敷き、角材を用いて家の骨組を造ったと考えられる建物が現れた時期にも当たります。この建築方法は現在の社建築の始めになったとも考えられます（森一九九三）。

また、富士山の周囲、山梨県と静岡県には一二〇〇社といわれる浅間神社があるといいます。

京都府加茂別神社(3)では、御阿礼《みあれ》神事を行う所に四方を青柴垣で囲って、中央に神木を立てその前に西向に假幡舎《かりはたや》を設けるといいます。これがいわゆる屋代（社）の初源です。屋代の「屋」は建物を、「代」は方形に囲った場所をいい、苗代や火代、城郭などに使う意味でしょう。また前述した奈良県三輪山山麓(4)にある大神《おおみわ》神社には本殿がありません。この周辺には陶邑《すえむら》古窯跡群で作られた須恵器が多く発見されています。三輪君の祖オオタタネコは陶邑の出身であるとし、この関係の伝承に朝鮮半島の新羅《しらぎ》に関連した事物が多く存在しています。三輪山の神はオホモノヌシ（大物主）の（軍）神で、式内社には大神神社、弥（美和）神社とする神社が多く東山道(5)、東海道沿いに集中。大和王権と密接にかかわっていて、五世紀後半に多くが勧請されているといいます。笛吹市御坂町にある二宮神社も美和神社なので三輪神社の系統であろうと思われます。

五～六世紀（宗神、垂仁天皇）のころ、天皇が物部大連《もののべのおおむらじ》に地方の首長から呪宝や玉類を取り上げさせ石上《いそのかみ》神宮に集められたものを返させたことがあります。当時は物部氏が軍事、警察権を握っていました。書紀の神代巻にいう経津主神《ふつぬしのかみ》が天下を周り歩いて鎮定したという話も、五～六世紀ごろ物部の軍団が活動したことを神話的に表したものかもしれないと考えられています。石上神宮の近くに流れる布留川《ふるがわ》の水辺に川上から神霊が降りてくるという信仰が古くからあり、神事（みそぎ）が行われたといいます。ここには朝鮮半島系渡来民族が多く住んでいて、星宿《せいしゅく》の神と思われる神を祀った細屋《ほそや》神社や高良《こうら》神社など渡来系らしい神社があります。延喜式神名帳（九〇七）にも渡来氏族がまつる神社が多く載っています。また伊勢の伊勢神宮はこう呼ばれるのは六世紀後半以後で、出雲大社は杵築《きつき》、熊野大社と記し、記、紀の神宮はすべて石上神宮のことであり、神宮と記すのは朝鮮半島の新羅で六世紀末頃に紀されたのが日本に伝わったものだとしていて、五世紀後半に成立したと考えられる石上神宮は朝鮮半島から渡来した氏族と深い関係があるといいます。(7)

このように社の本殿(8)は本来なかったのですが、本殿は神が一時的に宿るオカリヤであったので、祭典を行う場所ではなかったのです。オカリヤであるので神迎えや神送りの神事が行われた古社が日本全国にあったとみられ、沖縄のウタキもそれで、掘立柱や礎石がない移動可能な神輿型の社があったと考えられています。日本最古といわれる京都府宇治上神社は平安時代末期では未だ人が入れる大きさはない春日造りの建物でした。また日本最古ともいわれる円成寺《えんじょうじ》春日堂、白山堂は一辺三尺六寸（一・一メートル）の正方形の小祠です。

また祠は家や倉庫であったとも考えられていて、これが神聖な建物とされるようになったとも考えられています。推理をはたらかせれば神殿の模型とみることもでき、古墳に置かれた家型埴輪も一種の模型であろうと考えられます。この神殿ともみられ、あるいは神殿に近い意味が含まれたかも知れない家形埴輪について考察してみましょう。

群馬県佐波《さわ》郡赤堀《あかぼり》村にある前期前方後円墳である茶臼山古墳上に、七基の建物型埴輪が並べられていた様子はあたかも豪族の居館を彷彿とさせます。この中の一つは土台に乗せられた平屋で切妻の屋根棟に五本の堅魚木《かつおぎ》が載せられた母屋のような建物で、これを囲むように倉庫などがありました。この母屋のような建物を主殿とみれば祭祀を行ったものかも知れません。同じく赤堀村で発見された変形四注造りの家には切妻屋根の平に古墳の石室や埴輪などに描かれた三角文を全面に配し、棟には六本の堅魚木を載せています。家の胴体に縦長の窓を一箇所設けた埴輪は住居とは考え難いものです。千葉県殿部田《とのべた》一号墳《いちごうふん》は七世紀に築造された古墳で、寄棟とみられる屋根の平一面に三角文を描いた建物埴輪があり、その棟に鳥がとまっていて、この鳥は神の使いなどとも考えられています。同じく千葉県経僧塚《きょうそうづか》古墳は六世紀に築造され、そこから発見された埴輪は異状に縦に長い切妻かと思われる屋根の平に三角文を配し、棟に堅魚木四本とその上に立てるように千木《ちぎ》とみられるものがあります。壁体には長方形の小さい窓二つを並べていて神の住いかとも思われるものです。大阪市今城塚《いましろづか》古墳は六世紀に築造されたもので、土台に載る壁体全面に三角文を描き、入口が二つあり、寄棟の屋根の上に大きい棟をつけ、その平に網代の文様をつけ、上には七本の堅魚木を載せた家型埴輪が出土しています。

祭祀が継続的、臨時的に行われたと見られる古墳や奈良・平安時代の遺跡は大小様ざまあり、非常に多く発掘調査されています。山梨県と近県で発掘調査された遺跡や遺物などをその例として若干記してみると次のとおりです。

山梨県内で発見された祭祀遺跡と遺物

山梨県内では報告書(9)に祭祀関係遺物の出土地として一四ヶ所があげられています。出土遺物は八《はち》稜鏡《りょうきょう》、手捏《てづくね》土器、土製・石製・木製模造品などがあります。笛吹市御坂町成田では(10)、河川敷だったとみられる水辺の湧水地から土師器《はじき》や須恵器、土師器手捏土器を細かく割って集積した一〇世紀頃の遺跡が発掘調査されました。北杜市武川町宮間田遺跡では(11)(12)(13)「神」と線刻された平安時代の土師器が二個、また同市明野町梅之木《うめのき》遺跡でも一個出土していて、二一棟の掘立柱建物が検出されています。梅之木遺跡では竪穴住居跡から「奉」と書かれた墨書土器が出土していて、これは県内で数十例あります。南都留郡忍野村笹見原《ささみはら》遺跡から平安時代の「水神」と墨書された土師器が一個出土しています。また韮崎市宮の前遺跡から「祝《はふり》」と書かれた平安時代の線刻土師器や人面土器、多量の手捏土器が出土しています。そのほか甲府市大坪《おおつぼ》遺跡や塩部《しおべ》遺跡から七〜八世紀の人形などの土製模造品が発見されていたり、古墳時代の祭祀遺物も県内から多く出土しています。

また笛吹市一宮町で「玉井郷長」と墨書された平安時代の土師器が発見された大原遺跡では、凹地遺構から一〇〇箇体以上の手捏土器や五〇点以上の石製模造品（剣形五、臼玉四五点）が発見されました。同市石和町大蔵経寺前遺跡では主に五世紀から七世紀に築造された古墳や竪穴住居跡が発掘され、祭祀坑や柱穴などから臼玉三三七二点、有孔円板二六、剣形製品一五、同未製品一四、勾玉形などの模造土製品が多量に出土しました。

北杜市高根町青木遺跡からは九〜一〇世紀に建てられた四軒の竪穴住居跡から六点の神を意味すると考えられる「上」と書かれた墨書土器六点が、特に礎石がある竪穴住居跡から多く出土しました。この北に隣接した東久保遺跡からも「上」と書かれた墨書土器が出土しています。

次に近県の例を上げてみます。長野県では、[15][16][17]多くの祭祀遺構が発掘調査されている中で、「畠神」「神」一〇点が九遺跡から、「神庭」などの墨書土器が発見されていて、集落内での祭祀行為の結果、多量に遺棄された手捏土器や模造装飾品が発見されています。

静岡県では、多くの祭祀遺構から平安時代の「神」と墨書された手捏土器が発見されています。また東京都や千葉県でも同じように竪穴式住居跡のカマドに関係する祭祀が六世紀以後に行われています。国衙など官衙の祭祀跡からも木製や土製模造品が出土しています。なお仏教が日本に伝来した六世紀中頃以後は、仏教関連の祭祀遺構や遺物が各地で発見され、仏堂とみられる遺構や「寺」と書かれた墨書土器も発見されています。神道関係遺構との区別がつきにくいものもあり、神殿建築は仏教建築から受け

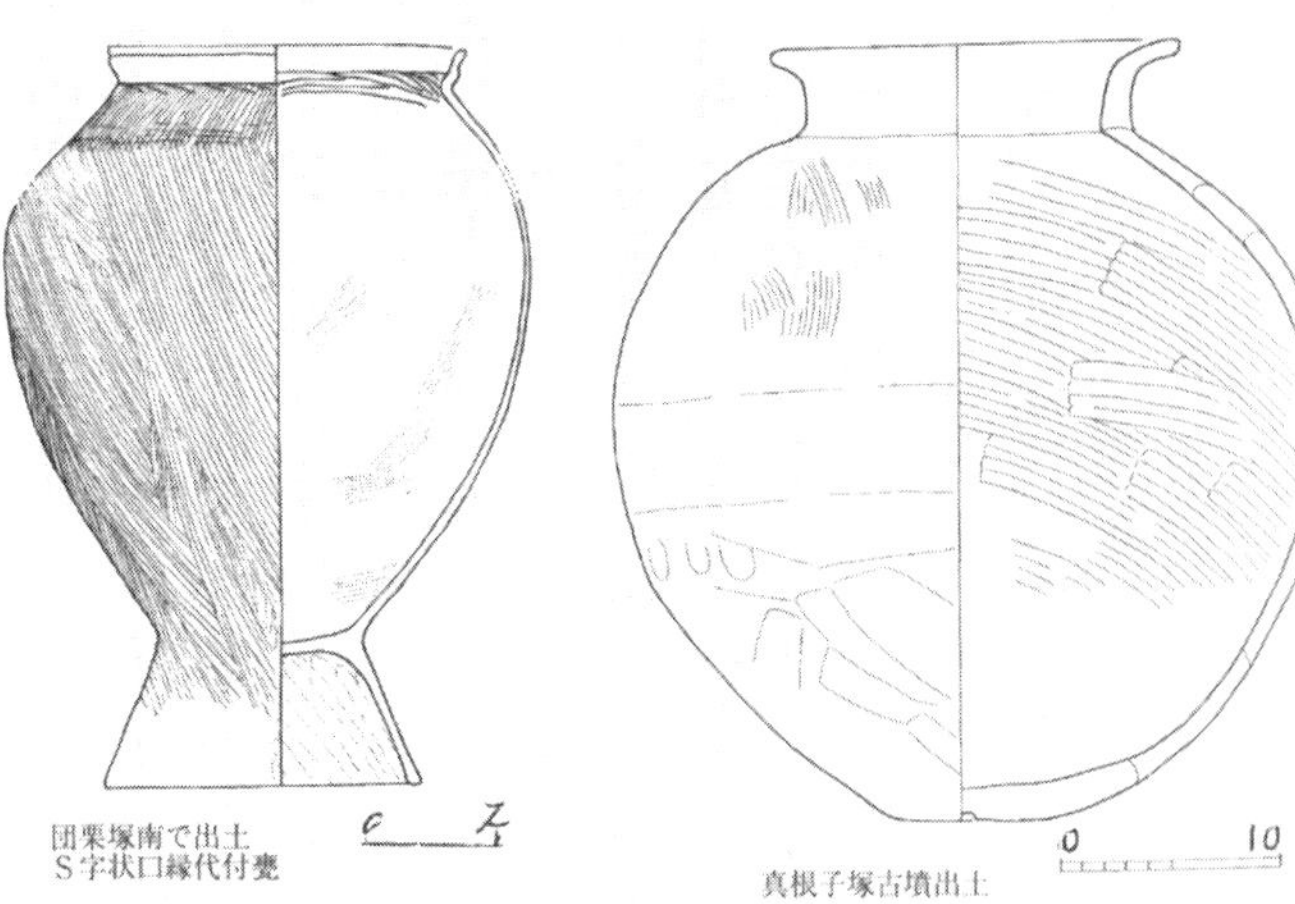

第１図　古墳時代前期の土師器

た影響は大きいといわれています。

このように祭祀は奈良・平安時代に屋外や竪穴住居内で行われることが多く、古墳時代にも行われていますが、掘立柱建物で行われた様子は東日本ではほとんど見受けられないようです。

高床式掘立柱建物は社か

前述した木の土台の上に角材で建物を造って社の本殿とした移動できる輿型のオカリヤとは別に、高床式の掘立柱建物、特に棟持柱が独立した掘立柱建物が神殿であったものも一部あると考える説があります。この建物は穀物倉庫であり、時には武器庫であったりして、神殿ではないとする説を唱える研究者も少なくありません。しかしここでは高床式掘立柱建物が神殿でもあったと考える説や遺跡の発掘調査などで判明した成果を上げてみたいと思います。

棟持柱《むなもち》(18)をもつ高床式掘立柱建物は、中国雲南省から東南アジアにかけて広く東アジア全域にわたって分布していて、ロシア南部のアムール川上流域にもあり、この辺りから西暦前後頃に稲作を伴って日本に移入されたとされています。これは当時平屋と一緒に移入され、次第に祭祀的用途に限定された高床式建物だけが採用されるようになったとの説もあります。

また弥生時代に移入された高床式掘立柱建物は西日本、北陸、東海地方で多く発掘されていて一間×二間か二間×三間くらいの広さの建物が多くあります。奈良県佐味田《さみた》宝塚古墳から出土した青銅鏡の裏に鋳出された家屋文四棟のうちの掘立柱とみられる一棟は、二柱間の高床式建物に梯子がかけられていて、軒より長い棟の上に二羽の鳥がとまっています。この鳥は神の使いとされていたようです。このような例は畿内を中心に一八例あり、この内弥生時代後期における中心的遺跡で邪馬台国の卑弥呼が住んでいたのではないかといわれる奈良県の、三世紀~四世紀ヤマトタケルの時代ともいわれる纒向唐古《まきむくからこ》遺跡に八例あります。中には非常に高かったと考えられる建物もあり、直線上に縦に並んだ三棟の建物で祭祀と政治が行われた(祭政一致)とみられています。大阪府瓜生堂遺跡では、大きな建物で祭祀が行われていたと考えられている例もあります。この例は全国的には七八例があり、この内建物は切妻の屋根が多く一八例、寄棟風が三例あり、壁は板であるといいます。

結論として、一、弥生式土器に描かれた家屋の図形は大多数が高床式建物で屋根は切妻が多いということ。二、高床式建物は穀倉であると同時に祖霊を祀った神殿でもあり、家屋図の多くが壺形土器に描かれているのは種籾を入れたからであろうということ。また「高床倉庫の系譜をめぐって」(柾正史一九八五『日本史の黎明』)で、日本の高床倉庫が弥生文化の一要素として、稲作とともに大陸から伝えられたものであることは疑いを入れない。関西・中国・北陸地方や九州などの遺跡で発見されている。香川県で出土したと伝えられる弥生時代に鋳造された国宝銅鐸には、高床式掘立柱建物に梯子がかけられ、軒より長い棟を支える柱が両側に一本ずつ立っている絵が鋳出されている。中国漢代墳墓から出土した陶製明器に多数の高床式建物が描かれている。朝鮮半島の五世紀代にも高床式倉庫とみられる家型土器がいくつか出土しているとあります。

前述した群馬県赤堀村茶臼山古墳などから出土した家型埴輪にみられるような例があり、神殿を意味するような建物があることは確かです。

仿《ぼう》（日本）製の家屋文鏡、銅鐸や土器に描かれた家屋が最も古い記録です。これらの家屋の特徴は、皇大神宮（伊勢神宮）別宮である「荒祭宮正殿復元図」（福山敏男）の屋根の傾斜に似て、四五度くらいの急傾斜で棟が異状に大きく描かれていることであるといいます。掘立柱の古い形式をもつ本殿があるのは伊勢神宮で、現在国内に残っているのはこれだけです。内宮外宮の外別宮、摂社、末社にいたるまで、すべての正殿は掘立柱であり、この神宮は宮殿のように作ることが意識的に強調されていますが、その起源説話では、祠を伊勢国に建てたといいます。常設社殿として正殿の建築様式が成立したのは持統四年（六九〇）の定期造替《ぞうたい》（遷宮）が開始された時とみられています。ただ正殿より外宮の御饌殿《みけでん》は古い形式の稲倉であろうと推定され、その前身は棟を支えるものは棟持柱だけであったといいます。内宮の正殿中央の床下には、地中深く埋められている柱があり、これをこころの御柱といい、その位置には地上に小さな覆屋が置かれて、その中に榊や天平甍《ひらか》と称する土器が納められています。

遺跡の発掘調査でも柱穴から土器片が多数出土することがあります。この柱は中世には地上に上半が出ていたといい、神宮におけるもっとも神聖不可侵なものの一つであって、草創期に遡ると考えられています。

島根県にある出雲大社と松江市神魂《かもす》神社本殿はかつては高床式掘立柱建物であり、その両本殿の中央に伊勢神宮の内宮正殿と同じとみられる柱が立っています。記や書紀にも書かれていて、古来その本殿は高大であったといいます。建物は柱間二間の正方形で、床はきわめて高く階段がつき、四囲に縁を周らせています。板扉がつき、板壁で屋根は切妻造り、檜皮葺《ひはだふ》き、破風《はふ》にゆるやかな反りがあり、屋根上に堅魚木三本と千木を置き、その高さは八丈（三〇メートル）あったといいます。その正殿内中央に太い三本柱があり、三本柱を金輪で巻いた造営図には岩根御柱《いわねのみはしら》とあり、慶長一三年（一六〇八）に書かれた『大工秘伝傳書』にはウズノ柱と書かれています。ウズとは「珍」すなわち尊厳を表す言葉であろうと考えられています。平安時代から鎌倉時代に建てた時のことを書いた江戸時代の『出雲大社及び近郷絵図』『出雲大社金輪造営図』を復元すると三本の丸木を金輪で束ねた柱は直径が一丈（三メートル）あり、屋根までの高さ一六丈（約五〇メートル）、階段の長さ一〇〇メートル以上あったといいます。このウズの柱は近年発掘調査によって、その存在が確認されていて、明らかに社であると考えられています。大阪府にある住吉大社では書紀に神功皇后（四世紀前半）が朝鮮の新羅から帰ってから式年遷宮を行い、奈良時代から二〇年毎にこれが行われるようになったといいます。本殿は二柱間×四柱間の大きさで、板壁、板扉、屋根は切妻で、桧皮葺、棟上に千本木が五本と堅魚木があったといいます。

これらのことを行うようになった前には、長野県諏訪大社の前宮、本宮、春宮や秋宮の四ヶ所で斎行されているような神事があったと推定しています。諏訪大社ではそれぞれ最も神聖な場所の四隅に、枝と樹皮を剥いた樅の木を立て神事を行います。この木は神が降臨するときの依代であるとか聖域を示すものとする説があります。

この神社建築の特徴として、[19]『日本神社建築の発達』（伊東忠太　明治三四）で次の四項を上げています。

一、屋根の形が切妻であること　二、屋根を瓦で葺かないこと　三、下地壁すなわち土壁を用い

ないこと　四、装飾が質素なこと。この四項は、前述した礎石の上に木の土台を置いて本殿を建てる形式と高床式掘立柱建物の両方に共通することかもしれません。

ここで記、書紀、風土記などの記録に書かれた「社」「宮」について調べてみると、書紀の斉明天皇五年（六五九）の条に出雲大社について、「出雲国造《いずものくにのみやつこ》に命じて厳神の宮を脩らしむ」とあり、『出雲風土記』では使っていない「宮」を使っています。また『常陸風土記』天智朝（六六二―七七一）に鹿島神宮のことを「初めて使人を遣りて、神の宮を造らしめき」とあります。『大神宝諸雑事記』[20] 持統四年（六九〇頃）には伊勢神宮のことについて、「大神宮御遷宮」として式年遷宮のことを記しています。『一代要紀』に住吉大社のことを「天平宝字二年（七五八）今年始造住吉社」とあり、現在最大級の古い歴史をもつ神社も社殿も多くが七～八世紀頃に常設の正殿を造営しているので、地方の神社の建物も古墳時代に遡るものは極めて少ないものと考えられます。

また「宮」と「社」の字の使い方についてみてみると、『風土記』では、

一、出雲国風土記　風土記の中では最も多く四四〇社あるほとんど全てが「社」と書いている。ただ固有名は少ない。

二、播磨国風土記　多くは「宮」と書いている。波多為《はたい》の杜《もり》、高野の社《やしろ》などもある。

三、豊後国風土記　一ヶ所あるだけで「宮」と書いている。

四、肥前国風土記　多くは「社」と書いている。「杜」もあり、「神の社」を使う。「宮」は少しある。

五、常陸国風土記　「国の社」「杜」と九ヶ所書いている。「宮」は二ヶ所使う。

六、摂津国風土記（以下逸文）「神社《やしろ》」と書く。
七、山城国風土記「社」と多く書く。
八、伊勢国風土記「社」と書く。
九、尾張国風土記「社」と書く。「熱田の宮」も書く。
一〇、丹波国風土記「社」と書く。
一一、備後国風土記「社」と書く。
一二、土佐国風土記「社」と書く。
一三、肥後国風土記「社」と書く。
一四、日向国風土記「社」と書く。「日代の宮」も使う。

以上のように『風土記』ではほとんど「社」と書かれています。特に出雲国風土記に多くあります。他の国でも「社」が多く書かれているが例外的に「宮」と書くこともあるのは、大和政権の支配層が使った影響を受けていると考えられます。また平城宮のように官衙などにも使われています。地方では「社」を使っているようで、山梨県の「酒折宮」と記や書紀で書いているのは、新しい要素が入っているものと思われます。

以上のように、古い神社に六～七世紀頃に建てた掘立柱の遺構があったり、神社の創建時の記録が残っているものもあります。国内で発掘調査された大規模な遺跡で、整った祭祀的建築群を発見した例を、筆者の目にふれた少ない範囲ですが上げてみたいと思います。

古墳時代前期・四世紀後半の鳥取県長瀬高浜《ながせたかはま》遺跡では二列の柵で方形に囲まれた内に、長軸二四・六メートルの前方後方形に溝を掘り、その内に二棟の掘立柱建物と竪穴住居跡があります。一棟には後方部溝の中にさらに柵を囲った一柱間×一柱間の掘立柱建物がありました。柱穴の直径は四八～一四四センチメートルと大きく、一柱間は平均約四・八メートルでした。その南側に梯子を立てた穴があったので、高床式建物であったと考えられています。遺物は鉄斧、鉄鏃《てつぞく》、管玉未製品、素文鏡《そもんきょう》や土師器が溝や柱穴の中から出土しました。穀物倉庫とは考え難く、社であろうとされています。

同じく古墳時代五世紀の兵庫県神戸市松野遺跡では、日常生活の場から離れた所に、三九メートル×三四メートルの塀や柵で囲まれた方形区画を独立して設け、この内に独立棟持柱をもつ掘立柱建物二柱間×三柱間があり、その前に三柱間×四柱間の掘立柱の建物があります。現在の神社形式である本殿と拝殿の配置によく似た遺構が発掘されています。他にも溝に囲まれた掘立柱建物や三棟の掘立柱建物などがありました。

五世紀前半の和歌山市鳴滝《なるたき》遺跡[21]には渡来系氏族の村に大倉庫群があります。中に棟持柱をもつ二柱間×三柱間の高床式掘立建物があり、朝鮮半島からの移入とみています。また五世紀の大阪市長原遺跡では〇・五メートル～一メートル巾の溝が一部柵を伴って発見されました。この内には独立棟持柱をもつ総柱建物や掘立柱建物（三柱間×二柱間）に梯子の穴をもつ高床式建物があり、ここから祭祀遺物である有孔円板、剣形、勾玉、臼玉、紡錘車などの滑石製模造品やガラス玉などが出土しました。やはり祭祀が行われた場所であろうと考えられています。

以上のシンポジウムのコメントで、考古学者・都出比呂志《つでひろし》氏は、祭祀にかかわる建物はその祭祀として農耕儀礼、首長霊の祀り、死者の祀り、境界儀礼、航海の安全祈願など様ざまな儀礼が行われたものと考えていて、その遺構は東日本と西日本では地域差や時間差があるものとみています。この他に佐賀県の有名な弥生時代後期の吉野ヶ里遺跡では大規模な高床式建物を復元し、女性の祭司が忌術をしている場を展示しています。また奈良県纒向《まきむく》遺跡でも弥生時代後期の祭政一致を行ったと考えられている遺構が前述したように発見されています。

祭祀で用いられた祭具[22]は、伝統的に伝えられると考えられています。八〇四年（延暦二三）に成立した『皇太神宮儀式帳』に載る律令祭祀の祈年祭で捧げられた幣帛と古墳時代五世紀の供献品や祭具は、系統的に連続する要素が多く、これらは古墳時代まで遡及させることが可能で、紡織具、刀形、船型等の木製祭祀用具、鉄せん、農・工具、鉄製武器、杵、臼等の調理具、琴など多様な遺物が確認されるようになったといいます。

以上のような大規模な祭祀遺跡は、山梨県内では発見されていません。都出比呂志氏が指摘したように本県では関西方面より遅れて、平安時代頃から大規模祭祀が行われるようになったのではないかと思われます。

二　山梨県内初期の杜

発掘調査された社建築

棟持柱がある高床式掘立柱建物に注目して考察を進めてみたいと思います。

社建築における初現期の姿は掘立柱を立て高床を張り、屋根は地上に着かない建物で、特に棟持柱があって、それが柱穴列から外に突き出している独立棟持柱があることが有力視されています。ヤマトタケルが立寄ったといわれる酒折宮があったとすれば、山梨県内で発掘調査された古墳時代前期の遺跡にこのような建物跡がなければならないと考えられます。二〇〇五年頃までに主に刊行された発掘調査報告書から抽出した結果からまとめてみたところ四三遺跡で二九〇棟の掘立柱建物跡が検出されています。そのほとんどは奈良時代と平安時代のもので、古墳時代の掘立柱建築物は甲府盆地より西の韮崎市坂井《さかい》南《みなみ》遺跡で五棟、甲府市内の塩部遺跡で二二棟、甲府盆地東部の西田遺跡で一棟、松本塚ノ越遺跡で四棟の四遺跡三二棟です。その他は全て奈良時代と平安時代に建てられています。県内では掘立柱の多くが甲府盆地西部、八ヶ岳山麓で発掘されたことが特徴で、弥生時代～平安時代における集落遺跡のほとんどで発見されています。しかし甲府盆地東部では一遺跡で多数の掘立柱建物が検出された例もありますが、検出されなかった遺跡がほとんどです。この傾向は今後発掘調査が進んでも変わらないと思われます。ただ近年発行された発掘調査報告書は調べられなかったことと、調査洩れもあるかも知れないことを付記しておきます。

これらの遺跡のうち、掘立柱建物がある古墳・奈良・平安時代の集落遺跡、祭祀的遺構や遺物が発見された遺跡など重要な遺跡を代表例としてとり上げてみましょう。内容は遺跡名とその所在地、景観、遺構、遺物の状況、掘立柱の状況をあげていきます。

西田町遺跡《にしだまち》　笛吹市一宮町竹原田《たけはらだ》（一九九七・一九九八年『西田町遺跡発掘調査団報告書』）

景観／笛吹川と金川《かねがわ》の複合扇状地扇端にできた氾濫原の微高地上にある。南西田遺跡に隣接し、付近には多くの弥生～平安時代の遺跡があり、国分寺、尼寺にも近い。

遺構・遺物・時期／竪穴式住居跡は奈良時代七軒、平安時代一八、他六、掘立柱建物九棟などである。南西田遺跡でも平安時代住居跡五三、掘立柱建物二棟など、西田遺跡でも古墳時代住居跡七、掘立柱建物一棟、方形周溝墓五基などが検出された。多量の土師器、中国製磁器、渥美陶器などが出土した。掘立柱建物は一柱間×二柱間が二棟、一×三が一棟、一×五が二棟、二×二が二棟、二×三が一棟、二×五が検出された。この内棟持柱が突出した建物はなく、柱穴はほぼ全てが円形であり、中から一一世紀～一三世紀頃の土師器の破片が多く出土したことが注目される。西田町遺跡の三号竪穴住居地（一一～一三世紀）は四囲に石列がある。この上に木の土台を置いた建物があったと考えられ、朝鮮半島文化の影響を受けたものと見られる。

三ヶ所遺跡《さんかしょ》　山梨市三ヶ所《さんがしょ》

景観／甲府盆地北東部にある笛吹川沖積地上にある。この広い平坦地には多くの弥生時代末から平安時代までの遺跡が埋没しているとみられている。

遺構・遺物・時期／平安時代の竪穴式住居跡七軒、掘立柱建築物跡一〇棟などを検出。三号住居跡から「塩毛」と線刻された高台が出土し、「塩筒」ではないかと推測されていて、神饌用具だったと考えられていることは注目され、神道関係の遺物だとすれば、本県では貴重な発見である。掘立柱の大きさは一柱間×二柱間が一棟、二×二が一棟、三×三が二棟、三×四が一〇棟、南面庇付三間が二棟、他四棟で九世紀後半〜一〇世紀前半までの時期である。

松本塚ノ越遺跡《まつもとつかのこし》　笛吹市石和町松本

景観／笛吹川沖積地上あり、約一〇〇軒の竪穴式住居跡が密集した中に貧弱な掘立柱建物跡二柱間×二柱間が二棟検出された。古墳時代後期六世紀〜七世紀を主とする土師器が多量に出土した。

石橋条里制遺構第一地点　笛吹川境川町《さかいがわ》三椚《みつくぬぎ》字西川町

景観／甲府盆地東部にある境川扇状地の扇端近くにある。地下水が表層にあり、小礫混じりの地質はあまり良くない。広い条里型地割がある地域の上端に位置し、同第Ⅱ地点が近くにあり、一一世紀頃の竪穴住居跡七軒が九〇メートル×一八〇メートル四方の堀状遺構に囲まれ、土師質土器、土師器や須恵器と瓦質土器の中間的なものや瓦質土器、青磁、陶器なども出土した注目すべき遺跡である。南の丘陵にある沢には須恵器の窯も発見されている。

遺構・遺物・時期／奈良時代から平安時代中期の竪穴式住居跡五軒、掘立柱建物跡九軒や配石遺構、曲物で作られた井戸二基などを検出した。掘立柱の柱根が二四本残っていた。多量の土師器と踏鍬などの木製品も出土した。掘立柱建物跡九棟を大きさで分けると一柱間×一柱間が六棟、二×三が二、三×三が一棟、二号掘立柱建物二柱間×三柱間には円形の柱根七本が残存していて、一本の棟持柱が外側に突き出ていて、その反対側の棟持柱穴がなかった。二号建物柱穴が最も大きくしっかりした建物で、この建物だけが他の掘立柱建物群と離れている。四号建物は三柱間×三柱間で、太い九本の柱根が残っていて、この内四本は方形の断面で柱根が等間隔になっている。柱根は全て下方（西）に傾いていて上部は土石流で覆われていたので洪水で流されたとみられる。ここからは手捏土器と礎板が、二号建物からは土製模造管玉一、同棗玉二、砥石一や高台付杯など祭祀遺物が出土していて、神道関係の建物であった可能性が大きい。二号建物と四号建物の柱の製作方法がよく似ている。

以上の三遺跡は盆地東部では掘立柱建物が最も多く検出された注目すべき遺構がある。

桜井畑《さくらいばた》付近の遺跡　甲府市横根町

景観／大坪遺跡は過去数回にわたって数カ所で発掘調査が行われていて、その小字毎に上土器遺跡、川田瓦窯跡、桜井畑遺跡、東畑遺跡など遺跡名がつけられている。この範囲は北山を背後として、笛吹川、相川や平等川に挟まれた湾型の沖積層、特に粘土質土壌が堆積した平坦地となっている。この地域全体では古墳時代前期の低墳丘墓や、後述する前期後葉五世紀後半に比定されている二基の帆立貝型の前方後円墳の地割りがあったり、竪穴式住居跡が発掘されている。北の山麓、中腹や尾根には後期後葉を主とした積石塚古墳の群集があり、これらは五世紀後半から八世紀までに築造された約一六〇基に及び、中には土盛の古墳もある。

この石室の形態などからも渡来系文化をもった人達の古墳とみる意見が有力です。ここは『倭名類聚集』（九三〇年代）に記されている「山梨郡表門郷」と考えられています。古墳時代後期七世紀から平安時代にかけて土器を大量生産した大坪遺跡、七世紀白鳳時代に創建された笛吹市春日居町の古代寺院（寺本廃寺）に瓦を供給した川田瓦窯跡、一宮町にある国分寺の瓦を焼いた上土器瓦窯跡などがあります。昭和時代まで瓦の生産地でもありました。

桜井畑遺跡　甲府市和戸町桜井町
景観／前述のとおり。
遺構・遺物・時期／奈良・平安時代の竪穴住居跡七軒や古墳時代前期の方形低墳墓（低墳丘墓）三基や溝、掘立柱建物跡一棟などを検出した。住居跡からは「寺」の他「甲斐国山梨郷表門」と書かれた墨書土器が出土した。甲斐型土師器、瓦、陶器、金銅製品、須恵器などが多量に出土した。掘立柱建物跡　二柱間×四柱間で南に一間の庇か廊下がつく建物一棟、大きい柱穴の中に円形の柱根穴があり、堅固で正確な建物である。棟持柱の柱穴はやや外に突き出しているが、柱根穴は梁行と直線で結ばれる。この柱穴から九世紀後半頃の土師器杯が三二点出土し、この中の二一点は灯明皿である。
以上の状況から仏教的祭祀が行われたとみられています。

榎田《えのきだ》遺跡、塚本遺跡　甲府市千塚
景観／甲府市北西部にあり、荒川扇状地扇央にある。
遺構・遺物・時期／前者からは古墳時代竪穴住居跡一二軒と弥生・奈良・平安時代の竪穴住居跡一六軒、古墳時代方形周溝墓一四基と一柱間×二柱間の掘立柱建物を検出し、多量の土器の中には北陸系土器も出土した。後者は弥生時代竪穴住居跡二二軒や、奈良・平安時代の竪穴住居跡などと弥生時代〜古墳時代の方形周溝墓六基、時期不明の掘立柱建物跡を検出した。また緑釉陶器など貴重品が出土した。

塩部《しおべ》遺跡　甲府市塩部二丁目

景観／甲府市北西部にあり、相川扇状地の扇端にあって、かつては塩部田んぼと呼ばれた平坦地にあるが、古地形は扇状地上に形成された自然堤防、後背湿地、旧河道などがある複雑な起伏をしていた。この遺跡はこの西に隣接している山梨県教育委員会が発掘調査した飯田一丁目遺跡などを含む五〇〇〜七〇〇メートルの範囲に広がっているとみられている。山梨県教育委員会の調査報告書によると、弥生時代後期の竪穴住居跡一軒や溝などがあり、古墳時代前期を主とする方形周溝墓十一基と奈良・平安時代の竪穴住居跡七軒などを検出した。古墳時代前期に造られた方形周溝墓から四世紀から五世紀頃の土器と伴に馬の歯が出土した。この歯は国内では最も古い部類に属するとみられていて、甲府盆地は馬の先進的飼育地であったと考えられている。

遺構・遺物・時期／弥生時代末期から古墳時代の竪穴住居跡二〇軒、方形周溝墓二基や掘立柱建物二二棟などが多数検出され、掘立柱建物跡が規則的に配置されていたので、一定の計画に基づいて形成された大規模で濃密な集落跡があることが推定されるという。遺物は折返し口縁の壷、S字状口縁台付（S字状の口縁部、丸い胴部、台部からなり、三〜四ミリと極めて薄く、細い条線が描かれている古墳時代前期の特徴的な土器、煮炊きに使う）など弥生時代末から古墳時代前期の土器が出土している。掘立柱建物跡は一柱間×一柱間が七棟（二、六、八、二一号他）、一×二が一七棟（一、三、四、九、一〇、十一、一三〜二〇、七?・二二?・一二?・号）二×二が一棟（五号）である。棟持柱の柱穴が外に突き出した建物はない。柱穴の平面形が方形と円形である建物六棟（三、一二、一三、一四、一七、二二号）がある。この中で柱の礎板が柱穴の底に置かれていた三号は一柱間×二柱間、六号は一柱間×一柱間である。棟持柱があるのは五号の二×二、一七号の一×二である。柱穴の中からS字状口縁台付甕の口縁など、古墳時代前期の土器片が少量が出土している。全体的に柱穴間が規則正しい長さで丁寧さが見られる。ここから酒折宮は四キロメートルほど離れているので、酒折宮に比定することはできないでしょう。柱穴が四角であることは柱が角材であったことを意味するかもしれない。

以上にあげた甲府市内と盆地東部にある掘立柱建物を検出した遺跡について概要をまとめて、若干の考察をしてみます。

高床式掘立柱建物の概況

笛吹市一宮町と甲州市熊野に広がる西田、西田町遺跡[23]で、掘立柱建物一〇棟が検出されています。この遺跡は濃密で広い範囲に及ぶようです。西田遺跡はS字状口縁台付甕を主とする遺物が出土しているので、四〜五世紀を中心とするが西田町遺跡は奈良時代から平安時代頃としています。掘立柱建物跡の柱穴から土師器が出土したのは五棟あり、祭祀的行為が行われたと思われますが、一一世紀〜一三世紀に相当する建物とされているので、ヤマトタケルより新しい時期であります。笛吹市一宮町竹原田にある西田遺跡三号[24]竪穴住居跡で検出された列石は、建物を建てる木の土台を置いたであろうと思われ出土した土器からも渡来系民族と深い関係がある遺跡とみられることは前述したとおりです。

次に山梨市にある三ヶ所遺跡[25]では掘立柱建物跡が一〇棟検出されています。このうち南面庇付掘立柱建物からは神道的祭祀遺物とも考えられる平安時代の墨書土器が出土しています。そして笛吹市境川町三椚にあった石橋条里制遺構[26][36][38]に伴う遺跡では、奈良・平安時代の竪穴住居跡五軒や曲物を使った井戸二基などがある七世紀後半～一〇世紀前半の集落が調査されました。甲府盆地中央とその東側で、突き出した棟持柱の柱穴がある建物を検出した遺跡はここだけで、掘立柱建物跡が社らしい遺構とみられる最も顕著な例です。こうしてみると盆地中央とその東部では神社建築が始まったのは奈良・平安時代からかも知れません。盆地西部、八ヶ岳山麓方面より遅いのではないでしょうか。

この他にも掘立柱建物が検出されなかった古墳・奈良・平安時代の大小の集落跡も多く発掘調査されています。この中には甲府市甲運地区にある山梨学院大学川田運動場遺跡群[37]では古墳・奈良・平安時代の多くの竪穴住居跡や溝などが出土した六万平方メートルが発掘調査され、甲府市音羽遺跡など扇状地に広がる多くの遺跡群の調査が行われていますが、掘立柱建物は検出されていません。掘立柱建物跡がない遺跡が多いことも甲府盆地西部や八ヶ岳山麓方面にある遺跡と違う点です。

約一六〇基もの積石塚古墳[39]が、甲府盆地北側にある山麓、山の中腹や尾根に群在しています。古墳時代前期の古墳も少しみられますが、そのほとんどは後期古墳で、六～七世紀に築造されたとみられている。これらは朝鮮半島などから移住して来た渡来系民族によるものと考えられていたり、この近くで大量の土師器を生産した住民によって築造したとの説が有力です。甲府市和戸町と上阿原町には帆立貝型の前方後円墳三基と円墳二基があったとみられ、いずれも前期古墳であると考えられます。これについては後述します。

笛吹市一宮町にある大原遺跡では、平安時代を主とする竪穴住居跡三五〇軒と祭祀遺物である約一〇〇箇の手捏土器、五〇点以上の剣形、白玉などの石製模造品が発見されていますが、掘立柱建物跡はありません。

今までに山梨県において発掘調査で検出された掘立柱建物跡は二柱間×二柱間前後の大きさがほとんどで、大きい建物でも三柱間×四柱間くらいです。神殿が掘立柱建物であったとすれば、現在の神社にあるような本殿、幣殿、拝殿や社務所が整っていたとは考えられません。従ってヤマトタケルが従者を伴って宿泊できるような宗教施設があったとは考えることはできません。このような施設ができるのは後の時代になってからであると思われます。酒折宮がヤマトタケルが来た時に仮に存在したとしても、小さい本殿か祠があった程度のもので、ここをヤマトタケルが訪ねたとは考えられません。

甲府盆地西部、韮崎市、八ヶ岳山麓地方の遺跡

宮間田《みやまだ》遺跡　北杜市（旧武川村）三吹字宮間田（武川村教育委員会一九八八）

景観／秩父山地の一部金峰山《きんぷさん》、瑞牆山《みずがきやま》と南アルプスに挟まれて流れる釜無川（富士川）の右岸、南アルプス側にある真衣野郷の一部である。

遺構・遺物・時期／九世紀第三四半紀～一三世紀の大集落の一部、竪穴住居跡九四軒、掘立柱建

物跡四五棟、小鍛冶遺構などと土師器、須恵器、陶器、金属器などが多量に出土した。「神」と書かれた土器二点が出土、このうち一点は刻書で住居跡から出土した。神道に関連した字は鋭い刀状のもので刻書されていることが多い。掘立柱建物集落の中心に付き三柱間×五柱間の最大の総柱建物が一棟あり、棟持柱がある掘立柱建物二柱間×二柱間が集落の北東隅に、平安時代の総柱建物と大型の掘立柱建物三柱間×三柱間が南西にある。その他一柱間×二柱間が十一棟、一×三が一〇棟、一×四が一棟、二×二が八棟、二×三が一三棟、三×五が一棟（庇《ひさし》を含む）がある。このうち三号建物は南北に長い一柱間×三柱間で北側の柱穴が外に突き出している。四二号建物は不整方形の柱穴をもつ南北に長い二柱間×三柱間で、北側の棟持柱が突出しているしっかりとした建物である。

上ノ原遺跡　北杜市（旧須玉《すたま》町）江草《えぐさ》、（上ノ原遺跡発掘調査団一九九九　須玉町教育委員会）

景観／八ヶ岳に対峙する茅ヶ岳《かやがたけ》の西麓にある河岸段丘《かがんだんきゅう》上には古墳時代〜平安時代の遺跡が広く分布している。この上流域では側柱式建物や総柱式建物が発見されている。

遺構・遺物・時期／縄文時代の竪穴式住居跡と同時期の掘立柱建物一柱間×二柱間が五棟、一×三が一棟（一〇号）二×三が一棟（一四号）は独立棟持柱があり、その柱穴は極端に突き出している。一四号の柱穴底には礎石が置かれていた。縄文時代のこのような遺構は少ないが他にも例がある。独立棟持柱があり、柱穴列から外に極端に突き出していることが特徴である。平安時代になってからは数軒の竪穴住居跡がそれぞれ一棟の棟持柱建物をもつことが特徴で、二柱間か三柱間の建物を基本としているようだ。一柱間×三柱間が一棟、二×二が二棟、二×三が八棟でこの内二×三の一棟は両方の、二×二の一棟は片方の棟持柱の柱穴が突き出している。

青木北遺跡《あおききた》　北杜市（旧高根町）村山北割字西横森（山梨県教育委員会一九九二）

景観／八ヶ岳南麓の裾部中腹にある広大な傾斜面に散在する平安時代遺跡群の上（北）部にある。高根町教育委員会が一九八三年に発掘調査した東久保《ひがしくぼ》遺跡と同一集落である。東久保遺跡からは竪穴住居跡三三軒、掘立柱建物七棟が検出された。また鍛冶工房も検出し、カジベーシ（鍛冶林）という地名で呼ばれている。

遺構・遺物・時期／九世紀後半～一〇世紀後半頃の竪穴住居跡一二軒、掘立柱建物跡五棟を検出した。このうち、住居跡一棟には柱の礎石が置かれていて、朝鮮半島文化の影響を受けたものと考えられた。「上」と書かれた墨書土器が多く出土していて、特に礎石がある大きい竪穴住居址から出土している。掘立柱建物跡は一柱間×一柱間が二棟、二×二が一棟、二×三が二棟あり、一〇号と十一号建物は竪穴住居跡群から少し離れた高い場所にある。一〇号建物は棟持柱が突き出していて、各柱穴は不整方形で大きく、柱間は正確に同距離で、しっかりした感じである特別な建物で社ではないかとみられた。二号は一〇号と重複している総柱建物二柱間×二柱間で、柱間は正確でしっかりした建物であろう。

宮ノ前遺跡　韮崎市藤井町坂井字宮の前他（韮崎市教育委員会　一九九二）

景観／宮ノ前第三、後田《うしろだ》、北後田、堂の前《どうのまえ》などの遺跡に接近している。甲府盆地の北西端、南アルプスと八ヶ岳に挟まれて七里岩台地と片山との間に広がる低平地で、水利がよく肥沃な土地で、藤井五千石といわれる大穀倉地帯に縄文時代～平安時代の濃厚な大遺跡が数カ所ある。この中で最も大きい遺跡で、古代巨麻郡の中心地と考えられている。

遺構・遺物・時期／奈良・平安時代の竪穴住居跡だけでも四〇〇軒以上、掘立柱建物は五四棟以上を検出し、範囲は一八〇メートル×一六〇メートルある。近接した遺跡を入れると竪穴住居跡が四五〇軒以上と掘立柱建物跡が六〇棟以上になる。この集落から少し離れた場所にある浅い溝の中から五〇～三〇センチメートル大の礫を平の面を上にして並べた石列を検出した。これは礎石建物の土台であった可能性が高く、前述した礎石がある竪穴住居跡ではないかと思われる。ここからは多量の土師器が出土し、「寺」と線刻した土器や、佛教と深い関係があるといわれる則天文《そくてん》字、篆《てん》書体の字形がある墨書土器などや「祝《はふり》」と線刻した土師器二箇（一箇は三一九号住居）も出土している。「祝」は神道関係の遺物と思われる。掘立柱建物跡集落の北側に多い。五四棟が検出され、内訳は三柱間×三柱間が九棟（一七％）、二×三が二八（五二％）で他は二×二と三×四である。集落から北西五〇メートルに三棟があり、そのうち一棟は三柱間×四柱間で最大の総柱建物であり、柱穴は方形でしっかりしている。方形の柱穴には角材の柱が入っていたのではないかと考えられ、そうであれば骨組構造もほぞを彫った角材を組合せたと思われる。中にはこの掘立柱建物に二軒の竪穴住居跡を伴う特殊なものもある。北側にある溝を挟んで六棟の掘立柱建物跡と九軒の竪穴住居跡がある所もある。棟持柱が突き出しているのは三七号建物で、二柱間×三柱間で集落の南部にあり、特に目立った存在ではない。建物の柱穴はほとんど方形か不整方形であって、しっかりした感じを受けるのは前述した構造によるところではないだろうか。なお宮の前第三遺跡、後田遺跡、北後田遺跡には棟持柱が内側に突き出していたり、外に突き出している反対側は内側に突き出したりしている建物もある。宮の前第二遺跡では多量の瓦片などを伴い仏堂風の四面廂付（廊下か）の八世紀の掘立柱建物跡が検出されている。

県内の注目すべき掘立柱建物跡

掘立柱建物などがなかったり、少ない大規模な集落遺跡もあります。例えば南アルプス市櫛形地域にある村前東A遺跡では古墳時代前期を主とする一二〇軒以上の竪穴住居跡が発見されましたが、一柱間×一柱間のような貧弱な掘立柱建物が十一棟検出されただけだったり、韮崎市七里岩台《しちりいわ》地上にある坂井《さかい》遺跡では、弥生時代末から古墳時代前期の大集落でも掘立柱建物は五棟検出されただけでした。八世紀以後になると一般的には別表のように掘立柱建物跡はますます増加していく傾向にあります。そしてこの時期になって、独立棟持柱がある建物が建てられるようになりました。掘立柱建物が建てられ始めた頃は、穀倉などであった可能性が高く、奈良時代ごろも宗教的建物が建てられたかどうか確定することは難しいですが、社殿や仏殿が建てられたのは、この時代以後になってからだろうと考えられます。

掘立柱建物跡の概況

平面形態は三柱間×二柱間が全体の五〇％、二柱間×二柱間が二四％を占めています。ただ一柱間の長さは一八〇センチメートルくらいが多いですが一定していません。これらのうち三柱間×二柱間や二柱間×二柱間の平均面積は一五～二六平方メートルくらいで、やはり一定していません。

	現在地	遺跡名	棟数	時期等
甲府盆地東部・甲府市	甲州市　熊野	西田	2	古墳時代前期が主、住居跡
	山梨市　江曽原	江曽原	4	
	山梨市　三ヶ所	三ヶ所	10	9世紀後半～10世紀前半、神饌甲坏
	笛吹市一宮町	竜ノ木	1	9世紀？
	笛吹市一宮町	南西田	2	不明
	笛吹市一宮町　坪井	南西田	2	9世紀前半～10世紀後半
	笛吹市一宮町　東原	西田町	9	奈良時代～9世紀初
	笛吹市一宮町　国分	国分尼寺北	10以上	8世紀
	笛吹市石和町　松本	松本塚越	4	6世紀後半～11世紀前半
	笛吹市境川町　三椚	石橋条里第1地点	9	7世紀後半～10世紀前半
	笛吹市御坂町　成田	地耕面	3	平安
	甲府市　桜井町	桜井町A	1	9世紀
	甲府市　桜井町	桜井畑	1	9世紀後半より前・祭祀遺構か
	甲府市　桜井町	大坪	2	8世紀前半、古墳時代か
	甲府市　桜井町	大坪	3	平安時代
	甲府市　塩部町	塩部	22	弥生時代末～古墳時代前半
甲府盆地西部・韮崎市八ヶ岳南麓	南アルプス市　櫛形地区	メ木	4	9世紀～10世紀
	南アルプス市　櫛形地区	鋳物師屋	2	9世紀？
	南アルプス市　櫛形地区	村前東A	4	9世紀～10世紀
	南アルプス市　櫛形地区	十五所	1	弥生時代、方形周溝墓の上
	南アルプス市　櫛形地区	長田中	2	弥生時代～古墳時代初
	南アルプス市　若草地区	新居道下	3	平安
	南アルプス市　八田地区	大塚	1	奈良時代～平安時代
	南アルプス市　八田地区	立石下	4	
	韮崎市　藤井町	隠岐殿	3	弥生時代～古墳時代前期
	韮崎市　藤井町	坂井南	5	主に古墳時代前期・平安
	韮崎市　藤井町	宮ノ前第三	1	9世紀前半～9世紀中葉
	韮崎市　藤井町	後田	1	9世紀前半～中葉
	韮崎市　藤井町	北後田	4	8世紀～10世紀
	韮崎市　藤井町	宮ノ前	54	8世紀～10世紀
	韮崎市　藤井町	宮ノ前第二	5	8世紀～9世紀
	韮崎市　円野	半経田	1	9世紀か
	北杜市　須玉地区	上ノ原	12	9世紀～10世紀、縄文時代掘立柱建物
	北杜市　武川地区	宮間田	45	9世紀～10世紀
	北杜市　白州地区	所帯Ⅰ	4	9世紀？
	北杜市　白州地区	所帯Ⅱ	4	9世紀？
	北杜市　小淵沢地区	前田	5	9世紀～11世紀前半
	北杜市　須玉地区	桑原南	3	
	北杜市　高根地区	湯沢	12	平安時代
	北杜市　高根地区	青木北	5	9世紀～10世紀後半
	北杜市　高根地区	東久保	7	9世紀～10世紀後半
	北杜市　大泉地区	木ノ下、大坪	2	9世紀～10世紀
	北杜市　大泉地区	寺所	3	10世紀？
	北杜市　大泉地区	東原	2	9世紀～10世紀
	北杜市　長坂地区	柳坪	6	9世紀～10世紀
合　計		45遺跡	289以上	

第１表　県内の古墳・奈良・平安時代の掘立柱建物一覧表 (40)～(43)

たくさんある掘立柱建物から神社関係建物を選び出すことは、その基準がないので非常に困難です。柱穴が並ぶ形態や位置などでは、その建物の性格・用途が神社関係か仏閣、倉庫、住居かなどの区別がつき難いのが実状です。また伴出する様ざまな遺物が土器、柱根、鉄製品、装飾品、祭祀具などが発見されても少ないことがほとんどです。特に高床式建物でも床が高い場合は遺物が残ることが少ないと思われます。このような条件下でも神祇関係の遺物が出土すれば、社的祭祀をしたであろうことが推測できたり、棟持柱があって、これが柱穴列から外に突き出していたりすれば、歴史的にはある程度社であったことが推測できます。これらの建物から神社建築として有力な遺構である棟持柱を立てた柱穴が両側（一部片側）に明らかに突き出しています。特に注目される掘立柱建物を選ぶと北杜市（旧高根町）にある青木北遺跡一〇号建物と北杜市（旧須玉町）にある上の原遺跡のC七号建物、やや突き出している建物として同遺跡A二号建物、同C十一号建物、笛吹市境川町にある石橋条里制遺構第一地点二号建物（片方のみ）の五棟があげられます。例外的なものとして、韮崎市宮ノ前第二遺跡にある四号建物からは瓦や瓦塔が伴出していて、五柱間×四柱間の四面付の寺院と考えられるものがあります。

三　ヤマトタケルが訪ねた酒折宮はあったか

酒折宮の所在地は、考古学研究が進んで、甲府盆地にある古墳や集落遺跡の発掘調査などの成果によって明らかになりつつあり、考古学の立場では酒折宮は現在地にあったのではないとする考え方も少なからずあります。また古代史研究をされた磯貝正義氏は、酒折宮は笛吹市八代町の上（東部）にあったのではないかと考えておられるようです。八代町永井に住んでいた斉藤儀三郎氏は、永井天神社が酒折宮であろうと判断しました。

酒折宮の歴史

本論で取り上げる「酒折宮」は古事記（七一二）第一二代景行天皇の条に載せられているのが始まりです。その内容は、酒折宮で東征に来たヤマトタケルが御火焼之老人《みひたきのおきな》に「新治筑波《にひばりつくば》を過ぎて幾夜か寝つる」と問いかけたのに対して、ヤマトタケルを迎えたこの老人は「日日並《ひがな》べて、夜には九夜日には十日を」と答えました。歌の意味は「茨城県の新治・筑波を旅立ってから酒折宮まで幾泊したのだろうか」との問いに「日数を重ねて数えますと九泊一〇日でございます。」と答えました。この問答歌が後に連歌といわれるようになったのです。この問答が少し理解に苦しむのは、ヤマトタケルと御火焼之老人（書紀では秉燭者《ひともせるもの》）が、逆の立場でなければおかしいという説に対して磯貝正義氏はこの老人はヤマトタケルに同伴した人物ではないかと解釈しています。

古事記以後に「酒折」がみえるのは永禄四年（一五六一）の古文書の記録に「酒折村」とあるのが最初とみられています。江戸時代になってからは慶長八年（一六〇三）、慶安二年（一六五〇）[44]、貞享二年（一六八二）、慶応四年（一八六八）などがあり、字は「坂折村」「酒折宮古地」などと記されています。江戸時代には「坂折」とも書かれていて、かつては「酒」ではなく「坂」であったのではないかと推測できます。昔は宛字を書くことがよくあります。つまり坂を下りた所「坂下り」という意味ではなかったでしょうか。江戸時代の本居宣長は『古事記傳』（一七九八）で、「酒折宮、名ノ義未ダ思ヒ得ズ（若シは坂折りの意か、又酒折正字ならば、八鹽《やしお》折之酒と云あれば、折とは酒造るに云フ言か、此ノ地若シ酒造るに因れる名ならば、初メ然る由ありし処なるべし（注、最初からそれなりの由緒がある処であろう）。今山梨郡に酒折村ありて、酒折ノ天神と云う社あり……八幡社もあり、往時の宮の趾をば、今古天神と云りと云り」、一説には酒折とはかつて酒を造っていた所をいうとの説もありますが、それに因む地名や事象もないといわれています。また大正六年（一九一七）に社殿は焼失しましたが、その旧跡は現在地より四～五〇〇メートルほど上の山腹にあり、古天神の地といわれていて、石祠が一棟あります。この古天神が南に盆地をみる山の中にあることは、坂を下りた所にあるというイメージとは全く合致しません。故にその所在地を別と考える理由の一つでもあります。後述するように古事記を編纂した時点には、盆地側から見ると神奈備《かんなび》型の山にみえるその山裾に、自然物「山」を崇拝する信仰対象である祠があったのかも知れません。山梨県考古学協会名誉会長・末木健氏は「甲斐のヤマトタケル伝承」で、七世紀に入って設置された国府の最初の位置とされる笛吹市春日居町国府などと考えあわせ、甲斐九筋《かいくすじ》の道は、皆酒折を中心に割出されていて、交通の要所であったので、現在の酒折宮が記や書紀などの伝承を背景として、次第にその規模をふくらませたのであろうとしています。筆者はこの時期を国府が設置された頃から古事記が編纂された間ではなかろうかと考えています。

甲斐国では至る所で土饅頭《どまんじゅう》のような形の神奈備型の美しい山を望むことができます。酒折宮をはじめ、幾つかの神社も甲府盆地北側にある神奈備型の山の麓や中腹などにあり、磐座《いわくら》と思われる大きな石も散見できます。江間忠氏は『甲斐の古社をたずねてNO3』（昭和六二）で、現地踏査をした様子を以下のように書いています。抜粋した所を若干順序を変えて上げてみると、甲府市の東北に伴部《ともべ》山または八人山という山の麓で、盆地より少し高い台地に酒折宮はあります。この山を含む支脈全体を御室《みむろ》山といい、大和三山の一つ三輪山と同じように、その山麓にある大神《おおみわ》神社に様子が似ています。笛吹市御坂町二宮にある二宮神社も大和の物部氏を祀る大神神社から勧請されたといわれています。同市石和町松本の大蔵経寺山《だいぞうきょうじやま》の麓に物部神社があります。物部神社は古代甲斐国では最高の社格を持ち、延喜式（九〇七）内社で、貞観五年（八六三）に従五位、同八年（八六六）に従四位、天慶三年（九四〇）に従三位となりました。社記に物部氏の祖先が祀ったものでしょう。JR石和温泉駅前にある神田という小字名は物部神社の社領だった名残りです。神社は隣接する大蔵経寺の墓地に囲まれていて、寺の説明板にかつては神社の宮寺であったといい、奈良時代頃まで遡る神仏習合時代に創建されたといいます。

十社《じっしゃ》明神ともいわれ、かつては御室山の山頂にあったといい、山頂には巨石が累積していて、三つ組の岩が境界線となっていて、これは磐座《いわくら》でありましょう。また物部氏が甲斐国歴史に重要な影響を与え、酒折宮伝承にも結びつけられています。この近くにある松本塚越遺跡では、古墳時代中期から平安時代の竪穴住居跡一〇七軒などが発掘調査されています。

大蔵経寺山の東に神奈備型に見える山を神体山とする山梨岡神社があります。本殿は国の重要文化財に指定されていて、延喜式内社であり、「郡石《こおりいし》」と呼ばれている畳一畳くらいの粘板岩を柵の中に寝かせ、安置してあります。八代町南、北熊野神社にあるものと同じで、このことについては後述します。この神社にもヤマトタケル伝説があり、ヤマトタケルがこの神社に立寄って、沓（わらじのことか）をはき替えて、盆地の沼地を通らず、裏の北山の尾根を通って酒折宮に行ったといわれています。さらに江間氏は、玉緒神社は『甲斐国志』にいう国玉《くだま》神社であり奥の宮は酒折宮がある山の反対側にある小高い山の中にあります。松木の根本に二基の石祠があり、一基に酒折宮とあり、明和四年亥（一七六七）十一月の刻名があり、もう一基に藤森神社とあり、宝暦一三年末（一七六三）九月十日と刻まれています。この南（下）に一基の古墳があり、直下に巨岩が重なりあっていて、古代祭祀跡のように見えます。

『甲斐国志』には、「玉緒神社ノ古址モ此ノノ方ニアリ」とされる。里垣地区郷土研究会長の古屋高治氏によるとかつてはこの頂上に石祠があったそうです。この尾根の南端に三箇ばかりの磐座を思わせる岩があり、これに「酒依村うちこれより東酒折西善光」と記されていたようだ。これが玉緒神社の奥宮かと思われます。この岩にかつて玉緒神社の氏子総代をしていた市川全兵衛など三名の名前が刻まれていました。玉緒神社の由緒書に魂を祀るから玉緒神社であり、その旧址は御室山にあり、従って御室山の麓にある玉緒神社は本社の御旅所であると氏は主張します。古い形式として御旅所だというのは神が降臨して社に入る前に休息する所という意味です。オカリヤである。この玉緒神社の西にある柴宮神社の神はかつては玉緒神社の御前塚に春と秋に神幸《みゆき》したということが両社の社記にあります。

酒折宮付近にある古墳や文化遺産と発掘調査の成果から

酒折宮がある八人山中腹で、二〇一〇年に十菱駿武山梨学院大学教授の指導で、六世紀後半に築造されたとみられる横穴式石室がある古墳を同大学考古学研究会が発掘調査しました。石室の平面形は太鼓を寝かせたような形の胴張りで、朝鮮半島文化の影響があるものといわれています。以下その概略を『酒折連歌の路整備と文化遺産調査』（二〇〇〇年）より抜粋します。

所在地は酒折山の中腹にあり、標高三一五メートル。同研究会は酒折連歌の道を整備したり、この地域にある石造物、文化遺産や古墳を調査し、また歴史、伝承などの聞き取り調査などを主目的として活動している。この古墳は月見山山腹にあり、山は古代の神奈備山として信仰対象なっていたのでしょう。事前調査で、平成二二年伴部山まで登る道で新たに馬頭観音像と山神の石造物を発見しました。月見山で第三磐座と境界石を、頂上で石造物を、中腹で玉緒神社奥宮の石祠を確認しました。酒折山は甲府北部火山地に属し、安山岩質の溶岩流、火砕流の山地です。ここに隣する山地では輝石安山岩の墓石や灯籠などの石造物を作るための石を採石しています。甲府盆地北部にある山塊から盆地に向かって突き出している八人山から派生している尾根が酒折宮へ続く月見山と山崎へと続く伴部山の三峰となってます。一八九一年（明治二四）に陸軍陸地測量部で作られた正式二万分一地形図甲府・石和には「坂折」と書かれていています。酒折山の古墳時代遺跡として『甲府市史』には不老園古墳と横根積石塚古墳群横根支郡が載っていて、一八基の古墳が分布していまする。これらは積石塚古墳で、研究者は渡来系集団の系譜に依拠すると考えられています。

不老園古墳について

墳丘は直径一二メートル、高さ二メートル（推定）、安山岩の岩盤上に一〜一・三メートルの盛土があり、石室は横穴式で主軸は南北方向、全長五メートル、最大幅約一・五メートル、深さ一・三メートルで無袖、石室は三〜四段積みで持ち送り式。平面形は中央部がやや広い胴張りで礫床が一部残っています。床に段差があるのは玄室と羨道の境か。胴張り石室は横根積石塚群集墳の一部四九のうち六基があります。他の古墳の石室と比較して、七世紀初頭に比定できるでしょう。甲府盆地北東部にある古墳の被葬者は渡来人系馬飼い集団に属した中層の武人を含む族長層家族ではないでしょうか（十菱駿武）。

酒折山に存置されている石造物の多くは安山岩製である。石祠、道祖神、馬頭観音などがあり、境山神、道祖神などと刻まれているものや磐座であったと考えられる一メートルくらいの巨石などがあります。「境」は神奈備形の山を神体とする堺を意味するものでしょう。不老園より上の山中に三座あり、標高三一〇メートル、三七〇メートル、四八五メートルに位置するとしているが、この関係遺物は発見されていないという（山崎真希）。酒折御室山の中腹にある古天神は酒折宮の旧地である。ここに江戸時代中期までは『古事記傳』に本居宣長が書いているように酒折宮が鎮座していたといいます。また『甲斐国志』にも、四〜五町上に石祠があり、この土地の人はこれを天神社といっていたとあります。この不老園古墳は七世紀初頭とされているので、もちろんヤマトタケルの時代より少なくとも一世紀は後の古墳です。

酒折宮は他の県にも二ヶ所あることが知られている。笛吹市八代町永井に在住した齋藤儀三郎氏は、第二次世界大戦中と戦後を通じて酒折宮について考察し、永井天神社が酒折宮ではないかとの説を発表した。その遺稿を中村良一氏が故あって持っていて、その中の「大伴武日が祭れる酒折宮所在考」の中で、

一、和漢三才図絵（一七一三）に曰く、酒折宮岡山石関、祭神一座。云々按甲斐国酒折宮、移備前国不知所以。

二、右（岡山県立）図書館相談所の御返事に曰く酒折宮は岡山市石岡町に在る岡山神社のことである。酒折の文字は萬治年中から明治元年まで使用していた。それ以前には岡山明神、坂下明神など用い従五位上で、現在は縣社である云々。

酒折なる文字の意義は「坂を下る」が妥当であるといいます。

酒折宮付近の古墳

五世紀後半雄略天皇の頃、大和朝廷は量産した鉄器を持ち、熊曽征伐のため九州へ出兵し、さらに朝鮮半島まで出兵を果たしました。またヤマトタケルは東国へ行きその覇者となりました。畿内では大阪府堺市に全長四八五メートルという日本最大の大山古墳（仁徳天皇陵）や大阪府羽曳野市にある全長四一五メートルの誉田山《ごんだやま》古墳（応神天皇陵）、同府堺市にある全長三六〇メートルの履中天皇陵など、巨大前方後円墳が大変な労力と期間をかけて築造された時期とも一説にはいわれています。関東地方でも、群馬県太田市にある東日本最大級の全長二一〇メートルの天神山古墳があり、埼玉県行田市にある全長一一七メートルの稲荷山古墳があり、ここからは有名な一一五文字の金象嵌がある鉄剣が出土し、その銘からワカタケル大王がヤマトタケルの伝承と深い関係にあると

考えられるに至りました。

このように東国でも古墳が盛んに造営され、各地の豪族がその勢力をたくわえた時代でもあった。この時期大和政権が一段と活発に東国に勢力を拡大しようとし、ヤマトタケルをして大和朝廷の覇権を進めています。ただヤマトタケルの東征は武力を用いた熊曽征伐とは違い、言向《ことむ》け（説得）によるものでした。恐らくこうした動きは中国大陸や朝鮮半島などの国際情勢に刺激されたことであろうと思われます。五世紀後半における甲府盆地は、五世紀前半に下曽根銚子塚古墳など大前方後円墳を造営した勢力が各地に分解した時期だと考えられています。この分解(45)は大和政権が地方の首長を前方後円墳の形によって、その身分を分けるため行われたことで、帆立貝（柄鏡形）式前方後円墳を創出したものだとしています。前述した勢力が分裂した一部の人達が酒折宮がある甲府盆地北部に勢力を築き、平坦地にも帆立貝式前方後円墳を造ったと考えらます。しかしこの一部の勢力も盆地東部に展開する浅川扇状地上にある八代勢力に、その伝統や農業生産力では及ばなかったのではないかと思われます。

盆地北部の状況を『甲府市史』から抜粋してみます。

この市史により盆地中北部にある前期古墳の実情がある程度明らかにされた。甲府盆地の北部を占める秩父山地から流れ出る荒川や相川などで形成された扇状地や笛吹川の沖積地は広く平坦で、粘土質の土壌が堆積した場所は特に平らになっています。山麓近くにある横根《よこね》・桜井畑などの積石積古墳や前述した大坪遺跡などがある地域より離れた盆地床の中央寄りにこの前方後円墳と円墳群がある。山梨学院大学がある南側の地域です。同大学やその付近の和戸町桜井畑からは古墳時代前期の方形低墳墓（低墳丘墓）二基や集落跡が広範囲に発見されていますが、この時期の大きい遺跡は発見されていません。和戸《わど》町には帆立貝式前期前方後円墳が一〜二基あることは知られていたが、市史によって和戸町に前方後円墳二基と円墳二基が、上阿原にも前方後円墳一基があったことが図面上で確認された。これらを甲府市教育委員会望月裕仁氏の教示も入れて推定すると次のとおりです。

これらの古墳は平等川の沖積地上にあります。平等川は明治末年まで笛吹川の本流だった。北の山から流れ出る笛吹川は山裾脇に湾を作り、そこに堆積した粘質土が低平地を形成しました。この粘土を原料として、奈良時代頃には国分寺瓦が焼かれ、平安時代には土師器が大量に生産され流通し、昭和中期まで瓦の生産が続いた。また盆地床では比較的良く形成された条里型地割が見られます。和戸町にある五基の古墳について『甲府市史通史編』『資料編』『甲府市史研究』（平成元年萩原三雄）をまとめ、若干の変更を入れ記述します。（第二図〜第七図参照）

一、藤塚古墳　甲府市上阿原町小字富士塚七五一
二、富士塚古墳　甲府市和戸町字内森四八七
三、在原塚古墳　甲府市和戸町字琵琶田一三〇
四、琵琶塚古墳　甲府市和戸町字琵琶田一二七
五、太神さん古墳　甲府市和戸町字内森一九三

このうち上阿原町にある藤塚古墳は、和戸町古墳群から約一〇〇〇メートル離れています。これは長さ約四五メートル、後円部直径約二八メートルの帆立貝型の前方後円墳です。和戸町に南西を

向く前方後円墳である琵琶塚古墳があり、その北西約三六メートルに直径約十一メートルの円墳在原塚古墳があります。在原塚古墳の北西約一二〇メートルに全長約三七メートルで前方部長さ約一二メートル、前方部巾約八・五メートル、高さ約四メートル（後円部であろう）の前方後円墳の富士（藤）塚古墳（円墳との説もあるが）があります。また琵琶塚古墳北東約二〇〇メートルに、直径約一五メートルの円墳である太神さん古墳があります。これら二基の前方後円墳と二基の円墳は、山梨県にみられる一基の前方後円墳と一基の円墳が一組のセットになるような古墳群で、二組になるのではないでしょうか。また帆立貝式である笛吹市八代町にある団栗塚古墳、狐塚古墳や市川三郷町大塚古墳や豊富地区の王塚古墳が前期五世紀後半に比定されているように、甲府市にある五基の古墳も同時

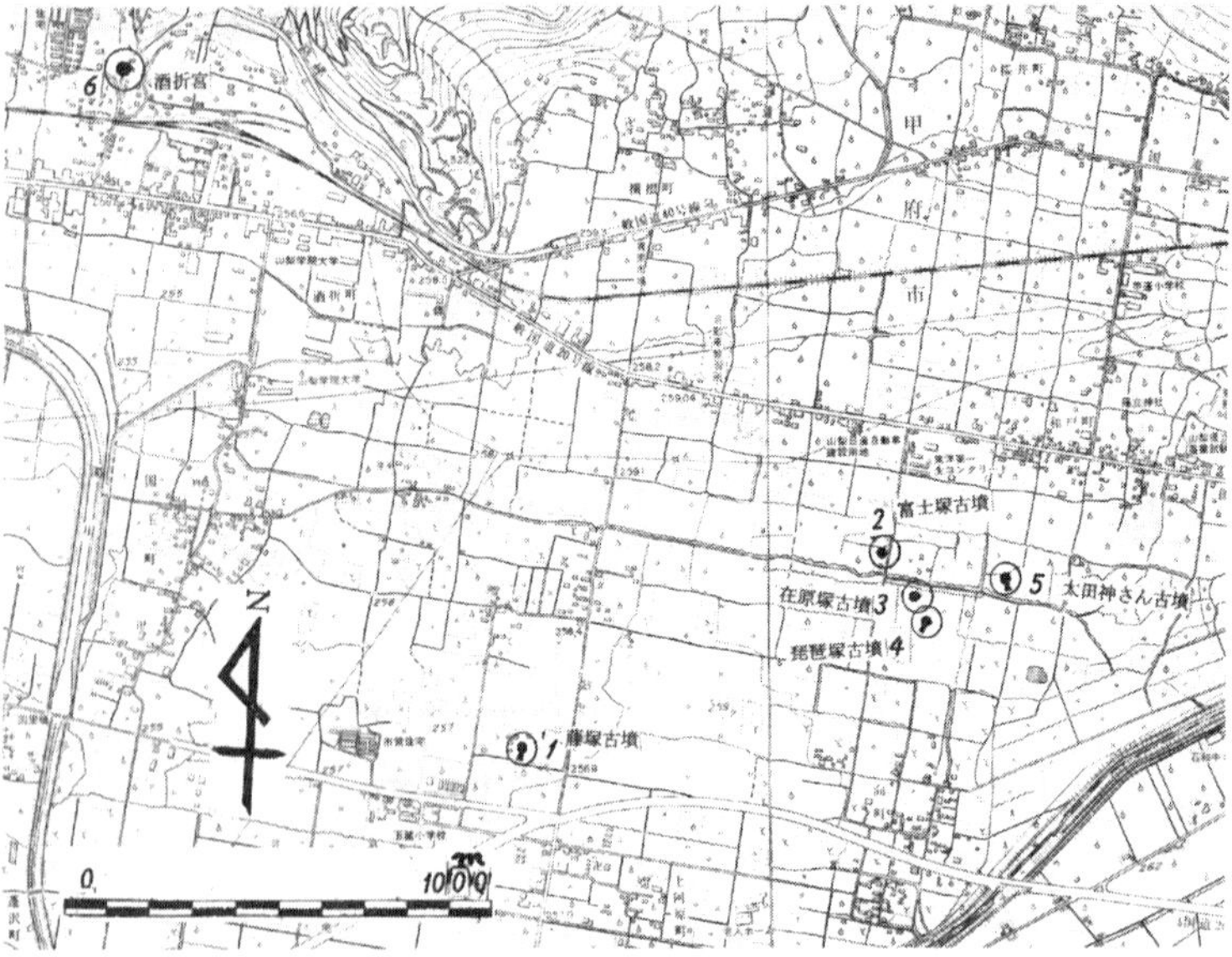

第２図　甲府盆地北部の前方後円墳等と酒折宮

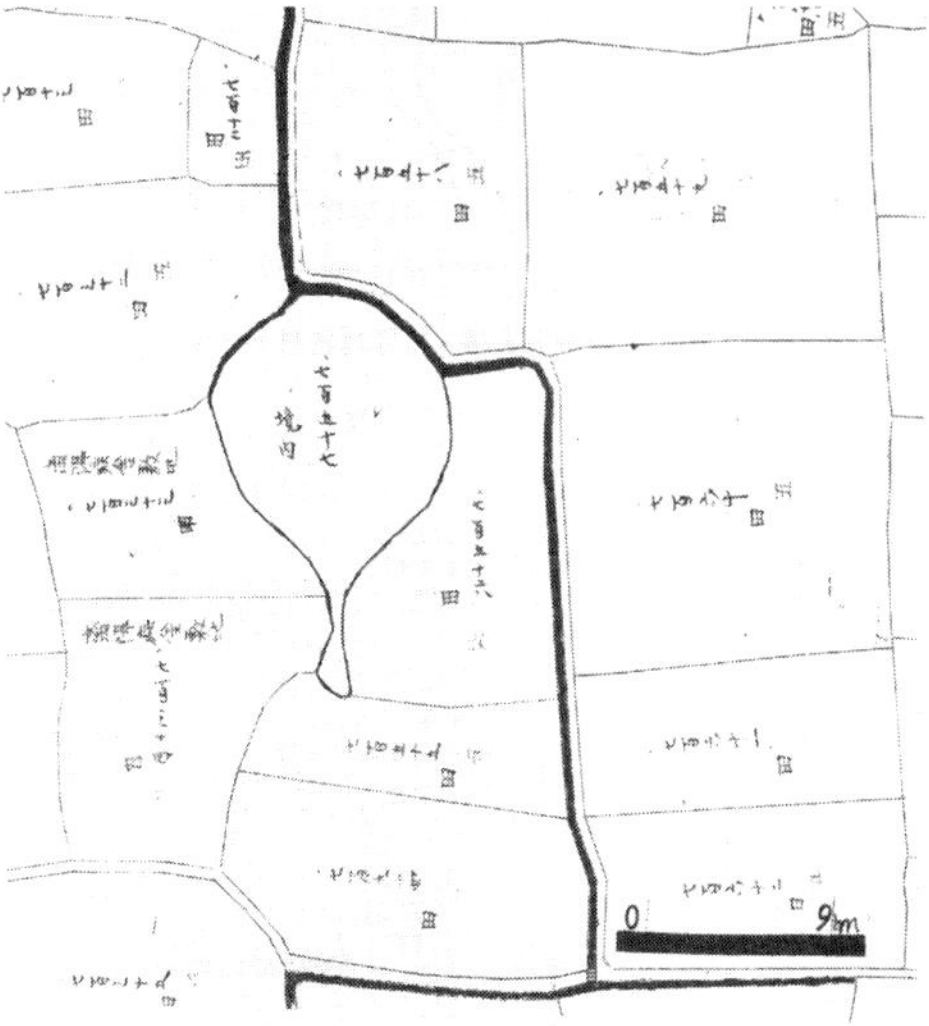

第３図　藤塚古墳位置図

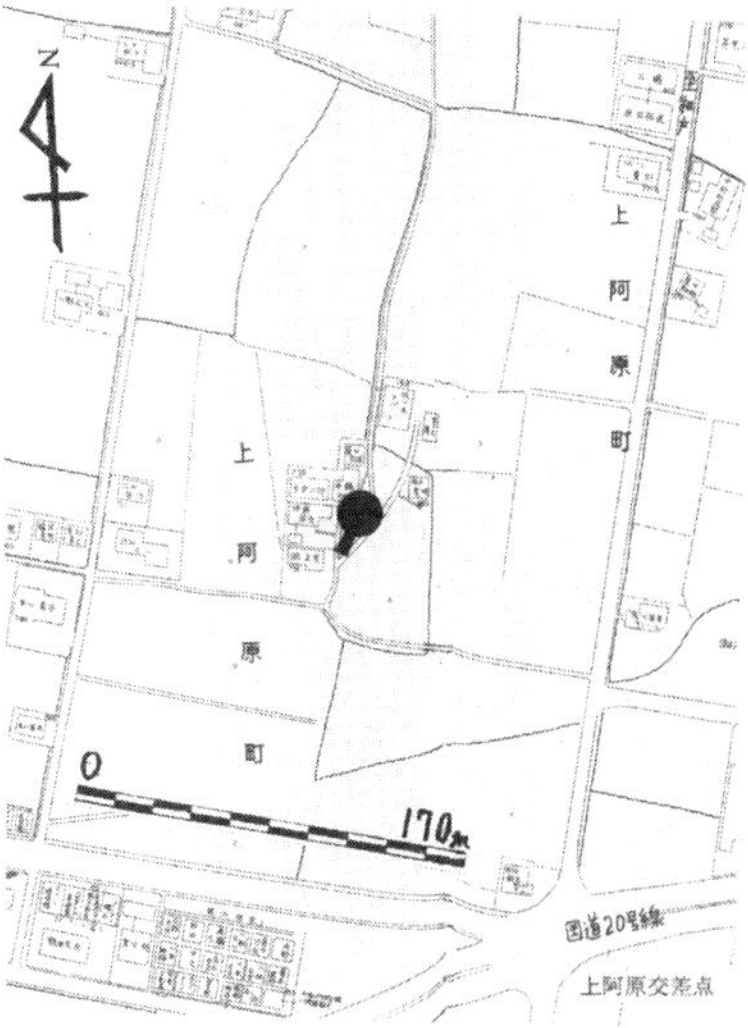

第４図　藤塚古墳分間図（明治 22 年）

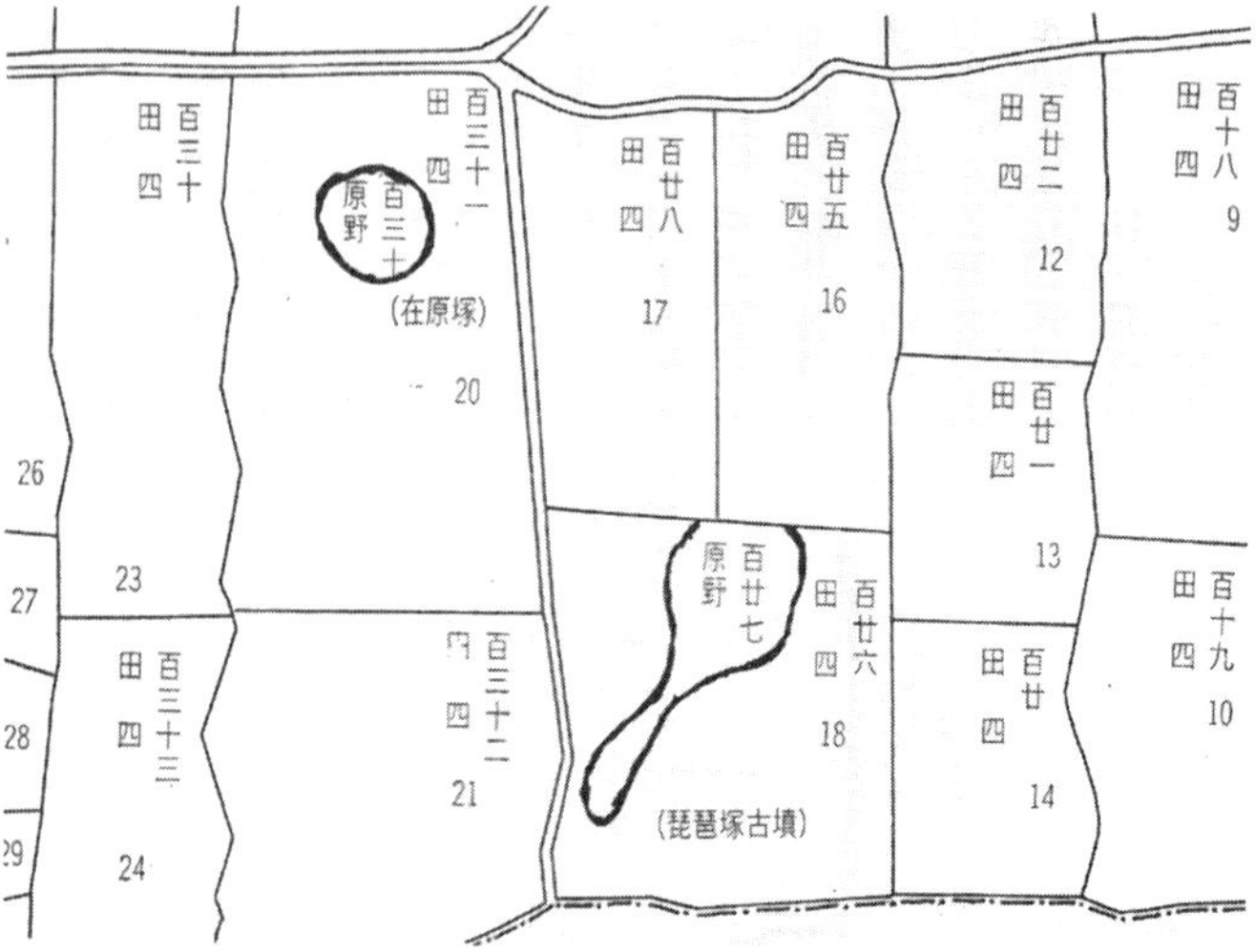

第５図　琵琶湖塚古墳・在原塚古墳分間図

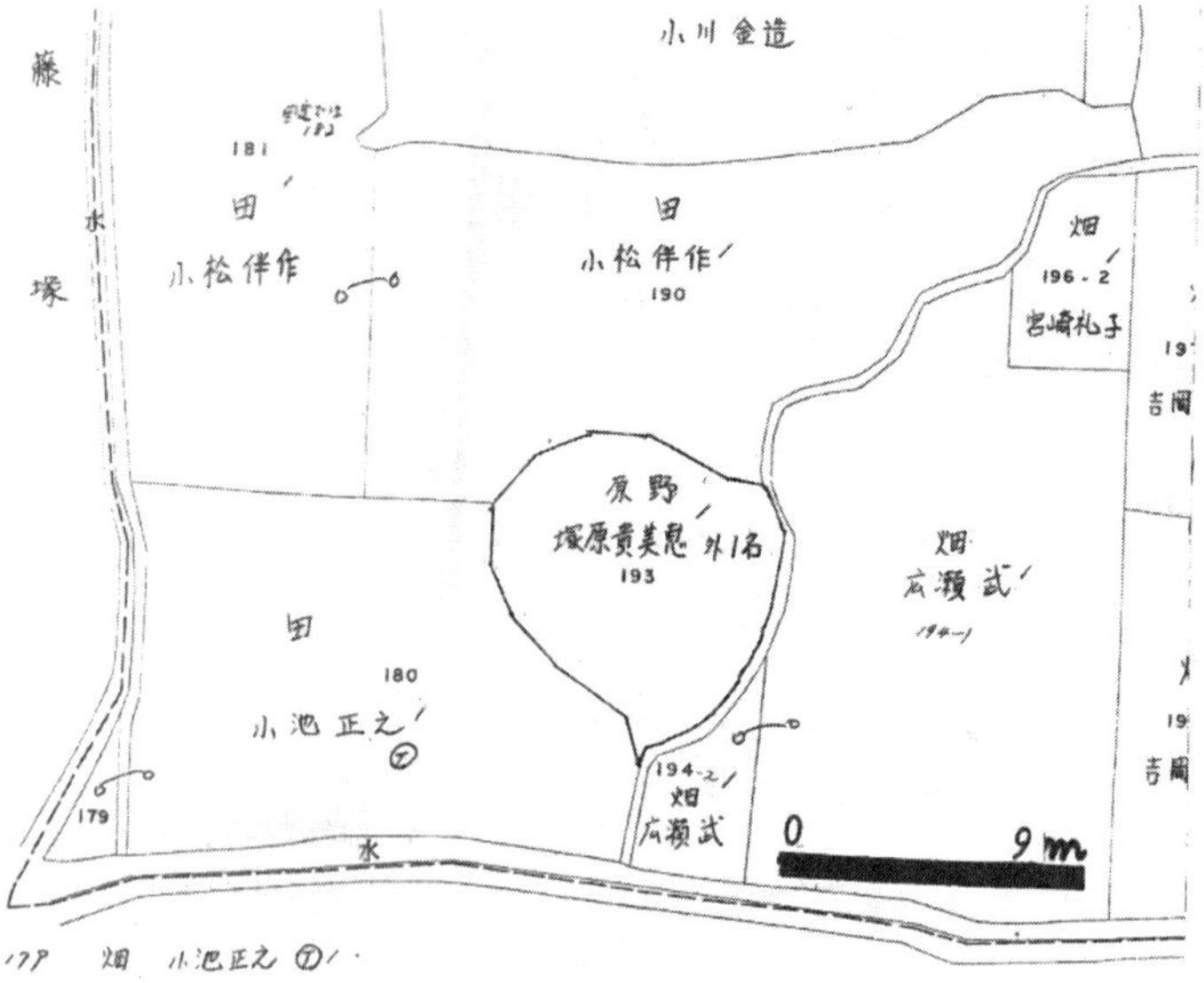

第６図　大神さん古墳分間図

第７図　琵琶湖塚古墳他３墳の位置図

期に築造されたのではないかと考えられます。また図にはありませんが、甲府市古府中町四七一四にあった、うなり塚古墳も帆立貝型の前方後円墳とみられ、石棺の内面に朱が塗られていたことが確認されているため、前者と同じ頃に造られた前期古墳であるとみられています。

このような前期古墳が酒折宮の南東二〇〇〇メートル付近にあるのは近い位置ではなく、ここに豪族館がありヤマトタケルが立寄ったとすることを全く否定することはできません、立寄ったとすれば八代町にある豪族館に来てから、その豪族に案内されて立寄ったことは想像できないことはありません。

四　現在地に酒折宮はいつできたか

甲府盆地北部の一大勢力圏と古代寺院

六世紀に入った頃から甲府盆地では竪穴式石室をもつ前方後円墳は築造されなくなり、大小の横穴式石室をもつ円墳が築造され始めます。酒折宮周辺ではこの時期の初期円墳はあまり見当たらない。盆地北部の甲府市桜井・横根積石塚古墳群の中に六世紀頃の古墳も少しはみられますが、多く築造されるのは七世紀になってからです。今までにその数一五〇基に達する大群集墳が確認されている。この範囲は広く、甲府市の東に隣接する笛吹市石和町や春日居町まで続き、大蔵経寺山の山腹や尾根にまであることがわかりました。そのほとんどの古墳は当地域にある石を使って積上げた積石塚だ。これらを造った人たちのことはあまり明らかにされていませんが、支配階層（上層階層）であろうことは推定できます。一九五一年から長野市松代町大室にある日本最多数の積石塚古墳群の調査を続けている明治大学考古学研究室を指導されてきた大塚初重名誉教授は、[46]このことについて、この古墳群は約五〇〇基あり、この中の八〇％以上にあたる四〇〇基以上が積石塚で、五世紀前半に造られはじめ、五世紀中頃から急速に増加したと推測している。朝鮮半島出身の渡来系の人びとは五世紀から信濃国で馬の飼育にたずさわっていたと考え、中国の主に東北部にある多くの積石塚を実見すると、大室古墳群にその様相がきわめて共通した特徴が認められるといっています。

記や書紀でとりあげられた酒折宮で火を焚いてヤマトタケルを迎えた御火焼老人《みひたきのおきな》（書紀では秉燭者）は、甲府市下曽根銚子塚古墳に埋葬された豪族と考える説や、前述したヤマトタケルと行動をともにした従者などとする説があります。しかし御火焼老人が酒折宮にいた宮司や神官ではないことは明らかで、甲府盆地に住んでいた豪族であったと考えられます。ヤマトタケルと御火焼老人がかわしたという問答歌が現在の酒折宮で作られたという有力な証拠がある訳でもないですが、それは酒折宮が現在の若彦路に沿った場所にあるという理由によると思われます。では酒折宮がなぜ記・書紀に取り上げられたかを考えてみます。

第一次甲斐国府と古事記の編纂

甲斐は東海道と東山道が交わる所（奈良時代頃はこう考えられていた）であるので、その行き「交う」を名詞にする「かひ」の連用形の変化で「かい」になり、大宝四年（七〇四）に始めて

「甲斐」を大和朝廷が使ったとする説（平川　二〇〇九）があります。

この頃の甲府盆地では終末期の桜井・横根群集墳を築造していた豪族達の権力が弱まり、大和朝廷が地方を支配する時代に移り、山梨県でも甲斐国府が現在の笛吹市春日居町国府あたりに開かれ、酒折付近では土師器の大量生産が始まろうとする頃だった。朝廷によって条里制が敷かれ稲作が計画的になり、甲府盆地で条里制地割が敷かれるようになったのは、甲府市東部北側が最も早かったのではないかと考えています。

古事記・日本書紀にいう酒折宮

大和朝廷が甲斐を統治する拠点にしていた所が春日居町にあり、物部氏が掌握していたこの地域を『古事記』に載せる必要にせまられ、遠い昔にあった「坂を下り」た所にあった八代町の豪族館が大きく有力な社となっていることを蘇らせ、酒折宮に政治的権力で造りあげたのではないでしょうか。いずれにしても物部氏の影響力は無視できません。酒折宮が『古事記』に書かれるまでの経緯を模式的に考えると、五世紀後半に盆地の東にある山から下りてきたヤマトタケルが坂を下りた所にあった豪族の館を訪ねたことが記憶され、七世紀に一大勢力となった桜井・横根積石塚古墳群を作った物部氏勢力が春日居町に国府を開いてから数十年後の七〇〇年代初期に、大和朝廷が『古事記』を編纂するに当たり、かつてヤマトタケルが、八代町の豪族を訪ねた時のことを蘇らせ、豪族が服従したことにするために火を焚いて迎えたことにしました。この豪族を身分の低い火焼老人とし、物部氏がその勢力圏である桜井、横根地域に酒折宮を建て、ヤマトタケルがそこを訪ねたことにしました。この地域の勢力が甲斐国府へ継続するようにするため酒折宮を造営したはと考えられないでしょうか。

（1）岡谷公仁　二〇〇九『原始の神社をもとめて』
（2）稲垣栄三編『日本の美術』2、「古代の神社建築」昭和四八
（3）森和敏　一九九三「柱の礎石のある竪穴住居址」『研究紀要』9　山梨県立考古博物館　山梨県埋蔵文化センター
（4）和田萃　昭和六〇「三輪山祭祀の再検討」『国立民族学博物館研究紀要』第七集
（5）直木孝次郎　昭和三九「天照大神と伊勢神宮」『日本古代の氏族と天皇』
（6）岡田精司　昭和四五「伊勢神宮の起源」『古代王権の祭祀と神話』
（7）松前健　昭和六〇「石上神宮とその祭祀傳承の変遷」『国立歴史民俗博物館研究紀要』第七集
（8）上田正昭　一九九五「古代祭祀と儀礼」『日本歴史』第一巻
（9）『国立歴史民俗博物館研究報告』第七集　附篇　昭和六〇
（10）山梨県教育委員会　山梨県遺跡調査団　一九七四『下成田』
（11）平野修　二〇〇三「山梨県の奈良・平安時代におけるカミ・ホトケ関連遺構・遺物について」『遺跡の中のカミホトケ』帝京大学山梨文化財研究所他一
（12）入江俊行　二〇〇八「山梨県内における土製模造品について」『土製模造品から見た古墳時代のマツリ』
（13）一宮町教育委員会他一　一九九〇『大原遺跡発掘調査概報』

(14) 櫛原功一　二〇〇五「大蔵経寺前遺跡」『山梨考古』第九七号　山梨県考古学協会

(15) 山田真一　二〇〇八「長野県のカミ・ホトケ関連遺構・遺物」『土製模造品から見た古墳時代のマツリ』

山梨県考古学協会

(16) 佐野五十三　勝又直人　二〇〇八「静岡県のカミ・ホトケ関連遺構・遺物」『土製模造品から見た古墳時代のマツリ』　山梨県考古学協会

(17) 桐原健　一九八二「古墳時代に見られる集落内祭祀の一端」『中部高地の考古学』

(18) 宮本長二郎　一九八三『日本技術の社会史』七　建築

(19) 2に同じ

(20) 岡田精司　一九九九「神社建築の源流―古代日本に神殿建築はあったか」『考古学研究』四六巻第二号

(21) 広瀬和雄　一九九八「クラから神殿へ」『先史時代の住居とその周辺』

(22) 笹生衛　二〇一一「祭具と祭祀構造、祭場の再検討と問題提起」『日本考古学協会研究発表要旨』

(23) 山梨県教育委員会　一九七八『西田遺跡』第一次発掘調査報告書

(24) 『南西田遺跡調査報告書』　一九九八　一宮町遺跡調査会　他三

(25) 櫛原功一　二〇一一「三ヶ所遺跡」『山梨考古』第一一九号

(26) 山梨県教育委員会　一九八四『石橋条里制遺構　蔵福遺跡　侭ノ下遺跡』

(27) 石和町教育委員会　一九九〇『松本塚ノ越遺跡』

(28) 山梨県教育委員会『桜井畑A・C地区』

(29) 大坪遺跡発掘調査会　二〇〇二『大坪遺跡』

(30) 甲府市教育委員会　一九八四『大坪遺跡』
(31) 山梨県遺跡調査団　一九七六『大坪』
(32) 甲府市遺跡調査会他二　一九九六『大坪遺跡発掘調査報告書』III
(33) 山梨県教育委員会　一九九五『榎田遺跡』
(34) 甲府市教育委員会他一　二〇〇四『塩部遺跡I』
(35) 櫛原功一　二〇一〇「塚本遺跡」『山梨考古』一一八号
(36) 山梨県教育委員会　一九九六『塩部遺跡』
(37) 山梨学院　二〇〇八『山梨学院川田運動場遺跡群調査報告書』
(38) 猪股喜彦　二〇〇二「甲斐国分寺地域における集落構造」『山梨県考古学協会誌』山梨県考古学協会
(39) 甲府市教育委員会他一『横根・桜井積石塚古墳群調査報告書』
(40) 雨宮正樹　一九八三「高根町湯沢遺跡」『山梨考古』第一〇号
(41) 平野修　二〇〇二「古代集落の掘立柱建物を考える」『研究報告』第一〇集　帝京大学山梨文化財研究所
(42) 室伏徹　二〇〇二「甲斐の掘立柱建物」『山梨県考古学協会誌』一三号に掲載された一覧表に筆者が以上の調査報告書等に載った掘立柱建物を追加した表である。
(43) 山梨県　平成一六『山梨県史』通史編I
(44) 山梨県立図書館　昭和四二『甲斐国社記・寺記』
(45) 甘粕健　一九九四「古墳の形成と技術の発達」『地域と考古学』
(46) 大塚初重　一九九五「積石塚研究に想う」『考古学ジャーナル』No.三八九

第二章　ヤマトタケルの時代

ヤマトタケルノミコトは和銅五年（七一二）に編纂された『古事記』（以下「記」とする）と養老四年（七二〇）に刊行された『日本書紀』（以下「書記」とする）の中で、景行天皇時代の条に載っている皇子で、記では倭建命、書紀では日本武尊として書かれています。ヤマトタケルは北陸の出雲族や九州の熊襲《くまそ》を平定し、さらに関東・中部地方など東国の蝦夷《えぞ》(えみし)を訪ねて、言向けした後、岐阜県と滋賀県の境にある伊吹山で、大和国に帰り着く目前に、山の神におそわれ非業の死を遂げ、白鳥となって飛び去ったといわれています。大和朝廷の国内統一に献身した古代日本の伝説上の英雄として描かれています。

一　ヤマトタケルとは

ヤマトタケルの人物像は、古墳時代前半の四～五世紀頃に活躍した大和のたけだけしい権力者という一般的な名称（普通名詞）であろうとする説と、ある特定の権力者という固有名詞であろうとする説が通説化しています。前者は複数の人を指し、ある程度長期間にわたって、多数の地域で活躍したとも考えられます。この人達は国内の有力豪族を統一するために、権力や富の象徴である鏡、刀、玉類などを配布した人であるかもしれません。甲府盆地の場合では、複数の人が来たのであれば、甲府市中道地域にある古墳時代前期につくられ、大型の下曽根銚子《ちょうし》塚《づか》古墳などの中道古墳群や八代町岡銚子塚古墳などの前方後円墳、大方墳である竜塚《りゅうづか》古墳などの円墳が築造された時代に、畿内から来た有力者であろうと考えられます。またこれらの古墳を設計したり、築造を現地で指揮・監督した人かもしれません。これらの複数の人が後世の伝説や記録に反映されているのではないかと思われます。

後者のある特定された権力者であれば、一定の時期に一定の地域で活躍したある程度限定された人物とみることができます。甲府盆地の場合では、四〇〇年代後半に来た特定の人物がヤマトタケルの強いイメージを作ったのではないかと考えられる妥当性が高いです。この人物は笛吹市八代町地域に住む豪族を目指して来て、数日を費やして盆地に分散している有力者に言向けをしたと考えたいのです。このことについては後で詳しく書きたいと思います。上田正昭氏は『日本武尊』（昭和三五）の中で、ヤマトタケル伝承は五世紀を中心とする西国、東国の地方豪族を言向けた（説得した）皇族将軍説話が本体であろうとしています。

いずれにしても山梨県でヤマトタケルを考える場合は、県内の古墳や特に発掘調査されたおおよそ三五〇年頃から五〇〇年頃まで、つまり古墳時代前期といわれる竪穴式石室や粘土郭等をもつ前方後円墳や円墳・方墳等が築造された時代が想定できます。

ヤマトタケルが四〇〇年代後半に活躍した人物とする意見では、[1] 雄略天皇の時代の人に比定する論もあります。筆者も山梨県内で具体的に人物を上げるなら、この天皇が活動する時期に相当する遺跡や伝説があることにより、関係が深いと考えています。

　中国の『宋書』倭国伝に、五世紀代に倭（日本）に三人の王がいたことが書かれています。この中の三人目が武という王で、五世紀後半の雄略天皇のことであることは確実であるといわれ、記や書紀にもあるように「ワカタケル」と呼ばれていました。埼玉県にあるさきたま風土記の丘に稲荷山古墳[2]が築かれていますが、そこから出土した有名な鉄剣に金の象嵌《ぞうがん》で、辛亥《かのとい》の年（四七一）七月に記された「獲加多支歯《ワカタケル》大王《だいおう》」があります。今まで天皇と記されていたのを大王と記すようになったのは、朝鮮半島で使っていた大王と対抗するために、国際情勢にかんがみて日本でもこう書くことになったのではないかといいます。これによりワカタケルと雄略天皇が同一人物であることが確実になったといわれています。

　この四〇〇年代後半は、朝鮮半島では政情が不安定で、また中国でも異民族の大移動などで混乱し、日本列島に多くの大陸人が押し出されて帰化人となっていました。朝鮮半島の先端に置かれた大和朝廷の出先機関である任那日本府《みまなにほんふ》に四〇〇年頃北朝鮮にあった高句麗《こうくり(こま)》が来襲して激闘になり、多くの人が船によって日本に、逃れて来たといわれています。考古学者江上波夫氏が立てた説で、この頃のことを騎馬民族国家王朝説はこの渡来人によってつくられたといっています。日本でもこの時期は国家組織が変わる画期であったと同時に、進んだ文化や技術―鉄、須恵器、文字、建築―などが持ち込まれた変革期でもありました。こうした国際的動きに刺激された畿内政権が、豪族のもとに派遣して服従させようとしたのだと考えられています。

二　ヤマトタケルが東征する目的と方法

ヤマトタケルが関東に来た場合、東海道を帰るのが近道であるのに、足柄峠《あしがらとうげ》で東海道と分かれて、わざわざ甲斐に入り、さらに科野《しなの》（長野県）に立寄ります。五世紀後半にはすでに分散して縮小した甲斐の豪族をわざわざ訪ねたのは、言向け以外に他の目的があったのかもしれません。記、書紀に載っている酒折宮で神事に従事しているかのようにもとれる御火焼老人に会うために来たのではなく、前述したように、ここには酒折宮はなかったと考えているのですが、甲斐の有力豪族に会って服属させようと説得するために寄ったという意図もあったかもしれません。しかし主な目的を次のように考えたらどうでしょう。甲府盆地東部にある多くの古墳から出土している馬具が示すように、馬が必需品になりつつあった時期でした。他県でも馬具が出土したり馬の埴輪が作られていて、馬に乗ることが急速に普及し、現在に例えれば支配層のいわば乗用車のような存在になっていたと考えられます。ヤマトタケルは前代から駿馬として知られていた甲斐の黒駒を生産する甲府盆地に立寄り、ここの支配者に馬を貢献させようとしたのではないだろうか。乗り物としての馬は当時、貴重品で非常に重要度が高いものであったことは多くの論考でいわれています。

三　近県五世紀の状況と東征の道

東征した大きな目的は、第一に関東平野で強大になりつつある豪族に会い、言向けするためであったと考えられます。東海地方や長野県南信・北信（善光寺平）の一部でも、中小の前方後円墳や円墳を再び造り始め、強大化しつつある豪族を訪ねたのではなかったか。このような状況の中にあった甲府盆地に来たヤマトタケルの目的はまた後述します。

近県五世紀の状況

記に書かれたヤマトタケルが東征した順路に従って、近県の五世紀頃に築造された古墳の概況を示し、そこの豪族がどのようであったかを提示したいと思います。大和を出発して、伊勢神宮で姨（をば）の倭《やまと》比賣命《ひめのみこと》とあったヤマトタケルは駿河に至ります。静岡県西部の天竜川を挟む磐田《いわた》市や浜松市がある平野部では、多くの古墳群が古墳時代を通して築造され[3]五世紀後半には中形の前方後円墳や円墳が造られ、造墓活動は活発に行われています。焼津《やいづ》市あたりを経て、静岡市や富士市などの東部にある巴川《ともえがわ》流域や安倍川《あべかわ》流域には、五世紀中頃から六世紀前半にかけて、中型の円墳や帆立貝式前方後円墳が築造されています。ここでは、四世紀から五世紀までの大和政権の東方平定の歴史的事実が確かに存在していて、[4]ヤマトタケルの東征伝説がそのことを背景に五世紀から六世紀に成立したと考えるのが妥当ではないかといっています。

静岡県埋蔵文化財調査研究所技術職員・柏木善治氏の「長柄桜山古墳群と古墳時代前半の神奈川」によると、神奈川県ではヤマトタケルの伝承は往時の交通路とその範囲を示し、それは同時に前方後円墳の分布範囲でもあるといいます。三〇〇年代中頃から後半にかけて、大小の前方後円墳が造られていますが、四〇〇年代頃を過ぎるとそれらは非常に少なくなり、その後、中小の前方後円墳や大小の円墳が造られるようになったといいます。

ヤマトタケルは神奈川県三浦半島の横須賀市から舟で房総半島の千葉県へと進みます。千葉県でも古墳時代を通し古墳が築造されています。ヤマトタケルはこの後、茨城県筑波山の近く新治《にひばり》、筑《つく》波《は》に辿着く。茨城県にも古墳時代を通して多数の古墳が築造され、五世紀代にも有力な前方後円墳が多く造られます。また埼玉県にも多くの古墳が築造され(5)、行田市《ぎょうだ》にある前述した稲荷山古墳からは国宝の鉄剣が出土しています。稲荷山古墳が五世紀後半に出現したのに始まり、丸墓山《まるはかやま》古墳、二子山《ふたごやま》古墳など五基の大型前方後円墳が造られています。これらの古墳に葬られた有力豪族達を訪ねるのが目的であったと考えられます。ここから神奈川県と静岡県境にある足柄峠を越えて、甲府盆地の酒折宮に至ります。

末木健氏は、ヤマト朝廷は四世紀中頃から遠江、駿河の東海地方と甲斐や信濃の中部地方に、五世紀後半には埼玉県、群馬県、茨城県の関東地方に進出し、その権力を沸延したと考えています(6)。その理由は前方後円墳の大きさや副葬品の種類などから考えられるといいます。

以上のように、大和政権の勢力が四世紀後半に足柄坂、つまり書紀でいう碓日坂の東に位置する関東地域に大きく乗り出したことが、古墳の分布から、記に載っているヤマトタケル伝承はこのことを反映しているといい、ヤマトタケルは五世紀後半に関東地域を言向けした帰りに酒折宮で休憩したということであろうとしているのは示唆に富む説です。記では酒折宮から長野県に廻って下伊那郡阿智村の神坂峠、今の中央自動車道にある恵那山トンネル辺りの峠を越えることになりますが、書紀では関東平野北部（北武蔵、上野）から東北地方へと遠廻りをして信濃に入り、信濃坂（記では神坂峠）に至ります。この間の状況は記されていません。

長野県の古墳時代、四〇〇年代の状況は四世紀に北信濃の善光寺平に発生した前方後円墳を作った勢力が、(7)その南部に移り、森将軍塚《もりしょうぐんづか》古墳を作りますが、それに続く五世紀前半には、多くの将軍塚と名のつく前方後円墳が造られました。一変して五世紀後半には大和政権と密接な関係を示す勢力が南信濃天竜川に沿う伊那谷にある飯田盆地に一斉に帆立貝式を含む中型の前方後円墳三〇基や円墳の築造を再開し、七〇〇基もの古墳を造りました。下伊那地域における馬の生産、管理などの新来文化の受容には渡来人あるいは渡来系の人びとが見え隠れしています。南信濃の松本平では一時期途切れていたのが、五世紀中頃に中小の古墳の造営が再開され活発になります。(8)善光寺平南東の丘陵地帯では五世紀中頃から後半にかけて、松代市で多数の大室古墳群が造られ、朝鮮半島文化の強い影響を受けたと考えられる積石塚古墳が造られました。

長野県のヤマトタケル伝説として、五世紀後半に北信濃の大和政権の影響下にある帰化人系の前方後円墳を築造した首長を訪ねたと思われる内容があり、これが各地に伝えられています。これに比べて書紀では、(9)五世紀中頃から勢力を増したとみられている非大和政権の南信濃諏訪湖畔にいた諏訪族をさけて、塩尻市を通り、信濃坂に至ったと書かれていて、そのため北信に比べて諏訪郡にはヤマトタケル伝説やミコトを祀る神社が少ないといいます。

ヤマトタケルが敢えて遠廻りをして、山梨県と長野県に立寄ったのは、関東平野の各地で豪族の権力が拡大していたのとは違い、両県では中小の前方後円墳や円墳を築造した豪族達は既に大和政権に掌握されていて、馬の生産を始めていたので、必需品となり始めていたその馬を貢献するように要請するために来たのではないでしょうか。

記や書紀に書かれたヤマトタケルの東征は九州の熊曽《くまそ》を武力で征伐したこととは違い、言向けによって説得する内容になっています。記では景行天皇の条で「東の方の十二道の荒ぶる神とまつろわぬ人等とを言向け和し平げよ」といわれていて、「吉備臣等が祖、名は御鉏友耳建日子《みすきともみみたけひこ》を副えて遣し」とあります。伊勢神宮に立寄ったヤマトタケルは姥倭比賣命《うばやまとひめのみこと》に「天皇は軍衆《いくさども》を賜わないで東征せよ」といったといい、従者一人を連れてほとんど丸腰の状態で東征することになります。書紀では少し違うところもあり、従者に七掬脛《ななつはぎ》という者を膳夫《かしわで》（料理人）に加えています。武力を用いて討ちはらえといっていますが、その初期の目的はあくまでも「之を示すに威を以ってし、之を懐《なづく》るに徳を以ってし、兵甲を頓はさずして自ら臣順《したがわ》しめよ。即ちいうを巧みて以って暴ぶる神を調《ととの》へ」といわれ、冬十月に出発しています。旅中に焼津などで争いをする場面もありますが、強さを誇示する意図ではないかと思われます。東征から帰ったヤマトタケルは景行天皇に「叛《そむ》く者罰に伏し荒神自ら調ひた」と伝言し、言向けが成功したことを報告しています。書紀ではヤマトタケルの東征に先立って、武内宿弥を足かけ三年かけて北陸、東国を巡視させています。

言向けについて神野志は記（一九九八　小学館）の解説の中でヤマトタケルがアヅマを平定する

時に平定が「言向け」と表現していることに注目しています。「言向け」とは、ことばをこちらに向けさせる意であり、ただ討伐して服従させるのではなく、服従する側が自発的にことばとしてあらわし、自ら服従を誓うことである。自発的な服従を集約して成り立つ天皇の世界という理念であるといえようといっていて、大和政権の覇権をもって征伐しようとしたのではないと考えています。

ヤマトタケルの従者について、記では吉備の祖御鉏友耳日子《みすきともみみたけひこ》を、書紀では吉備の一族である吉備武彦を伴っていて、二書とも吉備氏をあげています。岡山県車塚古墳と甲府市中道町にある銚子塚古墳から出土した三角縁神人車馬鏡が同笵鏡であることから、吉備氏に関係した人物を東征に従えさせた意味があるのではないかとの意見もあります。歴史学者・原秀三郎氏は記・書紀に見える中央から地方への将軍派遣の伝承は、三〇〇年代の史実を反映しているとみて、三〇〇年代後半に築造された中道町銚子塚古墳に埋葬された豪族を訪ねたことも、ヤマトタケル東征の伝承になっているのであろうといっています。

四〇〇年代後半の雄略朝以後は、中央と甲斐との関係は新たな段階に入ると考えられています。書紀ではヤマトタケルが大和を出発したのは冬十月ですが、記では焼津で野火にあったと記しているので枯草を燃やす春の行事のことであるとして、出発したのは早春であろうとみる説もあります。冬に向かって出発したとは考え難いのですが、彼らは旅中は竪穴住居に泊めてもらい、食事や履物（わらじのことか）なども行く先ざきで調達しなければならなかったはずであろう。夜には酒食でもてなされたかもしれません。筆者が高校生時代に石和から新宿を目指して強行遠足をした時に草鞋をはいて歩いた経験から、一日に三足くらい必要であったことを考えれば、ヤマトタケルの一行では毎日一〇足くらいは履き替えなければならなかったと思われます。奈良時代には和良久豆《わらくつ》とよばれ、遠くに行くに最も適した履物であったといいます（『日本大辞典』一九九九　岩波書店）。夜には豪族に接待を受けながら国内や朝鮮半島、大陸の様子などを話され、説得されたであろうし、かつて中道地区下曽根銚子塚古墳や八代町岡銚子塚古墳など前方後円墳や方墳などを設計し、築造の指揮、監督をした畿内の関係者との人脈のことも話されたことは想像に難くありません。またこの子孫である曽根丘陵上の中規模前方後円墳に埋葬された豪族を訪ねたかも知れないと考えれば、幾夜か宿泊したことも推測できます。

東征の道

県内を東征した時通ったといわれる若彦路をはじめ、幾筋かの道について次に考えてみましょう。ヤマトタケルノミコトは大和朝廷に関係したある特定の権力者とする説と、一般的な名称で、大和のたけだけしい権力者であるとする説があり、前者であれば一人であろうし、後者であれば複数人であろうと考えることは前述しました。甲斐国における古墳時代の様相を考えれば、前期前葉であれば複数人を、五世紀後半であれば単数人であろうと推定しました。

酒折宮との関係を考える場合は五世紀後半、即ち一人とみるのが適当であろうと思います。東征には武力（兵）を用いないとすることが大きな方針であったと考えられているので、遠征したのは少人数と考えられ、その通った道も近道、裏道も利用したことも考えられます。そこでヤマトタケ

ルが通ったと伝えられる若彦路など、甲府盆地と外界を結ぶ古道について、諸説をあげて検討してみます。

磯貝正義氏は次のように記しています。[10]〈甲斐国も大化の改新（六四五）の結果、東海道所属の一国として、中央から国司が赴任して統治することとなった。その往復した道筋は東海道駿河国横走駅で分岐して、甲斐国府へと至った。『延喜式』（九〇七）巻二八に「甲斐国駅馬、水市、河口、加吉各五匹」や『吾妻鏡』（一三〇〇頃）『夫木和歌集』などによって籠坂峠（加古坂とも書いた）、山中湖加吉（吉は「古」の間違いと考えられている）、河口駅、御坂峠を通り甲斐国府に至ったとし、鎌倉街道は鎌倉時代より前の平安時代後期承徳三年（一〇九九）以前から開かれていたことは確実である〉。

若彦路は河口湖畔の大石、大石峠、芦川、鳥坂峠、奈良原（笛吹市八代町）の筋ですが、これは鎌倉街道の傍道であろうという。若彦路の初見は『吾妻鏡』[11]であるから、本来若彦路は御坂峠を越える道筋であったと考えられます。若彦路について『甲斐国志』（一八一四）では、「日本武尊の御子稚武

第８図　若彦路、鎌倉街道、甲州街道遠景

彦王の封地があったことによります。稚武彦王は日本武尊の子供で武部を受封されました。若彦路はこの地を通るのでこう呼んだのです。武部は現笛吹市八代町竹居である」とされています。

末木健氏は、古代・中世の若彦路は各種文献資料を上げて[12]、現在の富士河口湖町大石（大石駅）から大石峠を越え、笛吹市芦川を通り、さらに鳥坂峠を越え甲府盆地東部の笛吹市八代町奈良原に出る。ここから竹居、北、南・北熊野神社近くを通り盆地北部に至るまでの間としています。これ以前は中道往還をあげ、弥生時代から古墳時代前期に中道地域に銚子塚古墳などの前方後円墳が築かれた期間である西暦三世紀頃から四～五世紀の間で、その後六～七世紀以後から古代・中世は御坂路が畿内や鎌倉幕府のある鎌倉をつなぐ路であったであろうといいます。これら若彦路、御坂路、中道往還の三筋を基準を定めて[13]大まかに高低差を比べれば、差の大きさ順に、若彦路、中道往還、御坂路となり、その水平距離は御坂路、若彦路、中道往還としていて、算出して数字で示しています。この数字でみると、御坂路が通行には最も容易であったということになり最も急峻で疲労度が大きいのは若彦路のようです。ただ富士山麓では溶岩流があり、その中には大小の穴（丸尾）があって、危険で歩くことは困難ではあったといいます。このような状況や文献上から若彦路は甲府盆地と駿河を結ぶ主要道路ではなかったと推察しています。

県内の順路

そもそもヤマトタケルが通ったとされる道は記・書紀ともに不確実な所や記述を欠く経路があるので、それを補う説がある。末木氏は山梨県とその付近の経路について次のように推察しています。

記では、新治（茨城県真壁町）→筑波（茨城県つくば市）→焼津（静岡県焼津市）→御殿場（富士山東麓）→篭坂（または三国峠）→山中湖畔（富士山北麓）→富士吉田市→河口湖畔の北→御坂峠（または大石峠、芦川渓谷、鳥坂峠、八代町奈良原、竹居北＝若彦路）→甲府盆地北部の酒折宮→科野国科野坂（恵那山トンネル付近）→尾張（名古屋市）が推定できるといいます。この筋はほぼ通説となっています。

また書紀では、陸奥国→日高見国（茨城県北部）を経て、常陸国（茨城県）から甲斐国に入る。そのルートを推定すると①足柄峠→篭坂→山中湖畔→御坂路（または大石峠・鳥坂峠を越える若彦路）②桂川沿いの甲州街道 ③大菩薩峠を越える青梅街道 ④雁坂峠を越える秩父街道が考えられる。甲斐から出るルートは武蔵国の北部（埼玉県）→上野国（群馬県）→碓日坂→信濃国（長野県）となるため、相模・武蔵をほとんど通過しないので②〜④のどれかになり、入る路と出る路は同じであった可能性もあるといいます。ヤマトタケルが複数の人であれば、複数のルートも考えられましょう。

ただ記では、甲斐から出るルートを長野県の遺跡や伝説などを勘案すると、八ヶ岳東麓→小諸市→上田市→長野市→塩尻市→木曽川を下り→信濃坂（恵那山トンネル付近）→尾張の道筋が考えられます。以上のように甲府盆地から出る時は書紀では東へ、記では西へとなりますが、入るときは記・書紀ともに東からになり、八代熊野神社あたりに寄ったとしても妥当なルートでしょう。

四　若彦路

笛吹市八代町内の若彦路が伝説上や遺跡分布上、また八代町の前後からどのように考えられるかを示してみたいと思います。

平安時代末期、治承四年（一一八〇）、甲斐源氏武田信義、安田義定らは、源頼朝が挙兵したのに呼応して富士北麓の若彦路を通って駿河国に向かいました。この記事が『吾妻鏡』に載っていて、この中に若彦路が書かれているのが若彦路の初見です。その後、若彦路は近世まで文献には見えません。

奈良時代頃から甲斐と畿内、西日本あるいは鎌倉や関東を結ぶ大動脈は御坂路（鎌倉街道）であって、若彦路は地方的な脇往還（裏街道）となっていました。若彦路が官道的な役割を果たすようになったのは、奈良時代始め（七一〇）より以前とみられ、笛吹市八代町北、南あたりに中道町から政権が移った四〇〇年代に当たると考えられます。若彦路から大口山にある鳥坂峠《とさかとうげ》を越えて甲府盆地に入ると、山の中腹に開拓地があり、このやや平坦地に縄文時代前期、中期、後期の土器や平安時代の土師器が濃密に分布している二ヶ所の遺跡があります。またその下に位置する味曽柏山の麓にも前記と同じような遺跡があり、これらはキャンプ的性格をもった遺跡のようにも見られます。このルートが長期間にわたって交通路になっていたことは確かであろうと思われます。鳥坂峠を越えて盆地に入り、最初にあるのが笛吹市八代町奈良原の集落で、急な下り坂の両側を中心に集落が営まれていて、口留番所が江戸時代に設置されていました。

　この集落から、若彦路は旧、新、新新の三ルートに分かれ、遥か下に南流する笛吹川の左岸でまた一本道となると伝えられていて、[14] この間が約五キロメートルです。三ルートの順序は、北側から南側に順次移動したと考えられています。旧道は大口山峡谷を流れる浅川の右岸で、南斜面を通ります。ここにある恩賜大口山造林記念碑に隣接して二基の一里塚がある所を通り、ここから四〜五〇〇メートル下にある観音坂を下ると奈良原の広済寺の門前に出ます。ここを北に折れ、（異説もあるが）花鳥山の一本杉と縄文時代前期の集落遺跡を通り、笛吹市御坂町室部集落を経て小山城の南を通り北集落の北部に入ります。ここは浅川扇状地扇央で、下り坂は急に緩やかになります。いかにも坂下宮というにふさわしい。北集落内には古墳時代前期のS字状口縁台付甕などが出土する、広く濃厚な遺跡が埋蔵しているとみられています。この地域の南部に筆者が酒折宮に比定できるのではないかと推測する熊野神社があります。ここを下り、畑の中を通って帆立貝型前方後円墳の狐塚古墳の近くを通ると、天川が笛吹川に流れ込む所に達します。

新道は奈良原集落から浅川扇状地扇頂にある竹居集落を通り、その北部にある楞厳寺の北に出ます。この地域は横穴式石室をもつ後期古墳群が多くあり、この時期や奈良・平安時代に使われた土器片が濃厚に分布しています。ここを下りて高家集落の中を通り、北集落へと下り、その中央を通って畑の中を下りると笛吹川に達します。新新道は八代町高家《こうか》の上で新道と分かれて集落の南側を下り、畑の中では両側が一メートルくらい高く深い道を通り（この付近の住民は普通この道を若彦路と呼んでいます）南・北熊野神社の前を通って、集落の下方で新道と合流します。

若彦路の内容とは少しそれますが、記録を残すためにもう一本の古代からあると考えられる八代町内の直線状の主要道についても記しておきます。(15) この道は若彦路新新道より南約三〇〇～四〇〇メートルにあり、旧八代町五一号線の一部です。区間は八代町南区原の上部から八代町増利《まさり》までの間で、現在の南区と永井区の境界になっていて、さらに原の上（東）方でも岡区と南区、高家区と竹居区のほぼ境界線になっています。竹居の南側で若彦路と合流し、途中岡集落の上部と接しています。この道は十一世紀以前に施行されたと考えられる条里型地割の基準線になっていたと考えられ、八代郷（荘）と長江郷（荘）の境界道でもあったとみられます。この道は、原の上方山神塚・猿子塚・馬見塚の各古墳に接する南側を通り、長崎と増利の中間にある永井区小字馬見塚二三四、二四五、二四六番地の北に接しています。この小字馬見塚の土地は、かつては周囲より一メートルくらい高くなっていて、通学路になっていた51号線の脇にあって、高畑と呼んでいました。近年この土地に自動車修理工場が建つ際に大きな石数箇が出土したので、今まで周知されていなかった後期古墳があったと考えられます。この道が二点で古墳に接していて、二郷の境界線であったのは偶然ではなかったように思われ、あるいは条里型地割の基準点にしたのかもしれません。この51号線は南区原地内の上（東）部にある道祖神の所で鍵手状（クランク）に曲がっていて、またそこから約五〇〇メートル下でもやや鍵手状に曲がっている所があります。この区間あたりはかつて原の宿と呼ばれていて、南区の中村良一氏や数人が原の宿と呼んでいたことを覚えていました。鍵手状に曲がっている箇所は宿場にある遺構であろうと思われます。宝永五年（一七〇八）の絵図では、道に沿って流れる小川や三角形地となっていた駒繋《こまつなぎ》跡などの施設や屋敷が道に対して斜めに構えた後が見られませんが、道の両側に規則的に民家が並んでいて、南側に十二軒ある中間に秋葉神社の祠が二基あり、北側には一五軒あります。並ぶ民家の両外側にこれを挟むように水路が描かれていて、これを原堰と呼んでいます。この地域ではここに民家が最も密集しています。原から畑地帯を少し隔てた上に岡集落があり、ここの上組で以前には山梨県指定無形民俗文化財であった岡の式三番が舞われていました。この起源は詳かではありませんが、伝承ではその昔、武士風の旅人が江戸へ下る途中、路銀（旅行費）に窮し、翁と三番翁のお面を謝礼として宿に置いていった。程なくして、京から江戸に下る旅人がこのことを聞き、舞と歌曲を傳えたのが式三番翁の始まりであるといいます。太鼓の乳袋に「享保八年（一七二一）癸卯正月□日東村道祖神」と記されています。このように江戸時代中期には即に往還としてこの道は成立していて、原地区が宿場であったことがうかがえます。ただその確証はありませんし、時代についても不明な点が多いのですが、古道であることなどから考えると、江戸時代以前に遡る宿場であったのかもしれません。

（1）平野邦雄　一九七五「ヤマト王権と朝鮮」『日本歴史』岩波書店
（2）吉田孝　二〇〇八『日本の誕生』
（3）中島郁夫　一九九四「墳丘からみた遠江の古墳群」『地域と考古学』
（4）大塚淑夫　一九九四「いほはらの君」『地域と考古学』
（5）山本禎　平成三「埼玉県における後期古墳の様相」『埼玉考古学論集』
（6）末木健　二〇〇八「甲斐のヤマトタケル傳承」『研究紀要』二四　山梨県立考古博物館　山梨県埋蔵文化財センター
（7）小林秀夫　二〇〇〇「信濃の古墳文化」『大塚初重先生頌寿記念考古学論集』
（8）西山克己　二〇〇三「シナノの古墳時代中期とその前その後」『研究報告』帝京大学山梨文化財研究所
（9）長野県高等学校歴史研究会一九七五『長野県の歴史散歩』
（10）磯貝正義　昭和五三「甲斐の古駅路」『郡司及び采女制度の研究』
（11）末木健　二〇〇三「甲斐の古道」『新世紀の考古学』
（12）末木健　二〇〇七「甲斐の古道」―若彦路―『山梨県考古学協会誌』第一七号
（13）末木健　二〇〇八「甲斐のヤマトタケル傳承」『研究紀要』二四号　山梨県立考古博物館　山梨県埋蔵文化財センター
（14）山梨県教育委員会　昭和六一『若彦路』山梨県歴史の道調査報告書第八集
（15）山梨県教育委員会他一　一九八九『下長崎遺跡・両の木神社遺跡』（森和敏）

第三章　ヤマトタケルが訪ねた豪族

一　古墳時代の甲府盆地東部

人口が少なかった甲府盆地東部にある、甲府市中道地域の下曽根とその付近に静岡県方面から新しく入って来た人たちが、山梨県初期政権を開始したと考えられています。

ここの甲府盆地南西部御坂山脈山麓に連なる曽根丘陵と、その直下には弥生時代後期三世紀頃に甲府盆地開発の先がけとなる遺跡が急増し、古墳時代に入って三〇〇年代中頃から、前方後方墳とみられる小平沢古墳、前方後円墳の大丸山古墳、銚子塚古墳、天神山古墳や円墳の丸山塚古墳など数基が築造され、そこに埋葬された支配者である豪族が甲府盆地の初期政権を担いました。四〇〇年代の初め頃に、この政権の主流が北東に広がる諸扇状地と南西に続く曽根丘陵上や盆地北部の一部、甲府市和田町付近に拡散したことが、古墳や集落遺跡などを発掘調査した結果で明らかになっています。甲府市中道地域にある甲斐風土記の丘・曽根丘陵公園内で発掘調査された上の平遺跡(1)では、一一七基の大方形周溝墓群などが発見され、弥生時代後期から古墳時代初期に大量に移住して来た人達がいたことがわかりました。また同一丘陵上にあるほぼ同じ時期の東山北遺跡からも、竪穴住居跡二七軒と方形周溝墓二基が発見されています。(2) これらに続いて前述した小平沢《こびらさわ》古墳が造られています。大丸山古墳は長さ一〇〇・八メートルの前方後円墳で、主体部は花崗岩で作られた組合式石棺をおさめた竪穴式石室、その上に安山岩で作られた石室があり、蓋石は一枚の花崗岩である珍しい二重構造になっています。石室は東西の長さ約二・二メートル、南北の幅〇・九メートル、深さ〇・五メートルです。石棺内は全面に朱が塗られていて、二人用の石製枕が置かれていて、男女二体の人骨があり、青銅鏡三面、管玉などが副葬されていました。上の石室からは釿《ちょうな》一、短冊型鉄斧などの大工道具や鎧、刀などの武具多数が副葬されていました。この二重構造は京都府乙訓にある妙見山古墳と同様であり、また笛吹市八代町北にある団栗塚古墳に並べられた石棺と石室に構造がよく似ていることが注目され、同じ系譜上にあるのではないかと考えられます。

下曽根銚子塚古墳(3)は大丸山古墳の近くにあり、大丸山古墳に続いて四世紀後半に造られ

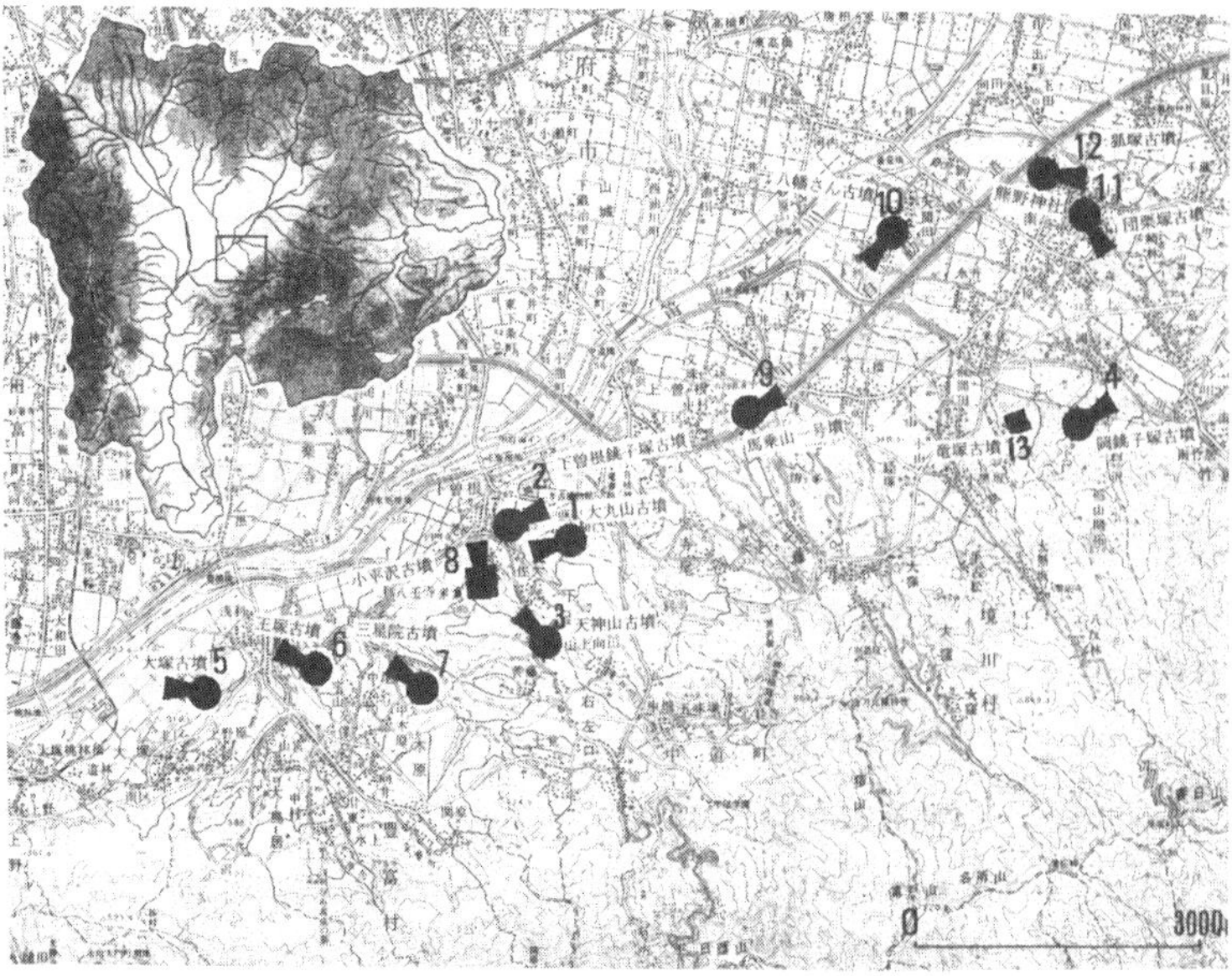

第９図　甲府盆地東部の前方後円（方）墳分布図

たとみられていて、曽根丘陵の裾にある九〇分の三度の北面傾斜に並行して築造された一六八メートルの山梨県最大、東日本でも最大級の前方後円墳です。小口積の竪穴式石室からは青銅鏡五面、玉類、車輪石、石釧、鉄製品武具など多数が発見されていて、他にも盗掘されたものも少なくないと思われます。被葬者は甲府盆地にあったほとんどの集落に君臨した権力者であったと考えられます。

また前方部左にある竪穴式石室をもつ丸山塚古墳は円墳としては山梨県最大で直径七二メートルあり、銚子塚古墳の被葬者とは極めて深い関係にある人物とみられていて、女権が強かった時代ですので、夫婦ではなかったかと筆者は考えています。大丸山古墳(4)の男女二体の人骨や、県内で前方後円墳と円墳がセットで築造された状況から推測すると、夫婦であったことに疑いをはさむ余地はないと考えています。また丸山塚古墳の北にある茶塚古墳からは、後述するように山梨県では最も古い馬具が出土しています。

曽根丘陵の少し奥にある天神山古墳は、舌状丘陵の先端に位置します。長さ一三五メートルで山梨県では二番目に大きい前方後円墳です。主体部や出土品などについては未だわかっていませんが、銚子塚古墳と同じ頃に造られたのではないかと考えられています。

以上にあげた前方後円墳(5)は、主に近畿地方にあって、大和政権をつくった豪族達の前方後円墳と形がよく似ていることがわかっています、特に銚子塚古墳はその影響が強いといわれていて、畿内から来た技術者による指導・監督のもとに築造されたのではないかと考えられます。大阪府にある大山古墳(仁徳天皇陵)は長さ四八六メートルの前方後円墳で、これを造るのに古代工法では一日二〇〇〇人で一五年八ヶ月を要したと大林組で試算しています。墳丘を築造するには周囲を掘って造る堀の土を盛り上げたり、他の所から固くしまる土を運んで来て、それを交互に重ねながら細い棒で突き固めたとも考えられています。農繁期には工事を縮小したり、中止したかも知れません。下曽根銚子塚古墳が仮に大山古墳の二〇分の一としても、一日五〇〇人では延三〇ヶ月はかかっただろうと推測され、これらの古墳は被葬者の死に間に合わすために生前に築いたと考えられています。

また複雑な形をしている前方後円墳を築くには、知識や技術、経験が必要だったはずです。長年日本道路公団で高速道路の盛土を設計し、施行管理をした経験のある考古学にも造詣が深い一寸木和広氏の御教示を上げておきたいと思います。

一、設計図（頭の中で描いたとしても）がなければ完成することはできないこと。

二、長さ、高さや角度を目測だけで仕上げることは不可能で、例え木の棒であっても用具が必要であること。

三、工期計画＝作業計画、工程（工期）、工事費に代わるものなどが必要で、その専門家や技術者、指揮監督者が必要であること。

四、築造には基礎地盤、盛土材料の性質をよく理解した上で施工したはずであること。

例えば固い地盤に砂礫や砂質土を使えば沈下しないけれども、関東ローム層は沈下量が多いといいます。これが山梨県で大型古墳を築くには、近畿地方などで多くの古墳の築造にかかわった専門家や技術者などを招いたと考える理由です。現地の山頂や傾斜地に左右対称の立体型である前方後円墳を築くには、大変な工夫をしなければならなかったと思うのです。

筆者[6]が中道町地区にある大丸山古墳、銚子塚古墳、天神山古墳と笛吹市八代町岡にある銚子塚古墳を測量して作成した図をもとに、方眼紙の上に設計図を復元してみたところ、この四基の古墳を、山の頂上や傾斜地に設計して築かれたことは確かであろうと確心を持つに至りました（第17図参照）。数字も字もなかったと考えられている時代にです。下曽根銚子塚古墳、天神山古墳と岡銚子塚古墳は前方部の長さと後円部の直径が、八対七の割合で、大丸山古墳だけは前方部八と後円部が八であることがわかりました。

中道地区で大型古墳が築造された後の四〇〇年頃[7]には、前述したように勢力の主流が二方向に分かれます。南西に連なる曽根丘陵上にある市川三郷町（旧三珠町）の大塚古墳と中央市旧豊富地区にある大塚古墳は、この時期に県内では最も権力を集中した被葬者の墓であると考えられています。両墓からは短甲、桂甲、鎧兜、矛、剣などや馬具が出土し、軍事的色彩が濃い権力者だったといいます。

一方北東に続く曽根丘陵と諸扇状地に移った主流は、笛吹市境川町にある前期前方後円墳の馬乗《うまのり》山《やま》二号墳と、その前方部直前にある円墳の馬乗山一号墳（八乙女塚《やおとめづか》古墳）です[8]。二号墳は長さ六〇メートルで、主体部は破壊されていましたが、粘土郭かと考えられていて、剣、青銅鏡や勾玉などが出土したと伝えられ、墳丘に葺石があったとみられています。一号円墳は直径約一三メートルで、竪穴式石室四基が発掘調査されました。四基もの石室があったことは、山梨県内では例がありません。このうち一基は子供用、三基は大人用と思われ、大人用の二基は並べて造られていて、あたかも夫婦で埋葬されたもののようでした。中からは剣や直刀、多数の鉄鏃が出土しました。恐らく家族で埋葬されたと思われ、県内では例がない異状な状態でした。何か特殊な事情があったと思われます。両墳とも五世紀中頃から後葉にかけて築造されたものと考えられています。

またこの二基の古墳が築造されていた丘陵の直下の低い所にある表門《うわと》神社に同時期に築かれた竪穴式石室をもつ前期円墳があります。同じように丘陵地上に造られなかったのも異様な感じがします。何か政治的な理由でもあったのでしょうか。なお馬乗山古墳二基は中央自動車道建設の際、山ごと削り取られて消滅した不幸な古墳でした。

甲府市旧中道町地域の古墳群から東北約八キロメートルにある曽根丘陵上に、前方後円墳の八代町岡銚子塚と円墳の盃《さかずき》塚《づか》古墳が造られました。下曽根銚子塚古墳と同じ頃か、少し遅れて築造されたと考えられています。南西に舌状に突き出している曽根丘陵上にある上の平には竜塚《りゅうづか》古墳があり、発掘調査の結果、五世紀前半に築造されたということがわかりました。岡銚子塚古墳と同じ頃か少し後の時期に比定されています。山梨県で確実な方墳として竜塚がただ一基あるだけですが、前期の方墳としては国内最大級です。墳丘は一辺五〇メートル、高さは七・四メートルで、墳頂の平の部分が広いことが特徴です。墳丘の中位に巾三〇～四〇センチメートルのテラスがあり、その上の墳丘斜面は葺石でおおわれています。墳丘の東・西・南部に巾二・五～四・八メートル、深さ七〇～二六〇センチメートルの堀があります。墳丘上にある主体部はおおよそ東西九・二メートル、南北三・六メートルの墓坑があり、そこに木棺を直葬したとみられています。出土品は土器が墳丘上から少量発見されただけで明確な判定は難しいのですが、S字状口縁台付甕の直後の土師片であるといいます（坂本美夫一九九七、「竜塚古墳の測量調査」『山梨県史研究』第五号、八代町教育委員会　二〇〇四『竜塚古墳』）。孤立したこの古墳の被葬者が社会的にどんな立場にあったかは中国思想も含めて、今後明らかにしなければなりません。銚子塚古墳と盃塚古墳は保存整備されて公園になっていて、竜塚古墳は保存のための整備中です。

以上のような古墳を造った民衆の集落は、少しずつ盆地内でも発見されていますが、未だ多くの集落が地下に埋まっているものと思われます。笛吹市境川町から北には、八代町、御坂町、一宮町などがあり、浅川、金川、京戸川、日川などによって形成された広大な諸扇状地が展開しています。

八代町のほぼ全域がのる浅川扇状地には、岡銚子塚古墳や竜塚が造られた後、四〇〇年代後半に団栗塚《どんぐりづか》古墳、狐塚《きつねづか》古墳、真根子塚《まねこづか》古墳、八幡さん古墳、御坂町下成田にある亀甲塚《かめのこうづか》古墳(9)などが造られました。孤塚古墳は帆貝型（柄鏡型）の前方後円墳として墳丘が残っていますが(10)、他の三基は旧状により孤塚古墳と同様とみられています。

団栗塚古墳と真根子塚古墳については後述するとおりです。孤塚古墳は浅川扇状地の扇端に近い所にあり、長さ二六メートルで北西部に五〇平方メートル、高さ三〇～四〇センチメートルばかりの張出部があり主体部は不明ですが、前方部から鉄鉾一、剣二、埴輪片三〇が発見されています。また南西部端に多量の土器（埴輪片か）が埋まっているといいます。増利八幡さん古墳も扇端部にあり、長さ約三二メートルと推定され、主体部は不明で後円部墳頂から鉄鏃が出土したといわれています。亀甲塚も扇端部にあり、長さ約二三メートルと推定されています。安山岩《あんざんがん》と河原の礫《つぶて》で造られた長さ四・五メートルの竪穴式石室をもち、青銅鏡一、管玉五三、直刀一、三三センチメートルの鉄器などが出土しました。これらの古墳は何れも出土品が少なく、墳丘が破壊されているので正確な年代決定がされていません。五世紀後半は、埼玉県稲荷山古墳から出土した鉄剣銘や、熊本県江田舟山古墳から出土した直刀の銘にみられるように、雄略天皇の勢力拡大期にあたり、政治的動向上注目されています。これらの古墳の被葬者は畿内政権と直接的に結びつき、政治的な介入がされた政権と考えられています。

山梨県内では、卓越した肥沃地である扇上地が広がる甲府盆地東部は、農業生産力が増大し、ゆるぎない権力が集中して、やがて豊富、三珠地区の勢力を凌駕するようになったのではないかと考えられます。

五世紀後半にヤマトタケルが東征し、関東平野に割拠する豪族を言向けして、帰りに甲斐を通ったとすれば、この盆地東部に来たと考えるのが最も妥当であろうと考えられます。

この後の六世紀には、小中の横穴式石室をもつ後期円墳が盆地東部や北部に多く築かれ、一〇〇〇基以上に及んだとみられます。八代町では奥行一〇メートルの横穴式石室をもつ円墳の地蔵塚古墳などが、金川扇状地にのる御坂町には、日本最大級の奥行一七メートルもある巨大な横穴式石室を巨大な石材で造った姥塚古墳があります。甲府市北西部の湯村には、奥行一四メートル以上の横穴式石室をもつ加牟那塚古墳を築いた豪族達が君臨しました。姥塚古墳の被葬者は甲斐国造《かいのくにのみやつこ》だろうといわれています。盆地北側の山腹から山麓に築かれた一六〇基の桜井・横根石積塚古墳群はその多くが七世紀に築造され、盟主墳らしいものはありませんが、この時期にはここが甲斐の政治や文化の中心だった証拠だといわれています。当地に産する粘土を材料とした国分寺瓦や土師器が大量生産され、一部は奈良の都である平城京跡でも出土していて、ここが大和政権に山梨の中心地だったと知られていたのでしょう。それで七一二年に編纂された『古事記』に、酒折宮がこの近くにあったと想定されたのではないでしょうか。確かに前述した前方後円墳や方形周溝墓などを造った勢力もあったのですが。八世紀には国府が笛吹市春日居町につくられ、一宮町、御坂町に順次移され、甲斐の政治・文化の中心となります。

二　浅川扇状地の地形と古墳時代の遺跡

地形

浅川扇状地は甲府盆地東部に広がる諸扇状地群の中では典型的な扇状地です。[11] 一〇〇〇メートル級の山が連なる御坂山塊から流れ出る浅川によって形成され、旧河床筋が見られる所もありますが、現状ではフラットな地形になっていて、扇端から西は盆地床になっています。八代町の居住域や耕地はこの扇状地扇頂から扇端に占地していて、全体的にはローム層やその二次堆積層が覆っている所が広く、全国でも有数な肥沃地といわれ、農業生産高も全国有数です。南西には曽根丘陵が北東に金川、京戸川、日川などの複合扇状地が続き、甲府盆地の縁辺部となっています。浅川は山間から出た所で急に傾斜が緩くなり、扇状地が開け、約七〇度に開く扇型をとり、八代町の中心地である南区と北区の熊野神社付近で勾配が急に変化しゆるやかになります。現在の扇状地の地下にはハードローム層で覆われた古い扇状地があり、この古い扇状地の扇端が現在の扇状地の扇央にあたり、ここに断層が走っているために傾斜の変換線になっているといいます（『八代町誌』上）。つまり熊野神社から南に向かう参道がこの線で、これより上（東）が急傾斜で下が緩傾斜となっています。熊野神社の北側は、特に傾斜が緩くソフトローム層で覆われていて、いかにも坂下の地にみえます。この線の直上に六世紀前半に築造された地蔵塚古墳、馬見塚古墳、猿子古墳、山神塚古墳などが築造されました。

古墳と集落遺跡

八代町には現存する古墳と半壊されたり全壊された古墳を合わせると六四基以上が確認されています。このうち古墳時代前期に築かれた古墳は八基、後期古墳が五四基以上も築造され、このうち九〇％以上が乱掘されたり破壊されています。その構造は判らず、出土資料も散逸したものが多いため、発掘調査された六基以外は確かな築造年代は不明です。

扇状地上にある前期古墳の団栗塚古墳などが造られる前には、八代では曽根丘陵上先端にある岡銚子塚古墳とその左前方に位置する盃塚古墳、小さい谷を挟んで南西にある前述した竜塚古墳と内容が不明な小円墳一基があります。銚子塚古墳は山梨県では四番目に大きい全長九〇メートルの前期前方後円墳です。[12] 一九九一～一九九三年に八代町教育委員会によって整備のための発掘調査が行われ、保存整備後に公開されています。調査の結果、主体部は粘土で造った郭（室）に遺体を入れた木棺を埋葬したと考えられていて、少数の円筒埴輪、鉄剣や土器などが出土しました。また以前に発見された青銅鏡三面の拓影や鉄製品などによって、四世紀から五世紀前半の間に築造されたとみられています。

ここに埋葬された豪族は、八代町地域の首長とみられます。四世紀後半に築造された前方後円墳の下曽根銚子塚古墳とはその規模、主体部（石室など）や副葬品に格段の差があります。岡銚子塚古墳に埋葬された豪族が住んでいた場所は、この古墳がある上の原（銚子原）は狭く、四～五世紀の遺跡は発見されていないので、浅川扇状地上の何処かにあると考えるより他になく、八代町熊野神社付近にあったのではないかと考えることもできます。

岡銚子塚古墳の南西にある米倉の竜塚古墳[13][14]は丘陵の先端部にあり、岡銚子塚古墳と同様に、丘陵下の広い範囲から見える所に位置しています。この内容については前述したとおりですが、竜塚古墳を所有していた八代町に住む横山寿夫氏が大切に守ってきたことを記しておきます。筆者も横山氏に保存をお願いしていて、一九九三年に県立考古博物館館長、県埋蔵文化財センター所長に就任した大塚初重明治大学教授に指導と協力を受けたことを併記しておきます。竜塚の西では、古墳時代初頭の住居跡が四～五軒発掘調査されましたが[15]、この狭い丘陵上には他に大規模な古墳時代の集落は認められませんので、この被葬者である豪族の居住地は、浅川扇状地上の何処かにあると考えるより他にありません。

次に浅川扇状地上にある前期古墳について説明しましょう。ここにある五基の古墳は五世紀後半の雄略朝期頃に主に築造されたと考えられます。全て浅川扇状地扇央にある傾斜の変換線から下方

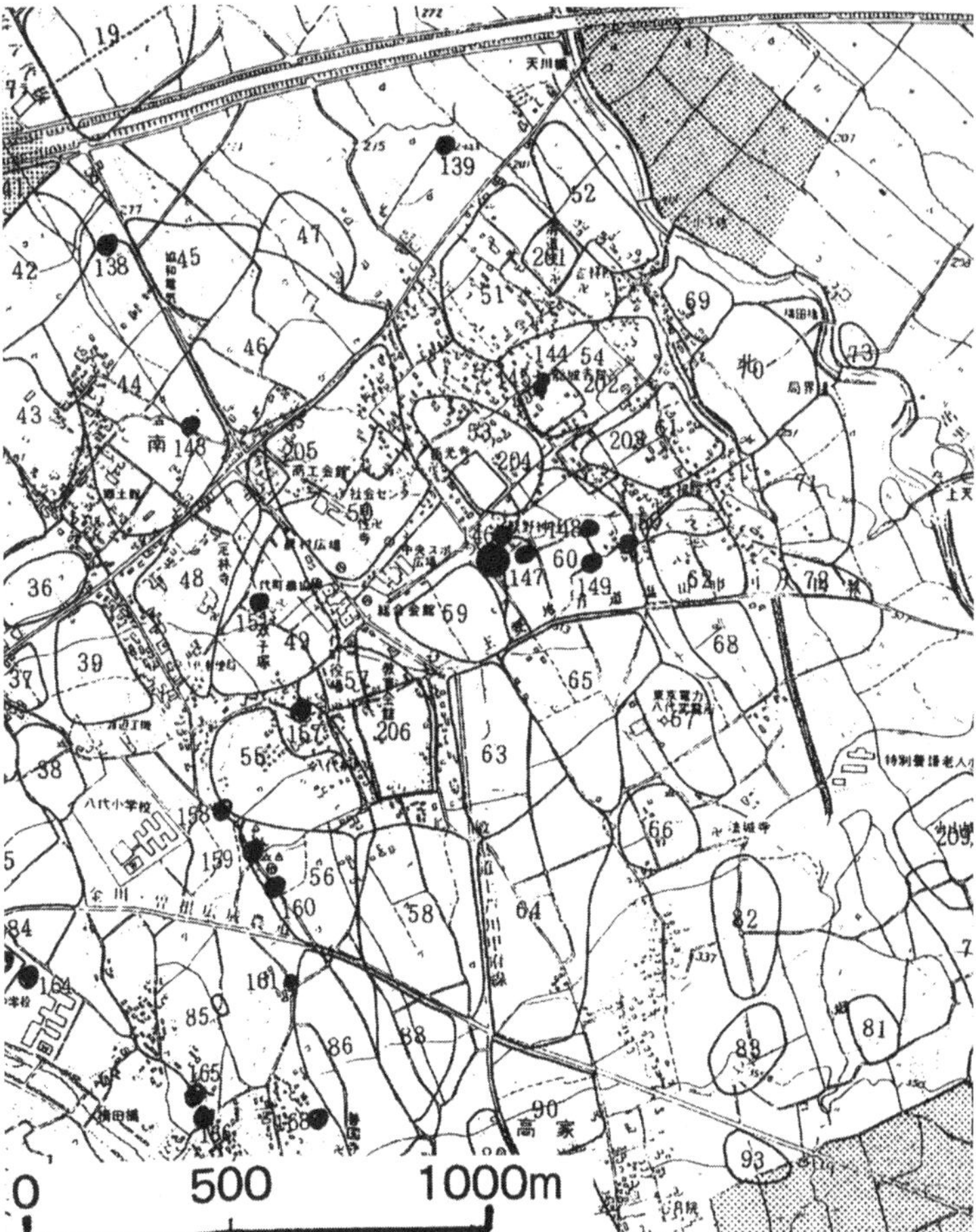

第 10 図　浅川扇状地の遺跡分布図

八代町教育委員会 1990「遺跡詳細分布調査報告書」

●熊野神社　＊アミは条理型地割

にあります。このうち、団栗塚古墳、真根子塚古墳と伊勢塚古墳の三基は八代町熊野神社境内と隣地にあり、狐塚古墳と八幡さん古墳はここより下方にあります。この八代町にある古墳を造った勢力は、甲府市中道地域にあった四〜五世紀に政治・文化を築いた勢力が北東部、北部と南西部に別れた中の北東勢力です。北東は八代町、北部は甲府市北部、南西部は市川三郷町（旧三珠町）、中央市旧豊富村地域です。若干は中道地域にも残っていたとみられています。これらの勢力が甲府盆地の中で四〜五世紀の遺物の状況をみても、次つぎに新しい政権が誕生して政権交代が行われたとは考え難く、世襲で権力が継承されたと考えるのが妥当かも知れません。熊野神社にある三基の古墳は、その位置的にも近くに広がる土器の分布状況からも、甲府盆地の中心的存在であったと考えられます。

狐塚古墳は柄鏡《えかがみ》型によく似た形で、東を向く軸長二六メートルの小型の前方後円墳で、主体部の型式は不明ですが、前方部から鉄鉾一、鉄剣二が前方部上から出土し、埴輪破片が墳丘やその周囲から発見されています。八幡さん古墳は扇端にあり、(16) 墳丘は南側の土を取り去られ変形して二段になっていて、その南西に長方形に高い部分がありましたが破壊されて、今はほとんどありません。また巨石がないので横穴式石室があるとは考えられないので、柄鏡型の前方後円墳と考えています。出土品は『甲斐国志』によれば鉄鏃《てつぞく》一本が墳丘上から発見されたといいますが、その存在はわかりません。この南東一〇〇メートルの地点から、古墳時代前期の土器が多量に発見されていま(17)す。なお前期とも考えられる南区定林寺境内にある双子塚と竹居のおこり塚については、推測以上の証拠がないので省略します。

次に浅川扇状地上にある前期古墳を築造した豪族や住民が住んだ集落が何処にあったかを、土器の分布調査や遺跡の発掘調査をした結果から推定します。

扇状地全体的には[18]〜[27]前期古墳がある扇状地扇央から扇端にかけて集落が散在しているようで、特に水田耕作ができるような水利がよい低地を伴う微高地や、水害にあわないような場所を選んで住んだようです。これらの集落の中心的存在が熊野神社付近にあったとみられ、熊野神社と団栗塚との間にある小字竹の内地内から完形のS字状口縁台付甕が三箇体と甕の底部が地下役八〇センチメートルから焼土を伴って発掘され、またこの近くから木炭片と共にS字状口縁台付甕が出土しています。これらは四世紀後半から五世紀にかけての集落遺跡があった証拠で、この時期の土器片も散布しています。この地域に続く北区内の北側を流れる堀川沿いには、古墳時代とそれ以後の土器分布域があります。

古墳時代後期から奈良・平安時代にかけての住居跡が三六基発掘調査された堀ノ内遺跡が笛吹市役所八代支所のある場所で発見されました。ここは熊野神社南西二〇〇メートル付近にあり、大きい柱穴が一列に検出されたので、八代郷の郷家（役所）であろうと考えられています。

さらに西にある中央自動車道とその西側にある侭の下遺跡と身洗沢《みあらいざわ》遺跡は、発掘調査によって弥生時代終末から古墳時代初頭の集落であることがわかり、竪穴住居跡や掘立柱建物に伴って土器や木製品が出土しました。またこの西側からも一九九三年に同時期とみられる土器が出土したので遺跡がかなり広い範囲に広がっているものと思われます。

これらの遺跡とほぼ同時期から後の時期の遺物が扇端にある増利地内の一町五反遺跡で発掘さ

れ、掘立柱建物跡一棟が検出されました。この西に隣接する畑で貯水池を掘った際に多量の土器が出土しています。この北西五〇メートルには前期古墳とみられる八幡さん古墳があります。

以上の時代が終り、六世紀に入る頃から古墳時代後期になり、横穴式石室をもつ古墳が築造され始め、浅川扇状地扇央には地蔵塚古墳を始め三〇基に達する古墳が、さらにこれに続いて六世紀から七世にかけては扇頂に近い地域で古墳が築造され五〇基以上になります。この時期は急激に開発が進み、人口が増加したとみられ、遺跡は扇状地の全面に広がったものと考えられます。

以上のように五世紀頃盆地の中心勢力があった熊野神社とその付近の遺跡や前期古墳について詳しくみてみたいと思います。なお熊野神社は笛吹市八代町南区と北区が氏神としている神社であるので、以下南・北熊野神社といいます。

三　酒折宮は八代町南・北熊野神社

南・北熊野神社の遺構と付近にある遺跡

熊野神社は笛吹市八代町北小字竹内一六一五番地にあります。東西約六〇メートル、南北約一〇〇メートルで、南北にやや長い不整方形の土地で、面積は五七七五平方メートルです。境内は東半分が少し高くなっています。東側の道に沿って幅二～三メートルばかりが三〇～四〇センチメートルくらい帯状に高くなっているのは土塁の痕跡かとも思われます。東側の北寄りに無名の直径約八メートルの低墳丘があります。高さは東から約一メートル、南、西からは二・五メートルくらいで北から土塁に続きます。全体的には破壊された様子は少なく、原形を残しているように見え、土饅頭状で墳頂には平坦面がありません。全体をボーリング調査すると、約四〇センチメートルから下は固い層になります。墳頂で深さ二〇～三〇センチメートルで礫に当る所が三～四ヶ所あり、その南は深さ一メートルくらい柔らかい層があります。石室らしい石に当たるところはなく、石にも当たらないので古墳ではないと思われます。墳丘から西に向かって、幅六～七メートル、高さ六〇～八〇センチメートル、長さ七〇メートルばかりの土塁があり、北西の隅に郡石が立っている直径約一〇メートル、高さ七〇～八〇センチメートルの墳丘に続いています。北側の土塁に沿ってある道は幅が五～六メートルくらいあり、かつては七〇～八〇センチメートル深くなっていて明らかに堀跡と考えられます。文化四年（一八〇七）に描かれた北八代村絵図には熊野神社と西にある千手院との間には小川がありましたが、現在は道になっていて、文化四年に造られた北八代村絵図には現在ある参道は描かれていません。明治二五年に測量された分間図にはありませんが、かつては西側は土塁らしく少し高くなっていたといいますが、確かではありません。北側にある土塁と堀跡は、中世に造られたものではなく、平安時代後期より以前に造られたと考えられます。八代町役場の文書に「コノ西ニ接シテ世俗呼んで城址ト称スル処アリ　其残塁今尚存セリ　是武内宿称ノ男波多八代宿称ノ居城ナランカ―中略―又墳墓ノ地ヲ距ル西北ノ方凡七.八町ノ処二字白髪ト称スル処アリ其処に白髪清水ト称スル―中略―口碑ニ武内宿弥飲用炊用ニ供シタルモノ」とあります。熊野神社の正面入口は『甲斐国志』が編纂された江戸時代中期に今と同じ南側中央にあり、参道となっています。三〇〇メートルくらい直線に延びていて、八代郷と長江郷との境界線であり、また条里遺構の基準線であったと思われ、江戸時代以前は主要道路であったと考えられる道路につながります。しかし分間図で見れば、北側中央から北に二〇〇メートルくらい道が延びているので、かつて正面は北側にあったことが推測できます。

熊野神社より北は南より平坦地になっていて、前述した団栗塚古墳等や集落遺跡が広がっています。これが正面入り口が北側だったと考えられる理由です。正面入り口が北側だったとすれば館跡の内部構造もある程度入口に規制されると考えられます。平安時代後期には即に熊野神社が鎮座し、広大な八代荘をかかえていたので、その前身は奈良時代以前に遡ると考えられます。筆者はこの社を「やつしろ」という地名の発祥地と考えています。最近遺跡の発掘調査で、古墳時代に土塁や堀で囲んだ豪族の館が各地にあったことが明らかになっています。熊野神社の境内も古墳時代前期に造られた豪族の館跡であった可能性があり、この中にあった神殿が館跡廃絶後も社として存在し、これが熊野神社の始まりであったと考えています。

群馬県三ツ寺遺跡に似る熊野神社の遺構

群馬県高崎市三ツ寺Ⅰ遺跡をはじめ、関東、中部、関西、東北地方には古墳時代前期から後期までの壕や柵に囲まれた豪族居館跡があります。(29) 現在七ヶ所が確認されていて、そのうち二遺跡に独立棟持柱をもつ掘立柱建物と、一遺跡に大型の掘立柱建物があることを確認しています。またこの居館跡が官衙化するものもあることが指摘されています。この七遺跡は次のとおりです。

一．群馬県高崎市三ツ寺Ⅰ遺跡(28)(29)　五世紀～六世紀初頭
二．栃木県さくら市四斗蒔遺跡　古墳時代前期
三．兵庫県神戸市松野遺跡　五世紀後半
四．福島県いわき市菅俣・折返A遺跡　古墳時代前期　独立棟持柱のある掘立柱建物あり
五．静岡県浜松市大平遺跡　古墳時代前期　独立棟持柱掘立柱建物あり
六．群馬県伊勢崎市原之城遺跡　大型の掘立柱建物あり
七．群馬県伊勢崎市今井学校遺跡　六世紀後半

以上があげられていて、独立棟持柱のある掘立柱建物がある遺跡があることに注目したいと思います。

群馬県高崎市にある三ツ寺遺跡について詳しくあげておきます。ここは古墳時代に築かれた豪族の館跡とその北に広がっている古墳時代の大集落で、これが南・北熊野神社遺構とその東や北に広がるとみられる大集落跡について考える上で参考になります。三ツ寺遺跡は群馬県榛名山の東南麓に接し、前橋台地状の低台地に展開する。館跡の一キロメートル北西に長さ一〇〇メートル前後の二子山古墳など三基の前方後円墳があり、その被葬者はこの館跡に住んだ豪族で、その首長墓とみられています。六世紀後半以降に築造されたとみられる円墳二基や、利根川の西には上野国府、上野国分寺、尼寺、東山道が近くにあります。また集落跡や水田、畑が三ツ寺Ⅱ・Ⅲ遺跡でも多く確認されていて、弥生時代住居跡や古墳時代住居跡二七七軒、奈良時代、平安時代の住居跡九三軒が濃密にあり、発掘調査で確認されています。三ツ寺遺跡Ⅱには祭祀遺構はなかったので、祭祀行為

は全て館跡内で行われていたのではないかと考えられています。

三ツ寺I遺跡で発見された館跡は出土した遺物で五世紀後半から六世紀後半まで営まれたとされ、幅三〇～四〇メートル、深さ三・五メートルの堀と土塁で囲まれ、外周は南約八〇メートル、北五〇メートル、東一〇〇メートル（西は不明）ある大規模な館跡です。堀には常に深さ一メートルの水が湛えられていました。堀の内側は低い土塁で囲まれ、方台形の張出部が南に一基、西に二基確認されていて、高さ三メートルの石垣が築かれています。入口は南にあります。発掘調査されたのは館全体の約三分の一です。堀に沿って二、三重に巡らされた柵列が、また中心線上にも同じように柵列があり、館を南北に別けています。館内には竪穴住居跡四軒、掘立柱建物跡が五棟あり、その正殿と思われる三間×三間に庇がつく十三・六八メート

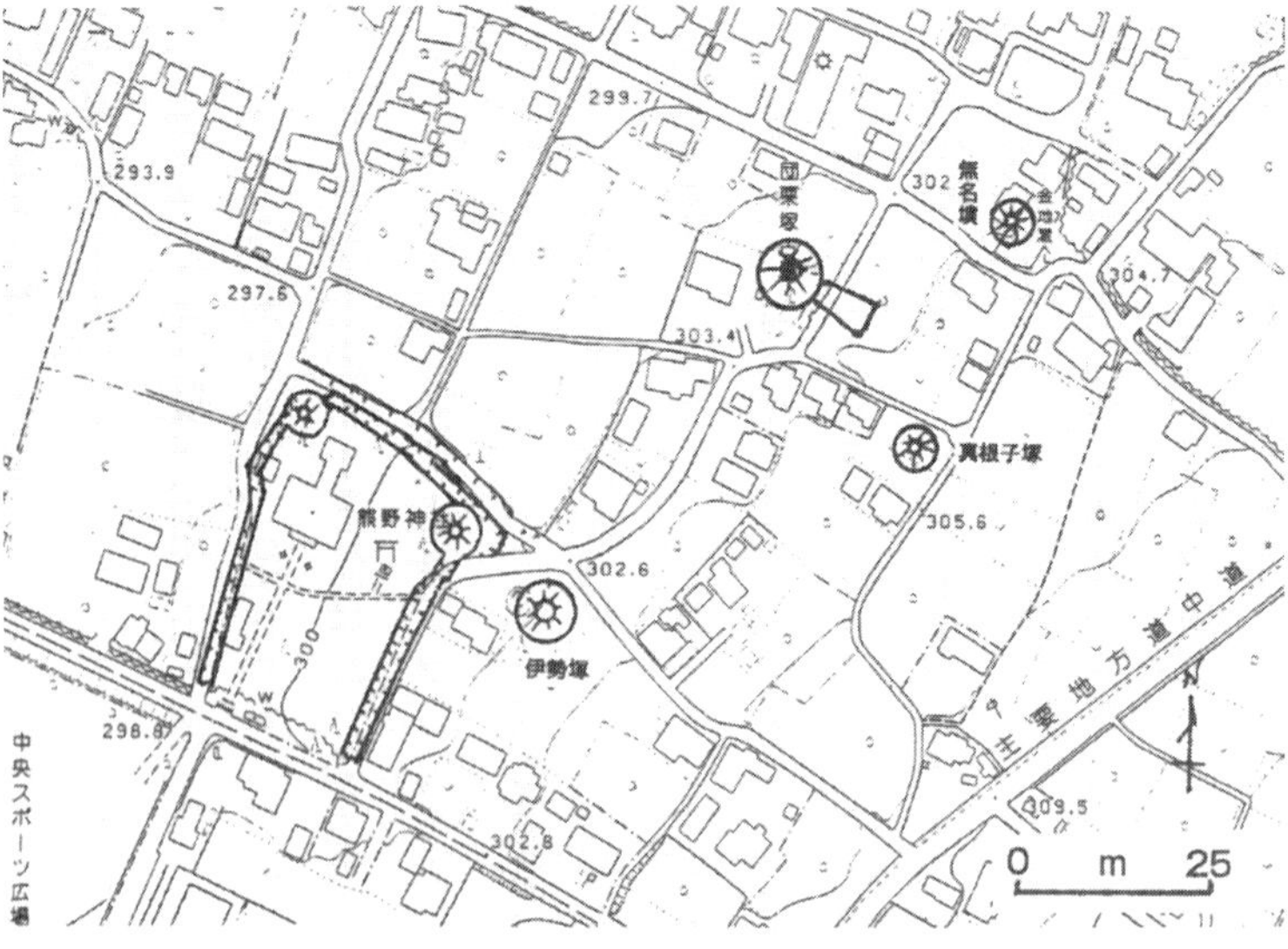

第11図　熊野神社付近の遺跡

ル×一四一五メートルの大規模建物があります。二間×三間の建物は独立棟持柱をもつので、神殿であった可能性もあります。この他井戸や溝に沿った石敷があり、ここから遺物が多量に出土していて、土器に混って墨書・刻書土器、木簡一四〇点などが発見され、また祭祀遺物は滑石製模造品二〇〇点以上、刀、剣が約三〇点などがあり、その出土状態などから推定して、館全体が祭祀儀礼の場所であったとみられています。館は六世紀に土石流の流入によって廃絶したのですが、その後も神格化した存在として、九世紀後半まで祭祀行為が続けられています。以上のことから南・北熊野神社の付近の遺跡やその境内の遺構がよく似ていることがわかります。

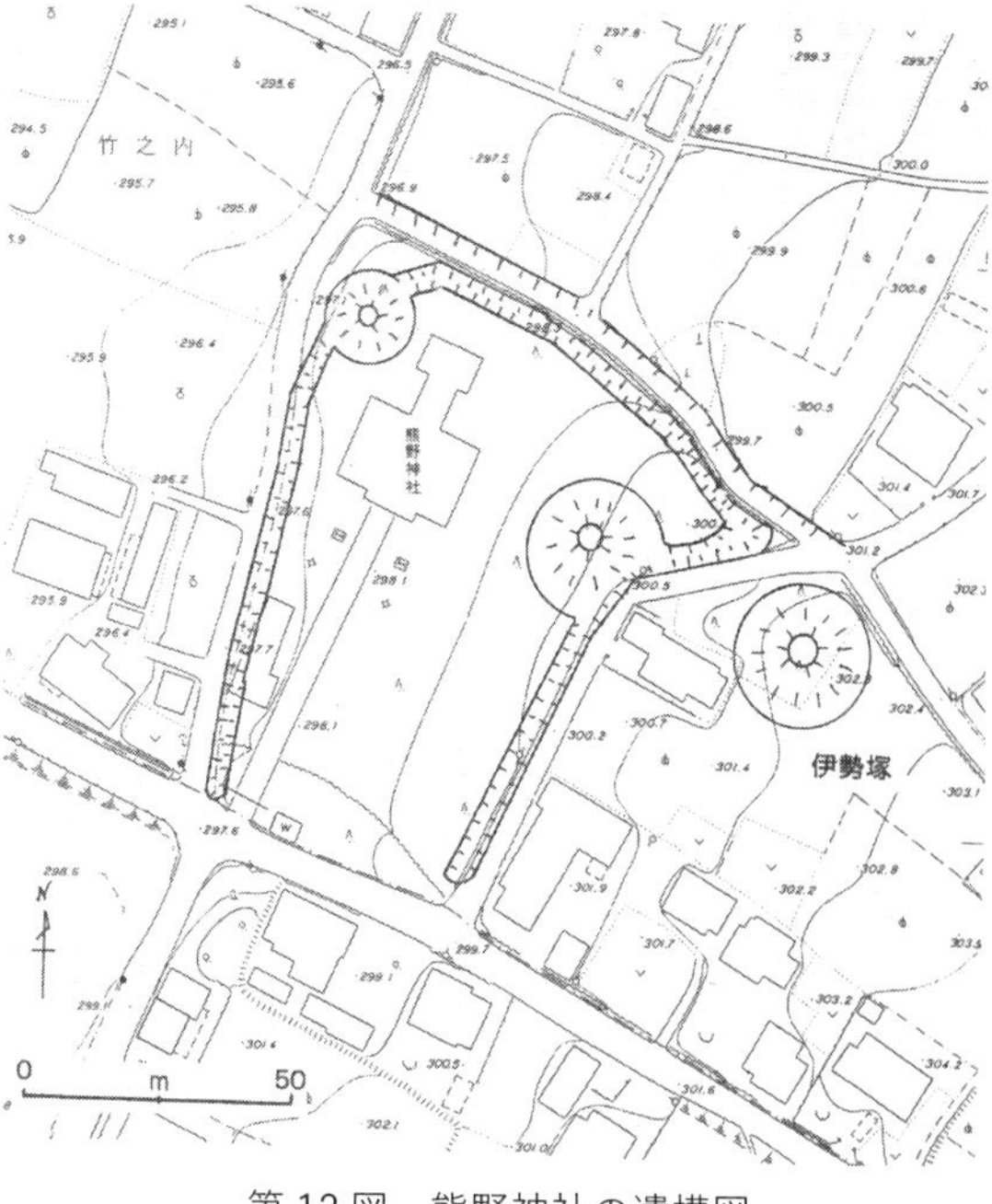

第12図　熊野神社の遺構図

南・北熊野神社には注目すべき記念物があります。『甲斐国志』に「制札場の側に郡石という長さ一程の石二本を立て四方に垣根を囲している」とあります。現在は境内の北西隅にある低古墳丘上に移されています。この小墳丘は北側の土塁に続いていて、直径四メートルの円型で、高さ〇・七メートルです。この石は柵で囲われていて、その入口にも同じ大きさの一本が敷かれています。標柱に「氷石」とありますが、「郡石」の間違いでしょう。かつてはこの一本も立てられていたのかもしれません。三枚とも板状の粘板岩（変成岩）です。いい伝えに、団栗塚古墳にある石棺、石室の蓋石をある川の橋に使い、これをまた熊野神社に持って来たといわれています。『八代町誌』によると、団栗塚にある石棺、石室には天井上が露出して、全て揃っていて持ち去られてはいません。この団栗塚古墳の石室と同じ粘板岩（変成岩）であり、大きさも同じくらいであるので、こういわれたのかもしれません。江戸時代中期に大切な石として保存されていたことは、熊野神社に昔からあったものと思われます。

山梨県にはもう一ヶ所郡石という長さ一・五メートルほどの粘板岩（変成岩）があります。これは笛吹市（旧山梨郡）春日居町鎮目にある古社山梨岡神社にあり、柵で囲まれた中に横になって安置されています。(30) 神社の由緒書に「当国四郡之根本之旧社二而社中二郡石有之」とあります。これらは八代郷と山梨郷があった郡の郡衙にあった郡家《ぐうけ》（郡庁）との関係が注目されます。

粘板岩（変成岩）はこの付近の山には産しませんが、笛吹川上流域の支流日川上流や富士川支流の早川などに産します。両社にある石は日川上流から川を下って運ばれて来たのであろうと思われます。

伊勢塚古墳

熊野神社境内の東側にあり、北一三〇二と一三〇三番地になっています。直径約一〇メートル、高さ三・五メートルで、周囲三五メートルほどで、墳丘がやや方形を呈し、稜線が東北、北西、南西にみられます。墳丘上に平坦面があり、直径四メートルくらいの不正円形をしています。中央から南斜面を登り口にしたため、土が流されU字形に凹み、幅二メートル、深さ四〇くらい低くなっていますが、全体的には原形に近い形を留め、測量図を作成すべき古墳と思われます。二〇一一年二月五日に飯田三郎氏と鉄棒を差し込んでボーリング調査をしたところ、墳頂の北にある南に向く伊勢宮の石祠から西側一帯と東側一帯は深さ四〇センチメートルで固い層となり、石祠（大正三年）から南斜面は柔らかく八〇センチメートルくらい入ります。石室と思われる石には当たらないので、横穴式または竪穴式石室はないと考えられます。従って粘土郭かもしれません。墳丘上にも石はなく葺石があるとも考えられません。

団栗塚古墳

八代町南・北熊野神社の社地にありますが、昔は貴舟社の社地であったといいます。熊野神社北約四〇メートルにあります。また真根子塚古墳の北西約三〇メートルに位置します。五世紀後半に築造されたとみられる推定約三〇メートルの帆立貝型前方後円墳と考えています。現状は前方部が畑になっていて、削平され残存していません。後円部は直径一八メートル、高さ二・八メートルで、東北を向く竪穴式石室と石棺が露出して東西に並んでいます。東にある石棺は長さ約五メートル、幅九七センチメートルで、花崗岩の板状側石四枚と妻石二枚で箱型に作られていて、六枚の板状粘板岩（変成岩以下略）が蓋石となっています。内部の全面が朱で塗られていて、目もくらむ程であったといいます。西にある石室は長さ五メートル、幅七〇センチメートルで三壁面は三六五枚の板状花崗岩で小口積、一壁面は一枚の板状花崗岩が立てられ、粘板岩六枚が蓋石となっていて、内部全面が朱で塗られていたといいます。石棺内からは一体の人骨と青銅の彷製鏡とみられる菱雲半円方形四乳鏡一面（県指定文化財）や玉が、石室内には鉄鏃一〇本、柳刃二本、朱塗小石多数、土師器破片、炭灰などが副葬されていたといいます。この石棺、石室は前述した甲府市中道地区の下曽根にある大丸山古墳にある石棺、石室に構造や石材、朱塗の点などがよく似ています。この青銅鏡は菱雲文と組紐文を重ねた珍しい外縁をもつうえ、内区主文との間に

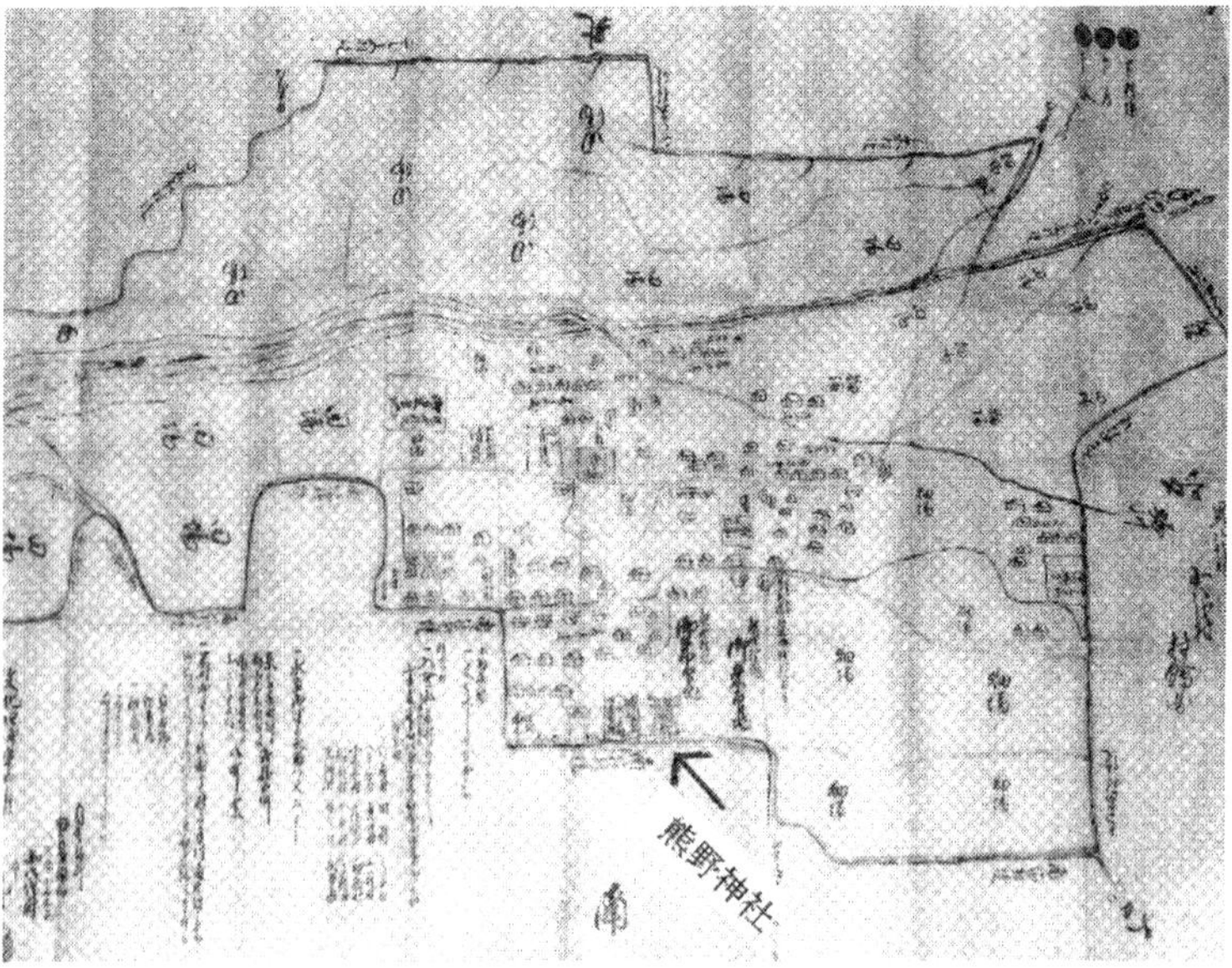

第13図　北八代村絵図

造りのよい半円形帯の鏡背文をもつ珍しい鏡です。小形ながら主文も外縁の施文もしっかりした造りで、鋳上がりがよい。外縁施文は仿製（日本製）の「四神鏡」にしばしば見出すことができて、その出自や時期を考えさせられると言います。この団栗塚はそれなりの重要な意味をもつ古墳ではないでしょうか（三木文雄　平成一六年「甲斐国出土鏡雑感」『山梨県史のしおり』一）。

畿内地方にある竪穴式石郭をもつ古墳では、[31] その石材と型が共通している古墳の首長層相互が密接な関係にあった（A類）としています。団栗塚古墳を勝利さんとも呼んでいるのは、後円部墳頂に大正三年建立した石祠に貴舟神社と刻まれていて、武内宿弥が神功皇后に従って三韓征伐に行って大勝利をおさめたことにちなんだといいま

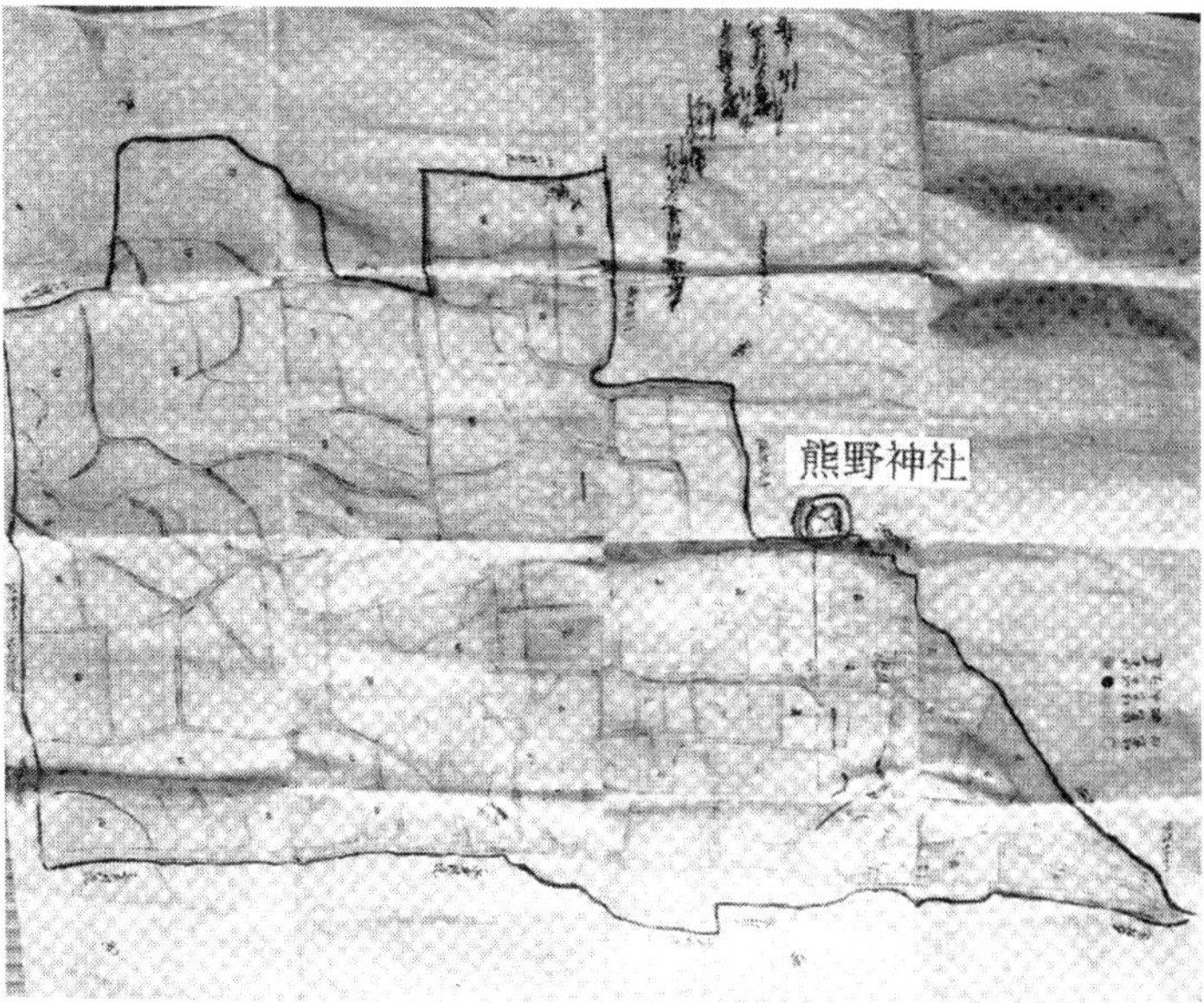

第14図　南八代村絵図

す。また往時は龍神を祀り、風雨雷電の鎮護の神とも称していました。伝説に武内宿弥の子波多八《はたや》代宿弥《しろのすくね》の墳墓が熊野神社の近くにあったといいます（明治二四年八代村役場書類）。熊野神社で毎年盛大に行った舟祭は、この貴舟社に関係しているのかもしれません。富士五湖の一つ西湖畔長沼村（前足和田村）に貴舟神社があります。(32) 伝説に南・北熊野神社の社地である北区小字泉田一九五にある白髪泉と西湖とは地下でつながっていて、早ばつの時には西湖の水を汲んで持ち帰り、熊野神社の攝社白髪泉に供えて雨乞いをしたということから二社は関係が深い神社であったと思われます。白髪神社、大宮神社は武蔵にあり、高麗神社の分社といわれ、朝鮮半島新羅系伽耶系の秦氏族が祀る神社です。また八代町竹居にある武内大臣を祀る（『社記・寺記』）唐土神社も朝鮮半島系人が祀る神社であるといいます。

真根子塚古墳

笛吹市八代町北小字伊勢宮一一二九七にあって、熊野神社の社地でした。熊野神社北東約一〇〇メートル、団栗塚古墳南東約三〇メートルに位置し、この三者は団栗塚を頂点とする二等辺三角形の位置関係にあります。この土地に昭和五年に建立された石碑の表に真根子塚、その裏に波多八代宿弥の従者真根子の墓北島重幸と刻まれています。

『八代町誌』下巻によると、明治二二年県知事に提出した文書の写しに「団栗塚一側ニ根子塚（筆者註「真根子塚」ではない）ト称スル塚アリ此工岐壱直真根子ナルモノ武内宿弥ニ代リ取調見ルニ代リ義ニ死スルヲ以テ其志ヲ衷ヲ追慕シテ此塚ヲ築くニヤアランカ」とあります。また明治二三年に山梨県知事に提出した八代町役場が所蔵している書類に「（団栗塚）古墳ヨリ東ニ当リテ真根子塚ト称スル塚アリ此蓋シ応神天皇甘美内ノ讒ヲ信ジ使ヲ遣シテ忠勇ナル武内宿弥ヲ殺サシメントスルヤ壱岐直真根子ナルモノ貌チ稍武内ニ肖タルヲ以テ武内ト称シ武内ニ代リ忠死シタルニ依リ後其志衷ヲ追慕シテ茲ニ祀ルナランカ」とあり、錆腐した剣壱口が出土したとあります。

これは本居宣長が書いた『古事記傳』に載っているものを転載したものです。また『古事記傳』の二十七了裏に「一書ニ云ク武内宿弥代平東夷還時身若田入於甲斐国不知其死処」（甲斐国に入ってから何処で死んだかわからない）とあることや、書紀の雄略天皇壱三年九月の条に、大工の猪名部真根が甲斐の黒駒に乗った使者に助けられたとの説話があり、その歌に「ぬば玉の甲斐の黒駒鞍着せば命死なまし甲斐の黒駒」とあり、その意味は「甲斐の黒駒（黒い馬）に鞍を着けたりしていたら間に合わなくて猪名部真根の工匠は死んでいたであろう、その甲斐の黒駒よ」です。猪名部真根は武内宿弥とは関係が深く、韓国出身の大工を専業とした品部です。『壱岐物語』によると、真根子の父は亀卜（亀の甲羅を焼いて占う方法）の祖先といわれます。西国の卜部は中国から朝鮮半島を経て対馬、壱岐へ五世紀に渡り成立したと考えられています。父は烏賊津使主で、母は武内宿弥の妹であるといいます。この亀卜は『類聚三代格』の貞観一三年（八七一）六月の条にみえる「甲斐国占部」との関係も考えられるといいます。真根子の「子」は〇〇日子、孔子、孟子などの子で尊称とみれば、真根子塚の真根子は真根とみることができます。

真根子塚の名称が何時からこの古墳につけられたかは不明ですが、江戸時代の一八世紀にはあったと思われます。この説話が荒唐無稽な伝説であるかどうかは闇の中にあります。真根子古墳は一九八八〜九年（昭和六三）に発掘調査が行われています。[33] 古墳の三分の一程が調査され、墳丘や主体部（埋葬施設）は完全に削平されていましたが、周濠が検出されました。推定によると墳丘の直径は十二メートル前後で、周囲に幅一・三〜一・五メートル、深さ三〇〜五〇センチメートルの濠がめぐらされていました。遺物は主に周濠から、S字状口縁台付甕の口縁部破片や球体胴部の甕などが多数出土しました。もう一ヶ所やはり曲線を描く幅三〇〜七〇センチメートル、長さ七〜八メートルの浅い溝が検出され、その両脇から六基程のピット（穴）が確認されました。ここからもS字状口縁台付甕の破片などが出土しました。これらの土器はほとんど古墳時代前期から中期初頭頃に製作されたもので、この古墳は五世紀後半雄略天皇朝頃に築造されたと考えられています。また調査地内から多数の土器を伴った竪穴住居跡の床面とみられる所が検出され、この時期の住居跡だったと考えられています。他にもこの付近から同時代の土器が発見されていますので、四世紀〜六世紀に栄えた村が広い範囲にあったと考えられています。最近この東二〇〇〜三〇〇メートルにある金地蔵遺跡からも古墳、奈良、平安時代の住居跡四二軒などが発掘調査によって発見されました。[34]

南・北熊野神社の歴史

熊野神社の北側にある土塁と堀跡が平安時代後期、長寛元年（一一六三）以前に造られました。これが造られた以後に神社が発生し、後に熊野神社となり、現在地に今まで続いている歴史をひもといておきたいと思います。

この土塁と堀跡は古墳時代前期の五世紀後半頃に豪族の館として築かれた遺跡と考えられること

や、ヤマトタケルが通ったといい伝えられている若彦路が近くを通り、熊野神社付近に立寄ったなどという伝説があることは後述するとおりです。全国有数の肥沃地といわれる浅川扇状地では、五世紀頃から土地の開発が急激に進み、八代郷が生まれました。この中心地が熊野神社付近だったとみられています。社記によると朱鳥年中（六八六～七〇〇）に紀州和歌山県熊野からイザナギ、イザナミの二神を勧請したのが始まりだったといいますが、これより以前に発生した社があり、この社が八代の地名の興りになったと考えています。[35] 記の八代孝元天皇の条に波多八代宿弥《はたやしろのすくね》があり、現八代に関係するとみられていて、後の『和名類聚抄』（九三〇頃）にある也都之呂《やつしろ》になります。この地名は遅くとも六世紀には興り、七世紀には一般化したのではないかと思います。

九世紀頃には田や畑は荘園地となっていて、この荘園機能を果たしたのが熊野神社で、広大になった八代荘をバックに国衙と土地争いを起こした事件が応保二年（一一六二）の有名な長寛文の事件でした。この事件は国衙の軍兵が八代荘に攻め入り、荘園境にある牓示杭を抜き、年貢を奪い取り、在家を追捕し、神人の口を八つ裂きにした当時の世相を象徴するような事件でした。そして長寛年代に事件に関する裁判の判決が下り、八代荘側が有利となりました。この時、近くに館を構えていた甲斐武田氏の武田信光、信清親子（奴白氏祖）も後押ししたであろう熊野神社は隆盛し、甲府盆地東部で権勢をはっていた古代氏族三枝氏の勢力は衰微し、甲斐武田氏がこの地域を支配するようになりました。一四世紀後半には武田信成は八代町北にある現在の清道院がある場所に中世館を築き、[36][37] これが先がけとなって、この付近に堀と土塁で囲まれた中世館が数カ所築造されたのだと考えられます。長寛文の事件が起きた時、熊野神社は広い荘園を経営していたことは確かでしょうが、すでにそれ以前から有力神社になっていたと思われます。しかし延喜式（九二七）には載っていない郷社で、なぜ延喜式にのらなかったかという疑問については、なお明らかにする必要があると思います。長寛文の事件の前、久安二年（一一四二）の「検非違使庁履問申詞書」などに、別当寺である千手院（天承四年の武田勝頼定書では一乗院）があるので、奈良時代に神仏習合が行われた時には、八代町永井にある無碍山瑜伽寺《むげさんゆかじ》が、七世紀後半には天神社の別当院であったと考えられるように、千手院も古代から熊野神社の神宮寺としてあったと考えることができます。ですから熊野神社は七世紀後半には社として栄えていたと考えられます。このように熊野神社は武田氏によって守られたのであって、中世館跡にはならなかったと考えられます。天正四年の定書きを始め、江戸時代前期にも熊野神社や別当に宛てた古文書も残っています。[38]

熊野神社のお祭りは非常に多く、[39]年間七五回もあり、その中でも三月三日の御舟祭り、九月一五日に挙行された競馬は盛大な祭典でした。御舟祭は一八世紀には毎年行われ、その関係古文書が『八代町誌』に八ページに亘って載っているので、その一部を上げてみたいと思います。『甲斐国志』巻之五九神社部に、

熊野権現　東西一四間、南北二三〇間、馬場東西二二四間、南北五間余　社記ニ云フ　朱鳥年中紀州ヨリシ奉ルト別当は熊野山千手院―天正四年勝頼定書ニハ一乗院ト有リ―其後今ノ名に改メシハ―中略―此社は南北八代両村ノ鎮守ニテ頗ル大社ナリ　神事は正月元日本地供法一座ヲ修シ三月三日ハ船祭トテ馬場ノ左右ニ四輪ノ大車各一ツ置キ左ヲ地頭舟右ヲ百姓舟称ス車上ニ櫓ヲ構ヘ幕を廻シ婦人ノ衣装ニテ飾リ櫓上ニ偶人一ツヲ安ンズ……

太鼓を打ち笛を吹き、数百人で大縄を左右に引き、殺伐とした声で騒ぎ、農作物の豊作を占う。要は非常に壮観である。これは甲州で行われる三大祭りの一つで、この祭を見ないと地獄に落ちる。

寛延三年（一七〇五）の文書によれば、この祭は寿永年間（一一八二～四）より行われ、嘉永年間（一八五〇）まで続いたといいます。幕末から明治時代には、その祭典経費の収入も少なくなり、同八年には中止された。明治一八年三月二七日夜には千手院より西から出火した火事の類焼により、神社の建物は全焼し、昭和二〇年（一九四五）に第二次世界大戦で敗戦国となった日本は、農地開放が施行され、熊野神社の広大な社領地も没収されました。現在は八代町南区と北区に住む氏子が約一一〇〇戸あり、そこから寄せられる伊勢神宮の大麻と熊野神社の神札等による約四〇〇万円の収入で運営されています。

南・北熊野神社付近にある中世館跡

熊野神社にある土塁と堀は古墳時代前期に造られたと考えられます。この付近には中世に盛んに造られた館跡があり、土塁で堀が囲われていたのではないかとみられ、その痕跡や土地割が現地や図面に残されています。そこで伝説などで知られる館跡について概略を記しておきたいと思います。

笛吹市八代町内にある中世館跡は明治二五年に測量して書かれた分間図では、その遺構が残存しているかどうかにかかわらず、広い郭を囲んで、土塁や広い堀跡の区割が描かれています。この館の多くは明治初年に出された政府の命令で、館内に築かれた土塁の土で周囲にある堀を埋め、館によっては複数の郭や何重もの堀を埋め、平らにして耕地などに利用したようです。熊野神社付近には六ヶ所もの館跡があったとみられ、もう少し離れて小山城址が知られています。

一として熊野神社の西に隣接して飯田氏館跡があります。明治二二年の記録に「熊野神社ヨリ西ニ接シテ世俗呼んで城址ト称スル所アリ、其残塁今尚存セリ」とあり「傳エテ云ウ飯田氏館跡ナリト」。分間図で見ると四〇メートル四方の内部を囲んで一〇～二〇メートルの堀跡とみられる区画があり、現北島恒男氏の屋敷の西側にある郭は現飯田三郎氏の所有地となっていて、中に井戸跡一基と広さ一〇平方メートル程の中世に掘られたとみられる地下式土坑があ

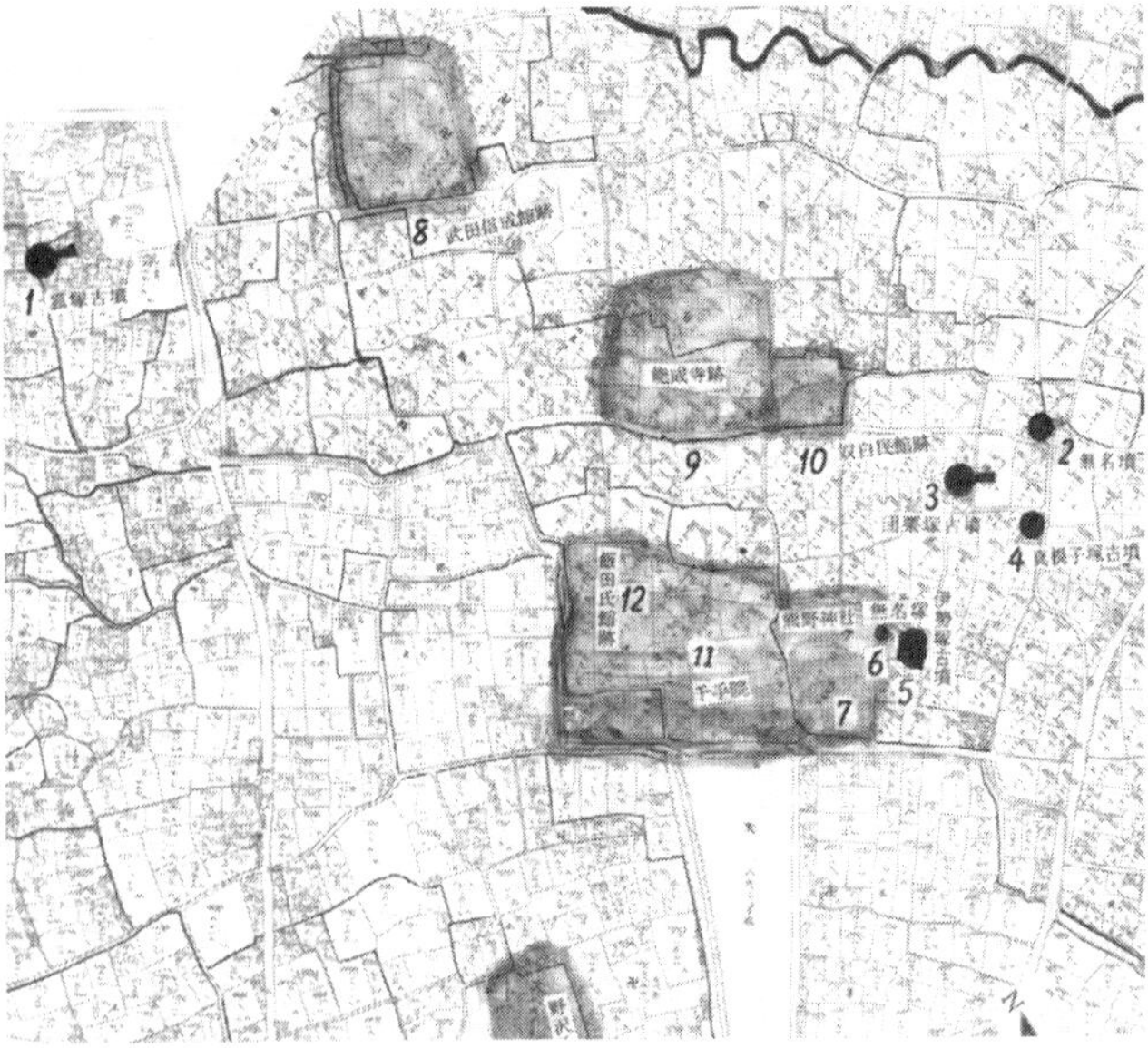

第 15 図　八代町南・北熊野神社付近の古墳、中世館跡
（明治 25 年の分間図を使用）

る。飯田氏と北島氏の屋敷は、熊野神社の別当寺千手院があった場所です。

二として熊野神社南西二〇〇メートルにある小字堀之内に野沢氏館跡と伝えられる所があり、現在笛吹市役所八代支所があり、前八代町役場、元八代中学校の跡地です。前八代町役場を建設する時に前述した発掘調査が行われ、その報告書には中世の遺構や関係遺物については記述がありませんが、見逃されたとも考えられます。この約五〇メートル方形の内郭の外に、北側から東に堀跡らしい土地区画がありますが、他に見受けられないのは、分間図作成以前に土地割が変えられたからかもしれません。この北側中央から北に延びる道があり、五〇メートルばかり行った所が鍵手に曲がり、さらに北に延びているのは、明らかに大手門に入る道であろうと考えられます。

三に熊野神社から北一五〇メートルくらいの所に小字奴白《ぬばく》があります。このあたりに奴白氏の館跡があったと伝えられ、ここを今は大屋敷と呼んでいて、篠原安夫氏の屋敷になっています。『甲斐国志』では武田信清を奴白与三と記し、清光の十男で平安時代末期の人といわれ、長寛文の事件があった五年後、一一六八年に死亡しています。また一〇〇基に及ぶ一四世紀後半の五輪塔群が発見された能成寺跡は、館跡ともいわれています。能成寺は武田信守の菩提寺でもありますが、鍵手のある道に続いています。

四に熊野神社北西二五〇メートル付近に武田信成館跡と伝えられる清道院には、南北六〇メートルの内郭を囲む土塁が北、西、南にみられ、北と西には幅一〇メートル、深さ三メートルくらいの堀の一部が今も残っています。この北から出る道も鍵手に曲がる部分があります。

また五に南区森ノ上三四九番地あたりにも幅二メートルほどの築堤をもった浪人屋敷（中村氏館

跡）があり、ここには一〇平方メートルほどの地下式土坑があり、その副室から中世の鎧と兜が発見されたといいます。また北区岬林には一〇〇メートル方形の小山城があり、高さ五メートルの土塁とその外側の東、南、西に深さ七～八メートル、幅二〇メートルの堀があり、北側は天川になっています。この館は一五～一六世紀に使われた中世館跡です。

こうして熊野神社付近にある中世館跡をみると、熊野神社の近くにある土塁や堀は中世に築かれたとは考え難く、古墳時代前期の豪族の館跡と推察できます。

県内のヤマトタケル伝説と熊野神社にまつわる伝説

柳田国男は、『伝説』（一九四〇）の中で、その特徴や研究方法を挙げています。まず、その中心になる具体的な記念物などの事物があり、その変化、進化によって分類できること、地名は伝説と深い関係があること、伝説の初期の状態を考察することが必要で、その中にある固有名詞や時代は除いて考察すること、土地の習俗や信仰と近県と関連して考察することなどを挙げています。

ヤマトタケル伝説について、末木健氏は本県と近県に分布する伝承を集成し分類しているので、少し長くなりますが抜粋して、筆者が聞いたものも加えて考察資料にしたいと思います。

近県の伝承を集成している中で、県内では二七箇所を挙げています。[40] この伝承とヤマトタケルを祭神（含末社）とした神社を合わせた一二〇ヶ所の一覧表を作成し、山梨県地図に分布図を載せています。自治体別数だけを見ると、甲府市は酒折宮など十二ヶ所、笛吹市は山梨岡神社、天神社など一二ヶ所、山梨市は大嶽山那賀都神社など八ヶ所、甲州市は石森山（山梨岡）神社など五神社、北杜市は北野天神社など二〇ヶ所、韮崎市は宇波刀神社など五ヶ所、甲斐市は六ヶ所、富士吉田市は北口浅間神社など五ヶ所、上野原市は日本武神社など二九ヶ所、大月市は御岳大明神など九ヶ所、ほか八ヶ所です。以上の伝承分布は甲府盆地と八ヶ岳地方では東部、北部、北西部に偏在し、富士河口湖方面では富士周辺と桂川流域に分布しています。これらを大きく別けると、古代から近世に使われた道筋にあり、御坂路、若彦路、甲州街道、雁坂路など六筋に集中しているといいます。

そしてこれら道筋に残る伝説の内容を細かく丁寧に紹介しています。これらの各伝説は独立していて、系統だった内容ではないといいます。記、書紀が甲斐の古道に沿って、様ざまな伝承を生み出した中世や江戸時代に道路が整備され、発展して路や集落の由来を記や書紀に求めた結果、神仏、祭神や記念物などを生みだしたとしています。

次に新しく書かれたり、今まで周知されていなかったヤマトタケル伝説を省略して少しあげておきます。

甲斐の黒駒(41)（文責・雨宮雅子）

御坂町にある黒駒という集落は甲府盆地東部にあって、金川の上流域にあります。この伝承は勉強家だったという生家の祖父に昔から黒駒に伝わっていた話として聞いたといいます。雄略天皇の時朝廷に献上された黒駒（黒い馬）の話です。甲斐の御坂に猪名部の真根というもと武士であった木工《こだくみ》がいました。彼は柱数が多い切妻、入母屋、四注づくりなど難しい建物を建てていたのが自慢でした。そこに天皇がお出ましになり、仕事を見て、問答の末に、真根が仕事中に、女官に赤い褌《ふんどし》を着けさせて相撲をとらせたのを見て斧を誤って傷をつけたために、刑場に送られて死刑になるところを、仲間の進言によって許され、甲斐の裸馬に乗った使者が刑場に着いて救われた。

若彦路（文責・梶原淳子）

梶原さんは御坂町神有に嫁いで来たのですが、生まれ育った御坂町竹居には酒折宮があり、若彦路が通っていて、ヤマトタケルがここに来たことを祖母から聞きました。

大変貧しい村に盗賊が現れた時のこと。日本武尊という武士が家来を多数引きつれて来ましたので、花鳥岡に多勢で迎えに行きました。そして村人は悪者を征伐してもらいたいとお願いして、その夜は米のおにぎりや大切な食べ物を御馳走してもてなしました。次の日に悪者を征伐してもらったので、その夜も大変な御馳走でもてなしました。ヤマトタケルが使った箸を丘の上に突きさしたのが杉の大木になり、その時ミコトが竹居室部、神有の地名をつけてくれました。

くつをはき替えたヤマトタケル（笛吹市春日居町山梨岡神社宮司談）

ヤマトタケルが山梨岡神社に立寄って、くつ（わらじ）をはき替えて酒折宮に行くのに、湿地をさけて山の中腹を通って行った。ここに来る途中でヤマトタケルは虫にさされ、難儀したが神主が治したので、山梨岡神社は虫さされを治す神様になった。

狩りをしたヤマトタケル[42]（山梨市石森山の山梨岡神社宮司談）

山梨岡神社付近を「おおの」という。今も大野という集落がある。ヤマトタケルはここで従者を連れて狩りをした。山梨市にある神野川はもとは狩野川でここでも狩りをした。神社がある石森山では石に腰掛けて休んだ。この隣に綿塚という所があり、ここでとれた綿をヤマトタケルに献上したという。

甲斐の黒駒

黒駒は甲府盆地東部で飼育された駿馬で、それに関係する伝承がいくつかあります。書紀(43)に載っている五世紀後半雄略天皇と猪名部真根のこと、六世紀後半天武天皇前紀にみえる甲斐の勇者と騎馬兵のこと、聖徳太子伝暦にみえる聖徳太子が甲斐の黒駒に乗って雲上を飛んで富士山頂に上ったことなどの伝承があります。奈良・平安時代には、盛んに朝廷に馬が献上されていた記録もあります。黒駒牧場など県内で育てられた駿馬は既に、四世紀後半には全国に先がけて飼育されていたと考えられています。吉田孝氏は、雄略朝における日下部の設定を契機として、おそらく甲斐の首長(国造《くにのみやつこ》)も大和王権の機構のなかに組み入れられていったのであろうといいます。(44) 八代町に五世紀後半にいた豪族も同じように大和王権に組入れられようとしていたのではないかと考えられます。東国では一般に馬の貢上が国造の服属儀礼と重要

第16図　土師器の馬の線刻画（尾足）

な関係にあったと考えられていて、朝廷で珍重された甲斐の黒駒をたたえる説話が雄略紀に書かれていることはまことに興味深いといいます。

前述したことを反復しますが、ヤマトタケルとワカタケルは密接な関係にあり、共通点が多く、五世紀後半の埼玉県稲荷山古墳から出土した鉄剣銘で、雄略の名が「ワカタケル」であることが確実視されるに至り、ワカタケル大王と呼ばれていたことも確かであったといいます。ヤマトタケルの物語は、ワカタケルの存在を説明する神話だといいます。先見の明があったヤマトタケルが甲斐に立寄ったのは、今後乗用や物資を運搬するために重要になる馬を飼育していた豪族をたずね、貢献させたいがためであったと考えたいのです。この豪族こそ浅川扇状地の中央に館を構え、ここを支配していた豪族であったのではないでしょうか。この館は後に熊野神社の前身となる社になり、記や書紀に書かれた波多八代宿弥の館ではなかったかと思うのです。

甲斐の馬については、遺跡の発掘調査などで出土した馬骨、古墳から出土した馬具や各種文献によって実態がわかるようになってきて、その飼育は国内でも有数に多く、しかも初期の段階から飼育が行われていたようです。甲府盆地床にある甲府市塩部遺跡[45][46]では、広い範囲で弥生時代から古墳時代の竪穴住居跡二〇軒、掘立柱建物跡二二棟、方形周溝墓六基などを発見しました。第三号方形周溝墓から四世紀末頃の土器を伴って埋葬された状態で馬の歯など二七点が出土しました。日本では最も古い部類に入るものです。

この他にも甲府盆地内では、甲府市中道地区甲斐風土記丘地内にある東山二号墳丘墓から四世紀の、その他県内二七ヶ所の遺跡から馬の骨が出土しています。馬具は甲斐風土記の丘地内にある茶塚古墳から、県内では最も古い五世紀後半とみられる輪鐙《わぶみ》二点、馬具に吊す三環鈴一点、轡《くつわ》二点などが武具とともに出土しています。茶塚古墳の被葬者は、風土記丘地内にある大丸山古墳や銚子塚古墳に葬られた豪族の継承者であったと考えられます。また曽根丘陵上では八代町岡にある銚子塚古墳より上方で、古代に掘られたとみられる大溝が発見されていて、牧を囲むものではないかと考えられます。上野晴朗氏は『御坂町誌』（昭和四六）で曽根丘陵やその下に広がる諸扇状地で、馬の飼育がされていたのではないかといっています。黒駒という地名があり、各地に馬場などの地名、馬場状の地形、例えば風土記の丘地内にある銚子塚古墳、丸山塚古墳、考古博物館と曽根丘陵との間にある細長い平坦地形などは古い馬場跡ではないかと考えていますが、未だ調査が進んでいません。八代町内では馬具は特に竹居御崎塚古墳や永井古柳塚古墳から出土した優秀な馬具を始め、多くの古墳から出土した数が他に比して特段に多く、特徴になっています。(47) この時期から六世紀には県内各地で発見されるようになるといいます。

八代町南・北熊野神社前の道では昔から江戸時代まで競馬が行われていた記録があり、岡銚子塚古墳の下では、曽根丘陵の斜面にある平坦地を利用して造った馬場で、一九五〇年代まで競馬が行われていました。また甲斐の馬について『続日本後紀』巻十一に天平三年（七三一）に甲斐守田辺史広足《たなべのふひとひろたり》達が黒色で尾が白い馬を献上したことや、『続日本紀』の条に「甲斐国ヨリ神馬ヲ献ズ、黒身ニシテ白キ髪毛アリ」とあり、甲斐駒を朝廷に献上する馬引はこの頃から文献に表れ始めていて、以後平安時代後期まで行われています。

奈良県にある長屋王邸跡から出土した多数の木簡の中に奈良時代初期の七一一年から七一六年の

間に、奈良の都に献上された馬を甲斐の人が飼育していたことが記録されています。また中央市旧豊富地区大塚で、曽根丘陵上にある上野原遺跡から、天馬のように躍動感に溢れて疾走している馬の後足と尾が線刻されている、奈良時代頃の土師器破片が発掘調査によって発見されています（『金川曽根地区大規模農道建設他埋蔵文化財緊急発掘調査概報』一九七三　山梨県教育委員会）。また八代町永井にある瑜伽寺には霊亀元年（七一五）正月八日夜、白梅の古木に白馬に乗った薬師如来が降りたち、多くの病人を救ったという伝説があります。

波多八代宿弥《はたやしろのすくね》

次に南・北熊野神社の付近に伝わる伝承で、その中核になっている波多八代宿弥について記書紀から拾ってみます。この波多八代宿弥は、「はたやしろのすくね」と多くの文献が読んでいます。波多は秦であって、六世紀中頃にはあった姓で中国や朝鮮半島系の姓とみられていて、八代は社の宛字で、八代の地名の語源になったと考えています。宿弥は古代の姓《かばね》の一つで、本来は有力者の名前に付した尊称、神別の出自者の氏であることが多く、八世紀末以降渡来人などにも授けられるようになった（『日本史辞典』一九九九、岩波書店）。従ってこの波多八代宿弥という名前は、地名から命名したものであろうと考えられます。

記の孝元天皇の条に「此の武内宿弥の子は合わせて九人である。〔男は七人、女は二人〕。波多八代宿弥は〔波多臣・林臣・波美臣・星川臣・淡海臣・長谷部之君の祖先である〕。次に、許勢小柄《こせおからの》宿弥《すくね》・・・以下略」とあります。孝元天皇の有無は不明ですが、時代としては四世紀頃のことが書いていると思われます。ここに波多八代宿弥が書かれていて、建内宿弥《たけのうちのすくね》が初登場し、仁徳天皇の条まで数回載っています。これに山梨県にある地名や姓氏等が載っているので、『甲斐国志』に波多八代、林、長谷部、許勢などが引用されています。書紀に五世紀初め頃の応神天皇の条に「是歳《このとし》、百済の辰斯王立ちて、貴国の天皇に失礼し、故、紀角宿弥、羽田矢代宿弥」とあります。辰斯王の即位は乙酉年（三八五）とあり、『百済本記』では三九二年になっています。また書紀に五世紀前半の履中天皇の条に「羽田矢代宿弥が女黒媛を以ちて妃とせむと欲し」とあり、いずれも四世紀から五世紀前半のこととしています。武内宿弥（記では建内宿弥）については、書紀の景行天皇秋七月の条に、「武内宿弥を遣して、北陸と東方の諸国の地形、且百姓の清息を察しめたまふ」とあり、大足彦忍代別天皇景行天皇（四世紀末に相当）二五年秋七月の条に、武内宿弥は数十回その名が載り、終始重要な役割を果していて、死んでからもその功績が語り継がれています。真根子については記で懿徳天皇（三世紀頃に相当）の条に、「この天皇の御陵は畝火山の真名子谷の上にあり」と記されていて、真名子は真根子のなまりとも考えられます。また書紀に五世紀前半とみられている応神天皇九月夏四月の条に「壱伎値が祖真根子といふ者有り。其の為人《ひととなり》、能く武内宿弥の形に似れり」。誉田天皇応神天皇九月夏四月の条に、武内宿弥に良く似た真根子が武内宿弥の身替わりになって、その罰を負って剣で自ら命を絶ったとあります。

　武内宿弥は書紀で、応神天皇紀五年条に高麗人等四国人の韓人らをひきいて百済池をつくらせたといい、また奥野正男氏は「筑前の古代産鉄氏族」の中で武内宿弥が渡来氏族の共通の祖となったのは、九州北部の各地に分散的に渡来していた伽耶系集団を統轄した指導者だったからだといって

います。(48)

以上のように、波多八代宿弥は朝鮮半島から渡来した氏族と関係があるようです。

四　永井天神社と神有坂折神社

永井天神社

笛吹市八代町永井にある天神社が酒折宮であろうとする説もあります。

永井は浅川扇状地の扇端に近い地域にあり、南に流れる浅川に沿って集落とその耕地が広がっています。集落の北側に最も新しい浅川の河道が見られ、肥沃な農地があります。天神社については『甲斐国志』、『甲斐名勝志』、『山梨県史蹟調査報告書』(昭和三、山梨県)などに記載されていて、『甲斐国志』には天満天神宮と記されています。社記によると、古来より連歌の講堂があり、慶長六年(一六〇一)の古文書などには「法楽連歌」を催すことなどが書かれています。

天神社の西に隣接して無碍山瑜伽寺があります。瑜伽寺は寺記によると霊亀元年(七一五)正月八日の夜薬師園前の白梅に云云とあり、この白梅に白馬が降りたとの伝説もあります。寺は神仏習合思想によって天神社の隣接地に建てられたと考えられていて、薬師堂には白鳳時代七世紀後半から天平時代頃の間に造られた塑像の断片が残っています(東京国立博物館蔵)。寺の西側を山梨県埋蔵文化センターで一九九二年に試掘調査を行った際、奈良時代の布目瓦と石列が検出されたり、弥生時代から平安時代までの竪穴住居跡などと土器が発掘されています。土器の中には古墳時代前期のS字状口縁台付甕などもあります。この寺が天神社の別当院とみられるので、天神社は瑜伽寺より古いとみられます。天神社と瑜伽寺の南側にある道がかつては非常に低くなっていて、道に沿って低い土堤があり、昔はこの土堤に続いて、山門から四〇メートルくらい下にある樹塚古墳の近くまであったといいます。これは八代町の南北熊野神社にある土塁と堀のように中世以前に遡った時代に築造された遺構ではないかと考えられ、古墳時代にいた豪族の館ではなかったかと推測できます。永井地域の古墳時代遺跡は、古墳があったり、古墳時代の集落跡が発見されています。旧御所小学校庭を造成する工事中に古墳時代中期頃から、奈良・平安時代までの土師器が発見されていて、この付近に大規模な集落跡があるものと推定され、瑜伽寺の周囲にも広く濃厚に土器が散布していて、豊気遺跡と呼ばれています。また立派な馬具が出土した古柳塚古墳など、中・後期の横穴式石室をもつ円墳三基があったり、全壊した古墳も多くある所です。

また米倉にある曽根丘陵上に築造された一辺五一メートルの前期方墳竜塚古墳は全国有数の大きさです。この被葬者がいた居住域は、遺跡が少ない曽根丘陵上にはなく、浅川扇状地上にあるものと考えられます。後にここは長江郷、長江荘となり、条里制も敷かれました。このような中にある天神社を酒折宮と考えた斉藤儀三郎氏が昭和一六年頃書かれた説を挙げておきます。

氏は序の中で、昭和一五年に山梨日日新聞社に酒折宮についての論考を掲載することになり、新聞社に原稿を送ったところ、掲載することを断られたので、手紙で何通もやりとりしたのですが、結局載せられなかったといいます。昭和一六年に『歴史公論』にやっと掲載され、また同一五年に山梨郷土研究会でこのことについて講演することになりました。しかし日本武尊に関する演題を変更するように会長から話があったといい、第二次世界大戦開戦前に行われた官憲（監督庁）の厳しい言論統制による検閲を受けた事を書いています。

酒折宮でヤマトタケルと御火焼老人が詠んだという法楽連歌を永井天神社では、弘安時代（一二七八～八八）から明治時代まで続けていたといいます。永井天神社の古文書に、慶長六年（一六〇一）、平岡松雲斎から神主の形部大夫に宛てられた文書に「法楽連歌不可有疎略候巳上」とあるように連歌を怠らないようにとあり、連歌の興業を開いています。関連文書に制札や連歌料が徳川幕府から下賜され、その朱印状などが江戸時代の終わりまで続いていて、連歌堂は天神社境内に天保元年（一八三〇）までありました。

酒折は坂下りのことで、永井天神社こそ、鳥坂峠から下りた所にあるので、ここが酒折宮だと考えることが妥当である。甲府の酒折宮所在地は昔、大伴山前連が居た所であり、その宣伝によって一般に知られるようになったものである。江戸時代本居宣長が酒折宮のことを書いているが、その所在地は明確にしていないので、中田憲信や飯田武郷なども地形を考えて、酒折村の神社ではないといいます。社の連歌師は江戸時代に主に活躍したものであり、以前からあったものではない。永井天神社の連歌堂は、昔瑜伽寺に支配されていた。瑜伽寺薬師堂の正面に立っている総門の両側は昔築堤を以って囲まれ、あたかも城郭のような外観をしていたので、古い歴史があると斎藤儀三郎氏は書いています。

神有坂折神社

『甲斐国志』人物部第二上代姓氏部に「日本武尊ノ皇子武彦ノニ封ヲ受ク即チ武部ノ地是ナリト云フ」。古跡部に「花鳥岡二日本武尊ヲ祀レリ―中略―此ノ処乃チ武部ヲ置カレシ地ナランコト明力也」とあります。笛吹市八代町竹居は甲府盆地の東部にあって、御坂山脈の山麓に広がる浅川扇状地扇頂に近い地域にある集落です。記でいうヤマトタケルが富士山麓から二つの峠を越えて甲府盆地に入った時代の遺跡は、低い地域から扇頂に向って新しくなる傾向にあり、竹居では後期を主とする古墳が分布していて、数カ所認められる古墳時代集落も上方が新しい傾向にあります。古墳は、竹居地内と付近の奈良原、岡地内に中小規模の横穴式石室をもつ円墳二六基が、扇頂付近から中央に一列になって築造されていて、その多くは半壊、全壊しています。また北に隣接する御坂町竹居や室部、神有には古墳は発見されていません。この後の平安時代になると集落が広い範囲に急増します。また室部は古代氏族の物部氏のなまりであるともいい伝えられています。この八代町竹居に抽ノ木熊野神社と御坂町神有の南に坂折神社（坂下神社とも書く）があります。

抽ノ木熊野神社は『山梨県神社誌』によれば、古くから伝わる口碑伝説があり、日本武尊が東征した折に御休息された神社で、日本武尊が竹製の矢筒一本を奉納されたといいます。本殿一宇と大正五年と書かれた愛后大神の碑一基、山神宮の碑一基があり、日本武尊の息子若武彦王の屋敷跡と書かれた標式柱があります。近くに若武彦王の屋敷と伝えられる玉殿屋敷があり、古墳時代の勾玉、管玉などの遺物が出土しています。ここに古墳があったのではないかと思われます。

坂折神社（坂下神社）は花鳥山遺跡にある一本杉が立っている北西下方二〇〇メートルばかりの

斜面にある神社で、境内は三畝くらいの広さで、大木もある木立の中に小さい建物、石碑、祠や道祖神などがあります。

『東八代郡誌』（山梨県教育会東八代支会　大正三）の名勝古跡の部に、「竹野原村の竹居は景行天皇の御宇日本武尊東征の帰路、国造建許呂の宅に憩はせ給ひしというは即ち竹居（筆者註御坂町神有の誤りか）の坂下《さかおり》の地にして―中略―」とあり、また「坂下神社鳥坂の下花鳥岡にも日本武尊を祀り」とあります。神社の入口に建てられた高さ一メートル程の石碑の右側に「日本武尊御售旧」、中心に「坂折神社」、左に「国幣中社浅間神社宮司山内祀夫敬書」とあります。その左に「埴山姫命　明治三〇丁西九月□□」とあり、新しく花鳥岡から移された神社であるともいいますが、明治三〇年以前に遡る神社であると思われる。創立年代は不明ですが、文献にも載らない無格社であろうと思います。祠の中と道祖神の周囲に径二〇センチメートル、長さ四〇センチメートルほどの頭部が欠損した石棒や、二〇～三〇センチメートルの石棒三、凹石三、丸石多数など縄文時代の遺物が安置されています。竹居神有で語られている伝説は、付近の遺跡の状況や

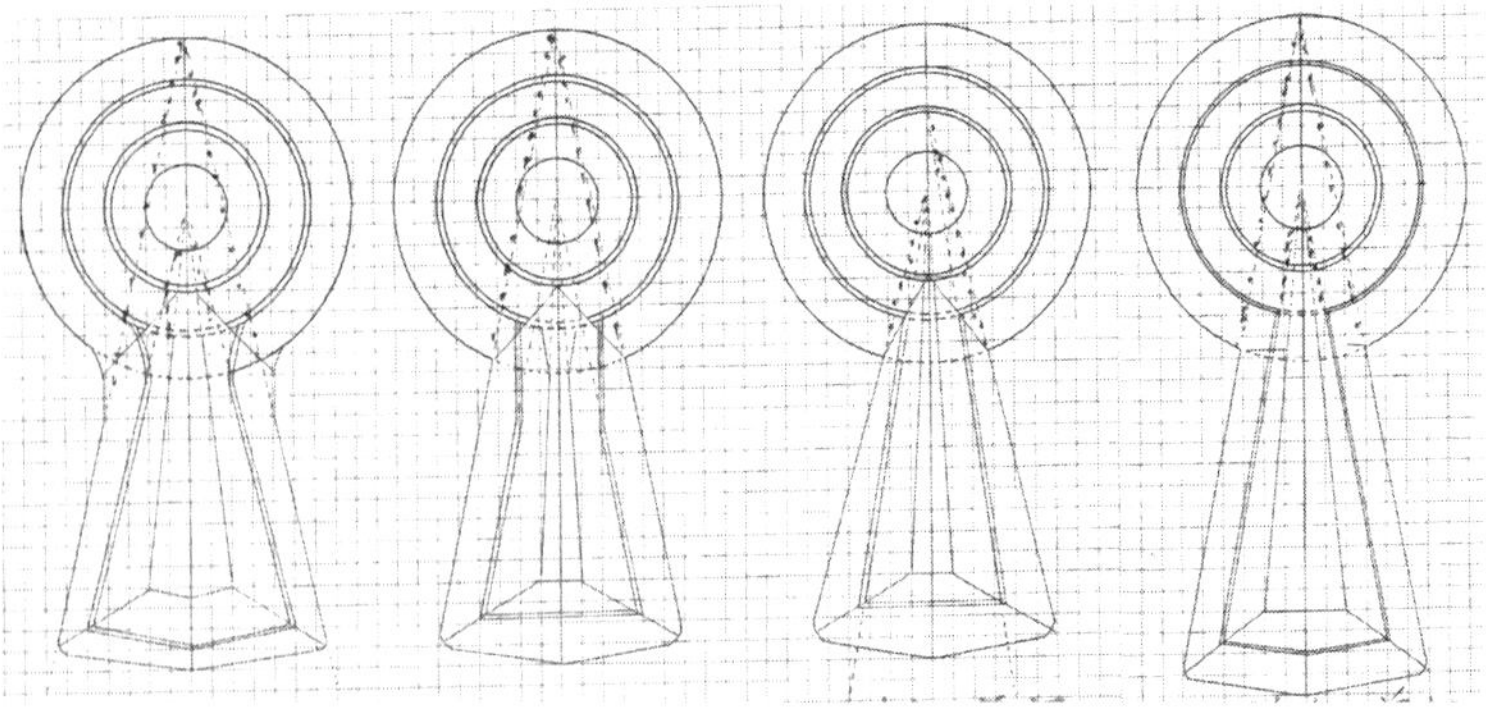

第 17 図　前方後円墳推定設計図

地形などを考えれば、比較的新しいのではないかと思われますが、神社を「坂折」と書くのは江戸時代末頃まで遡るようです。

(1)山梨県教育委員会　一九九一『上の平遺跡』第一・二・三次調査報告
(2)山梨県教育委員会　一九九三『東山北遺跡』第一・二・三次報告
(3)山梨県教育委員会　二〇〇八『銚子塚古墳附丸山塚古墳』
(4)中道町役場　昭和五〇『中道町史』
(5)橋本博文　昭和五九「甲府盆地の古墳時代における政治過程」『甲府盆地　その歴史と地域性』
(6)森和敏　一九九八「四基の前方後円墳の設計」『研究紀要』一四　山梨県立考古博物館　山梨県埋蔵文化財センター
(7)末木健　二〇〇〇「山梨の古墳」『大塚初重先生頌寿記念考古学論集』
(8)山梨県教育委員会　一九八五『八乙女塚古墳（馬乗山一号二号墳）口開遺跡』
(9)御坂町役場　昭和四六『御坂町誌』
(10)八代町役場　昭和五〇『八代町誌』上巻
(11)10に同じ
(12)八代町教育委員会　一九九五『山梨県指定史跡　岡銚子塚古墳』
(13)森和敏　平成六「山梨県の方墳　竜塚古墳を中心として」『甲斐路』七九号　山梨郷土研究会

(14) 八代町教育委員会　二〇〇四『竜塚古墳』
(15) 八代町教育委員会　一九八五『上の平遺跡』
(16) 森和敏　一九八四「八幡さん古墳」『山梨の考古学資料集』
(17) 10に同じ
(18) 山梨県教育委員会　一九八四『石橋条里制遺跡　蔵福遺跡　侭ノ下遺跡』
(19) 八代町教育委員会　一九八七『三光神遺跡』
(20) 山梨県教育委員会　一九九〇『身洗沢遺跡　一町五反遺跡』
(21) 八代町教育委員会　一九九六『和泉遺跡　長崎遺跡　身洗澤遺跡』
(22) 八代町教育委員会　一九八八『馬見塚遺跡』
(23) 八代町教育委員会　一九九六『堀ノ内遺跡』
(24) 八代町教育委員会　一九八九『真根子塚古墳』
(25) 八代町教育委員会　一九八三『五里原遺跡発掘調査概報』
(26) 八代町教育委員会　一九九〇『遺跡詳細分布調査報告書』
(27) 橋本博文　二〇一一「古墳時代豪族居館跡を動的にとらえる」『日本考古学協会第七七回総会発表要旨』日本考古学協会
(28) 群馬県教育委員会　一九八八『三ッ寺Ⅰ遺跡』
(29) 群馬県教育委員会　一九八九～九一『三ッ寺Ⅱ遺跡』
(30) 山梨県立図書館　昭和四三『社記』

(31) 奈良拓弥　二〇一〇「竪穴式石槨の構造と使用石材から見た地域間関係」『日本考古学』第二九号　日本考古学協会
(32) 窪田薫　一九八四〜八五「渡来人の残影」『新山梨』二六〜三二号
(33) 24に同じ
(34) 斉藤秀樹　二〇一一「二〇〇九年度の山梨県考古学会の動向」『日本考古学年報』日本考古学協会
(35) 森和敏　二〇〇三〜二〇〇五「地名や（つ）しろの語源」『山梨県考古学協会誌』第一四・一五・一六号
(36) 35に同じ
(37) 35に同じ
(38) 秋山敬　昭和五九「八代荘の成立事状」『甲府盆地　その歴史と地域性』地域研究協議会
(39) 35に同じ
(40) 末木健　二〇〇八「甲斐のヤマトタケル傳説」『研究紀要』二四　山梨県立考古博物館　山梨県埋蔵文化財センター
(41) 雨宮雅子　一九八五「甲斐の黒駒」　梶原淳子「若彦路」『みさかの民話』
(42) 清水市衛門編集　出版明治一九『山梨岡来歴歌詩集』
(43) 磯貝正義　二〇〇二『甲斐源氏と武田氏』
(44) 吉田孝　一九八三「酒折宮の説話の背景」『甲斐の地域史的展開』磯貝正義先生古稀記念論文集　編纂委員会
(45) 山梨県教育委員会　一九九六『塩部遺跡』

(46) 甲府市教育委員会　二〇〇四『塩部遺跡Ⅰ』
(47) 末木健　二〇〇六「古代甲斐の馬具から」『山梨県考古学協会誌』第一六号
(48) 中村良一　昭和六一「地名考」広報「やつしろ」第一八六号　八代町役場

おわりに

酒折宮とヤマトタケルノミコトとの関係について調べてみようと思うに至った動機は、私が生まれ育った旧東八代郡八代町の八代《やつしろ》という地名の起源を調べたことに始まります。現在は合併して笛吹市八代町となりましたが、八代町という地名が継承されたことは本当によかったと思っています。

この八代の起源は「社」であるという結論に達しました。この社は八代町にある南・北熊野神社をいい、また全国に七八ヶ所以上あった「やつしろ」や「やしろ」の地名もその多くは「社」が語源になっていると考えられます。このことについては「地名や（つ）しろの語源」二〇〇三・二〇〇五・二〇〇六『山梨県考古学会誌』第一四、一五、一六号に発表しました。しかしその後南・北熊野神社は地名の起源になったことばかりではなく、他に重要な要素がかくれていることに気付いたのです。それはこの熊野神社が酒折宮であったのではないかということです。そして現在甲府市酒折町にある酒折宮について、考古学の立場から考察すると、ヤマトタケルの時代である古墳時代にはこの酒折宮はなかったとの結論に達しました。

それでは何故『古事記』と『日本書紀』に酒折宮が載ったのかについても、若干の推測を記しました。古墳時代というほとんど記録がない時代のことは、考古学研究によって解明することができます。考古学は遺物や遺跡に語らせる歴史学であるといわれていますが、これに伝承なども援用して、四〇〇年代後半に光を当て、ヤマトタケルと酒折宮について考察しました。四〇〇年代前後の状況や、関東・中部地方のことなど関係しそうな事項を含めて考察し、全体像を浮かびあがらせなければ、ヤマトタケルの姿は見えてきません。

現在の酒折宮はなかったと考えた理由は二つに分けられます。一つは建物についてです。社建築の起源は、伊勢神宮などにみられる高床式掘立柱建物であったとの考え方によれば、現状で、古墳時代の高床式掘立柱建物が発見されたのは、甲府盆地では甲府市の塩部遺跡だけです。この遺跡からは掘立柱建物が特別多く発見され、二柱間×三柱間くらいの大きさの建物が約二二棟ありました。しかし社建築の特徴的である棟持柱を立てた柱穴が突き出している建物がなく、祭祀用遺物がほとんど出土していませんので、これらの建物の中に社的建物があったかどうかわかりません。他の遺跡では古墳時代に属する高床式掘立柱建物はほとんど発見されていないため、この時期には未だ社建築はほとんどなかったのではないかと思われます。五世紀後半に神社建築として現在あるような、本殿、拝殿、社務所などの建物があったとはとうてい考えられません。全国には奈良県にある纒向遺跡や佐賀県吉野ヶ里遺跡にある弥生時代後半の大型高床式掘立柱建物が祭祀に使われていたと考えられている例もありますが、山梨県では発見されていません。県内で掘立柱建物は、二〇〇五年頃までにおよそ二九〇棟発見されていますが、そのほとんどは奈良・平安時代に建てられたもので、この中で社建築であった可能性が高い建物は、五棟くらいにすぎません。

もう一つ社建築の祖型だと考えられているものに祠があります。これは発達して現在見られる神社本殿や神輿になったといわれています。祠は神木や石座などの御神体に降臨した神が假に居る所と考えて、オカリヤ（御假屋）と呼ばれていたようです。この建築方法では建物を立てる土台として飛石や石列で基礎を造らなければならないと考えられ、古墳時代には未だなかったと考えられます（拙著「柱の礎石のある竪穴式住居址」一九九三『研究紀要』九　山梨県立考古博物館　山梨県埋蔵文化財センター）。

二つ目の理由として、遺跡の分布状況があげられます。甲府盆地では、甲府市中道地域に発生し強力になった豪族が持った政権は五世紀後半頃には拡散し、その中の笛吹市八代町地域に移った勢力が、肥沃な土地で高い農業生産力をもち、人口が増加してできた集落遺跡や古墳があることから中心政権となったと考えられます。甲府市酒折付近にもこの時期の集落や古墳がありますが、この前後の状況などから有力勢力ではなかったようです。むしろこの地域が甲府盆地の一大勢力圏になったのは、水田稲作で米が高収穫を得られるようになった古墳時代後期の六世紀後半から七世紀にかけてであったと考えられています。

八代町にある南・北熊野神社が酒折宮ではなかったかと考えた理由は、上記のような理由と熊野神社にある土塁や堀跡が古墳時代に遡る遺構である可能性が高く、近くにある古墳や土器の分布や地形上この神社が東にある山から下りて緩やかな地形であること、即ち坂下りにあることからです。ヤマトタケルが訪ねたのは地方の豪族達を大和政権に服属させることが目的であったので、政治を行い司祭者でもあった（祭政一致）八代町に居た豪族を訪ねたのではないかと考えられます。

酒折宮で詠まれたという記と書紀に載る連歌にちなんで、山梨学院大学では全国から連歌を募集して連歌賞を出すこと、今年で一二回になります。このように歴史にちなんだコンクールは全国にもいくつかあり、大いに喜ばしいことと思います。

本論で必ずしも明快な結論が出たとは考えていませんが、一地方がどのように日本の組織の中に組み込まれていったのかが少しでも伝えられたら幸であると思います。

最後になりましたが、ご教示やご協力をいただいた雨宮雅子（御坂町）、飯田三郎（八代町）、櫛原功一（帝京大学文化財研究所）、櫛原織江、小野正文（元山梨県埋蔵文化財センター）、一寸木和広（元日本道路公団）、十菱駿武（山梨学院大学）、中村良一（八代町）、萩原三雄（帝京大学山梨文化財研究所）、保坂和博（山梨県埋蔵文化財センター）、室伏徹（勝沼町）、望月健男（南アルプス市）、望月裕仁（甲府市教育委員会）、梶原淳子（御坂町）、平塚洋一（甲府市教育委員会）の各氏にお礼を申し上げます。

追記　二〇一三年一月三〇日～二月一日の三日間、三回にわたって、山梨日日新聞に連載された「古代史の窓」の「酒折宮の謎」上・中・下を平川南氏（山梨県立博物館、国立歴史民俗博物館）が書かれています。筆者がこの小論を脱稿した後であったのですが、関心をもって読みました。この中には酒折宮があった場所や発生時期、ヤマトタケルが東征した時代が具体的に書いてありませんのでわかりませんが、その有無は肯定的に説明されています。この点については本論と一致しています。

なお、後述する「もうひとつの酒折宮、もう一人の塩海宿禰」では新たに知った資料によって本論とは別の内容や結論を提示しましたが、これもまた史実であろうと考えられます。

もう一つの酒折宮　もう一人の塩海宿弥

（文責・森和敏、資料調査・小林信一）

はじめに

『秘本酒折本宮所在考全』（以下本書）の酒折本宮とは笛吹市御坂町竹居大野寺にある現在村社熊野神社のことです。この記録は大正一三（一九二四）年四月七日に酒折本宮の社務所によって発行されたわずか五三ページの山梨県立図書館で所蔵する小冊子です。表紙に藤巻耶麻登著とあり、はしがきに藤巻耶麻登の本名古屋正光が発行までの経過を書いていますので、本人が編集し監修したものと思われます。藤巻耶麻登なる人物は塩海宿弥の子孫であるといわれ明治時代の人で当時の竹居大野寺にある熊野神社の神主であって竹居斎宮《いつき》ともいいます。本書四八ページにのる系図では本姓を雨ノ宮といい末木城（笛吹市一宮末木にある慈眼寺にあった雨ノ宮氏館後述）従五位下摂津守源正忠の後裔古屋権左衛門源清行・四男です。古屋正光は清行の子孫です。六代前の橘田筑後介熊野宮の神主は国造を名のっていて江戸時代前期寛永一八（一六四一）年三月一八日に徳川幕府の寺社奉行所の役人に抜擢されています。寺社奉行は幕府の最重要職で、竹居斎宮は奉行所の主幹である自社係にでも入ったのかと思われます。甲州八代郡竹居大野寺両村鎮守から熊野太権現右社内東照太権現宮である徳川家康にあてた推薦書の熊野宮由緒書に寛永一八年三月一八日づけの東国惣鎮守梓衝神社熊野宮由緒書甲州八代群竹居村熊野宮国造橘田筑後介の上申書があり国造などの歴史が書かれています。この上申書（本書二ページ）に、国造竹居（武井）神主である橘田筑後介が持っていた文書を書き写して奉行所に入る時に提出したその上申書は甲斐の古墳時代から江戸時代に至る内容であったと推測されます。

第一章『秘本酒折本宮所在考全』を読み解く

一　本書の内容が展開する竹居の自然、歴史的背景

竹居は甲府盆地の東側山麓で御坂山脈の形成した浅川扇状地の扇頂の下部と扇央の上部あたりにあります。肥沃な腐食土の火山灰層が厚く積もっていて、稲作、養蚕業等の経営から桃、ぶどうなどの果樹経営業に転換した古来から農業収入が極めて高い純農業地帯の街村的塊村です。

古くは縄文時代の遺跡がありますが弥生時代にはなくなり、四世紀の初期古墳時代になるとまた前期の土器もが発見されたり地表には土器の散布が見られたりしますので人が住み始めたことがわかります。後期後半頃六〇〇年代頃になると集落や古墳が多くつくられ、現存するだけでも古墳は一五基ほど確認されています。多くの移住した一族が開発し始めたと考えられます。その多くは竹居の下にある岡にかけて残る古墳があり、竹居の上部の門林にある比較的大きい二基と御崎一号墳があります。御崎一号墳が昭和五六（一九八一）年三月上旬に発見され豪華な金銅製馬具の鞍金具など（県指定文化遺産）六〇点あまりや須恵器などがあり、馬具には繊細な彫刻があります。毛彫り馬具と呼ばれるもので国内では集中してこの地方で発見されています。この馬具は朝鮮半島製とみられ、ここに定着した一族の出自に関係するものではないかと考えられます。また玉殿屋敷（塚）からは優秀な勾玉二個が出土したといいますので、前方後円墳があったのかもしれません。

竹居の歴史を語るのは前述したように複雑で、昭和三三年花鳥村《はなとりむら》（竹野原とも）が分村して現在

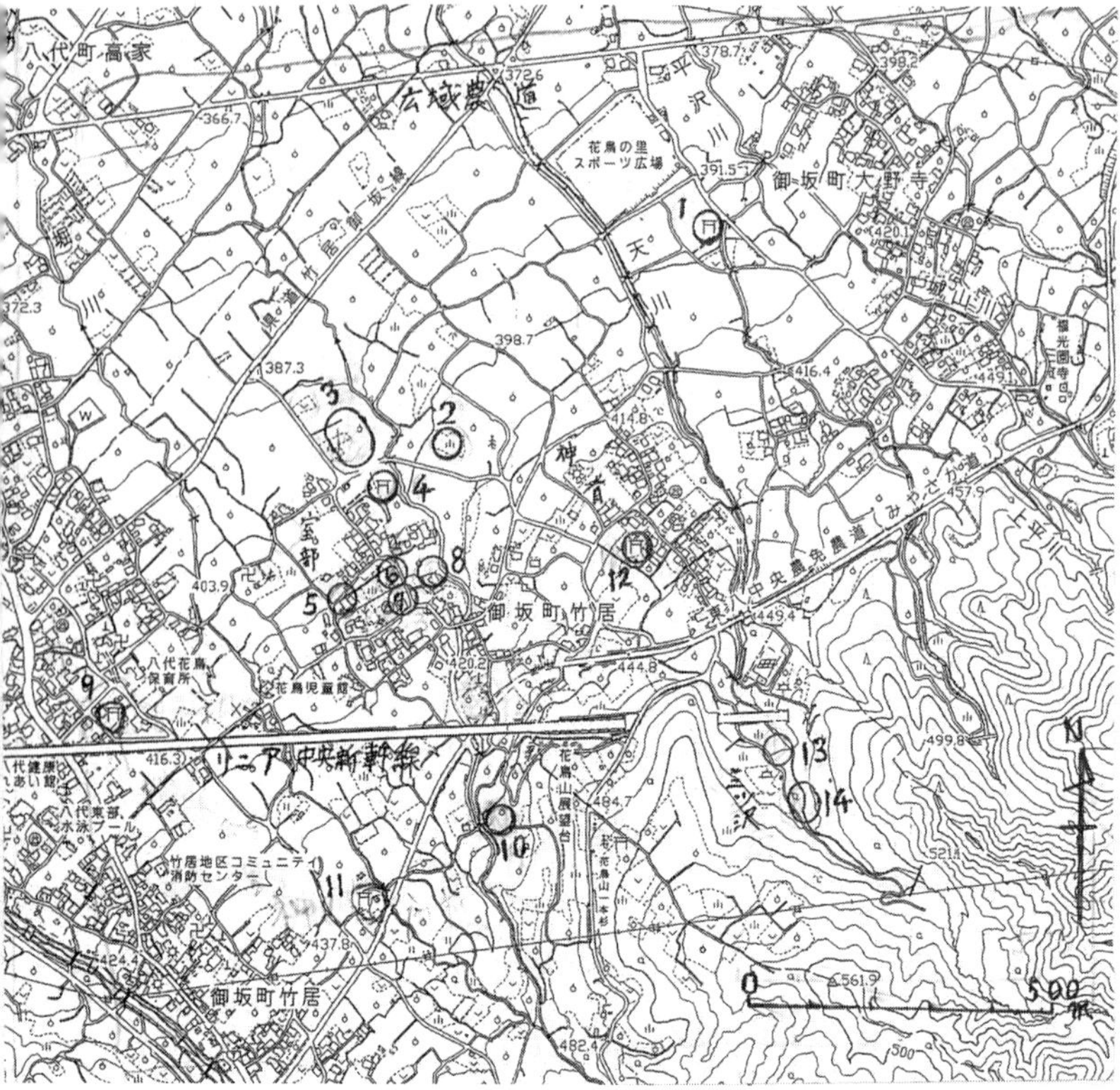

1 図　笛吹市御坂町（室部、神有、大野寺）、同市八代町竹居（門林、下川）遺跡、神社等所在地

1 大野寺←熊野神社（酒折本宮）
2 杉ノ木田古墳、室部小字杉ノ木 4516
3 御領田、室部八反屋敷 3297-3305
4 神主屋敷、室部小字八反屋敷 3304
5 天白神社（又は物部神社）のあった所、室部小字白山 3285
6 室部コミュニティーセンター（公会堂）、室部小字白山 3277
7 埴山姫命碑元位置、室部小字白山 3261
8 室部白山天神宮、室部小字白山 3272
9 下ノ川熊野神社、八代町竹居下ノ川小字柚ノ木 1237
10 星石元位置、室部小字浄源寺 3158 地先堀川橋下
11 唐渡神社、八代町竹居門林小字三反田 2646
12 神有天神社、神有小字天神 4837
13 御身洗湧水地、神有三ツ沢の下
14 古屋敷（瓦集積地）、神有三ツ沢

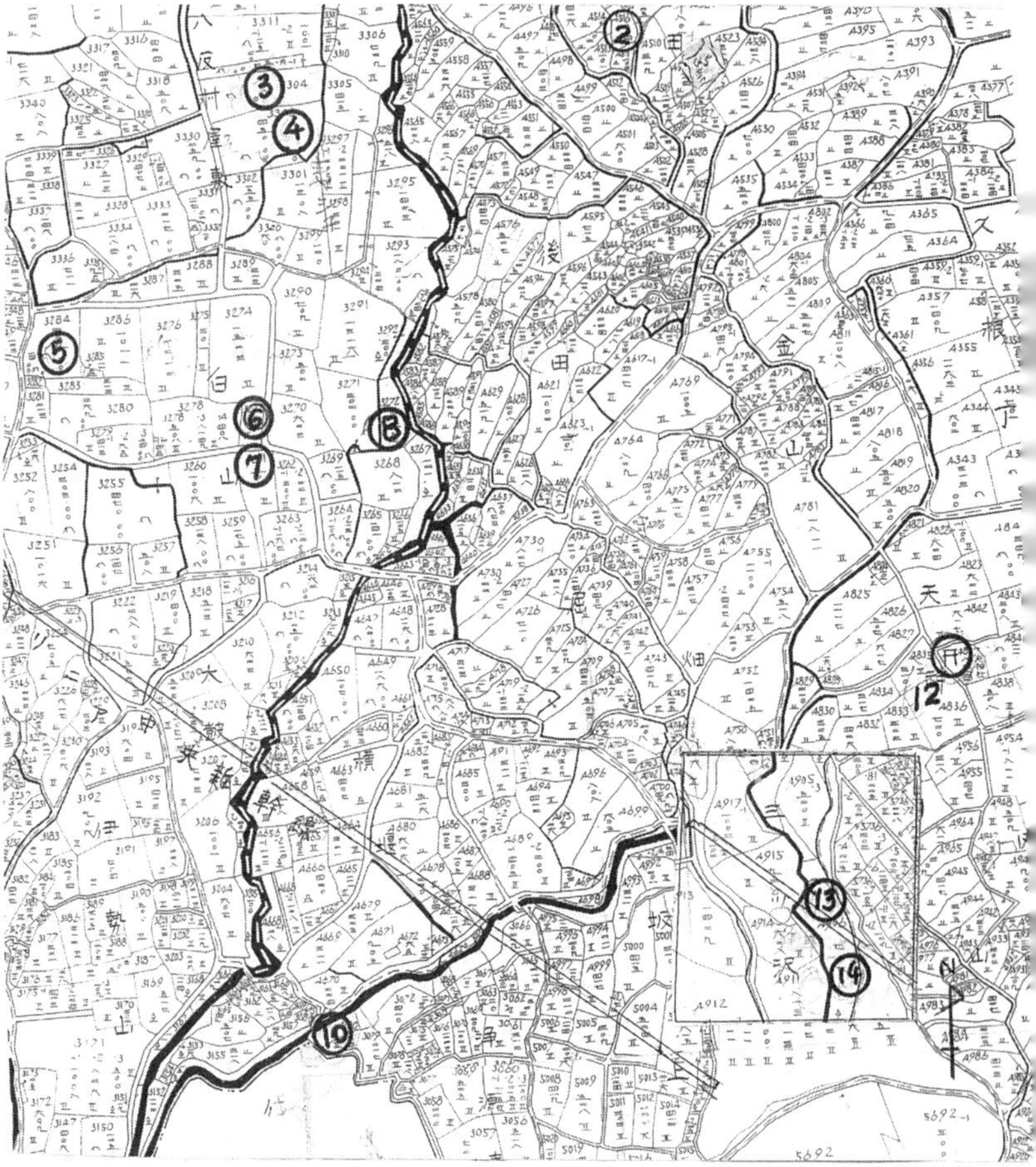

2 図　笛吹市御坂町竹居（室部、神有、大野寺）、同市同市八代町竹居（門林下ノ川）遺跡、神社等所在地（S = 1/2 に縮尺・面積は 1/4）

の笛吹市八代町と同御坂町に分かれ竹居も分れ合併しました。八代町に入ったのは奈良原と竹居の南竹居、門林、下の川、御坂町に入ったのは、大野寺、室部、神有、二階でした。この中の本書に主に関係あるのは門林、室部、神有です。橘田筑後介と後述する武井筑後守は大野寺熊野宮の神主であり、国造と名のっていて天正年間の人物とみられます。

御坂町の室部に神主屋敷と伝わる場所があります。後述する石原専邦氏家の付近が神主屋敷で隣接する下（西）方を御領田と伝わっています。御領田とは江戸幕府の直轄地のことで、この付近にも国造屋敷があったのかも知れません。一説に石原氏系は古代豪族三枝守国の子孫だとも言います。

さらに竹居には本書には載っていない古墳時代とその以後の遺跡が多くあり、高い文化を持っていた地域であることがわかってきました。このことを第一章でとりあげました。私の師でもある犬飼和雄先生が既に発表した記紀の正しい読み方の論文も載せさせていただきました。

竹居には日本武尊（やまとたけるのみこと）（記では倭建命）に関係する伝説が濃厚に残っていて、この地は日本武尊が本県に入る時通ったといわれる東征路若彦路の宿場的土地であったと思われます。これに関係して武居・建居は、尊の御子稚武彦王《わかたけひこのみこ》がいたことから名付けられました。甲斐国造建許呂が居たとも伝えられています。日本武尊の時代は本県では四〇〇年代後半とみられ、竹居にはこの時期の遺跡は少なく、急増するのは六〇〇年代であることを前述しました。門林集落は昭和三六年には三六軒で、このうち村松姓が二八軒ばかりを占めているので、村松一族が開発したのではないかと、他の例をもみると考えられます。竹居集落の上にある奈良原集落は竹居地内に応永一六（一四〇九）年に開山した広済寺の門前町として形成されたと言われていますが、平安時代の遺跡もあるので以前から集落はあったとみられます。奈良原は今でも竹居の地域内にあり、若彦路は、芦川集落から鳥坂峠を越えて甲府盆地に入る入口にあります。御坂町室部は古代豪族の物部氏が変化した地名といわれ、物部神社がかつてはあった記録が残っています。六世紀に大人《うし》国造塩海宿弥が深く関係した神社があります。本殿か拝殿の前に立っている石が大野寺熊野神社二基、門林唐土神社に一基ありますので、おそらく塩海宿弥が主神になっている奈良原の牛王《うしおう》神社にもあったと考えられます。（後述する「立石のある神社」参照）。さらに、立石がある神社にだけある一・五メートル以上ある埴山姫（毘売）命と刻書された石碑が四つの神社に建てられていることが注目されます。

二　本書『秘本酒折本宮所在考全』の成立

本書が成立する過程は本書そのものに記述されています。その内容の最古は古墳時代に遡り、奈良時代、平安・鎌倉・室町・江戸・明治の各時代の記録があります。

このことは本書の資料としての価値が問われる問題でもあります。原典、出典の追跡はできませんでしたが本書の原本が県立図書館が所蔵していて、筆者はそのコピーを入手しました。東京市神田人望町一番地　原本は建提社で印刷され、三星社で大正一三（一九二四）年四月七日に発行されています。藤巻耶麻登、古屋正光が書いた原稿は不明です。

特に平安時代末の大治五（一一三〇）年一〇月五日に甲斐武田氏の刑部三郎義清から（竹居村）

熊野神社神主甲斐国造武居次郎五郎にあてられた国造鎮守建武部料任先般無相違者也の文書（本書一一ページ）や、天白大明神（本書四八ページ、佐久太神と同体）のことが書かれています。また土本毘古王（『の霊』筆者追加）向山村（甲府市旧中道町）ヨリ此ノ武部村（御坂町竹居之は八代町竹居）二遷シ祭リ天白大明神ト尊称ス今の国衙村（御坂町国衙）ニアリシモノナラン（『甲斐古代豪族の系譜』二〇一六　森和敏）にあるように甲府市旧中道町佐久神社に伝承されている古墳時代前期のことを載せています。土本毘古王とそれ以前の人物が書かれた古文献はこれが唯一ではないかと思われます。記録は地元の伝承をよく知っている地元民でなければ書けないことで、しかも古い時代の奈良・平安時代かあるいはそれ以前に書かれたもののように感じられます。この次郎五郎にあてられた文書や天白大明神の文書が何処にあったのかですが、推定すれば橘田筑後介が寛永一一六年に寺社奉行所に登用される時東国惣鎮守熊野宮由緒書に書かれた内容でもあるので、寛永一八年以前に地元にあった文書とも考えられます。つまり橘田筑後介の家に伝承されたものと考えられ前述したとおりです。

本書の著書藤巻耶麻登とはしがきを書いた古屋正光と同一人物で、本書五〇ページに記されています。藤巻耶麻登は現笛吹市一宮町末木の末木城主にある雨ノ宮家の子孫古屋権左衛門源清行家の四男として明治に生まれています。明治三〇（一八九七）年に分家として東京に移り、明治四〇（一九〇七）年に東八代郡（現笛吹市）竹野原村（現同市御坂町室部）に帰りました。末木城は一宮町末木小字薬師堂三三六にある慈眼寺とみられます。この寺はかつて雨宮氏の館跡だったといわれ、今も周囲の一部に土塁や堀跡が残っています。（『分間図と現地で中世の館跡を探す』森和敏、

『山梨県考古学協会誌　第二八号　二〇二一』)。『甲斐国志』士庶部大石和筋によれば、「雨宮宮内蒸末木ニ雨宮ノ遺址アリ長昌寺什物大盤若経ノ奥書に雨宮接津守稼国ノ事見エタリ」とあります。又同書一一ページに八代郡で国造領并建部料任先範無相違者也の前述した文書は国造の家系で竹居次郎五郎は雨宮氏との関係があるとみられ、この文書は信用できるものと思われます。古屋正光は末木城主であった雨宮氏の後裔である江戸幕府の寺社奉行所に登用された橘田筑後介の血縁でありました。

橘田筑後介が寺社奉行所に登用された経過を本書の中から抽出すると、この重要な文書の写しの保存書を古屋正光が所蔵していたことがわかります。文書中にある大治五（一一三〇）年一〇月六日に刑部三郎（武田）義清から武居次郎五郎にあてた文書、応永五（一三九八）年九月三一日に大檀那安芸守信満から武居式部大輔にあてた文書等で室町時代、江戸時代の武居（井）橘田氏等は国造筑後介の祖先であることがわかります。

竹居の橘田筑後介と同時代に、武井唐土神社に田を寄進したり国造武居清左門に米を寄贈している小川新九郎長なる人物がいます。本書を共同執筆した小林信一氏は、両者は深い関係があり、他の文書にある大阪冬の陣、夏の陣や信州との合戦にも参戦しているのではないかとみています。小川は最初豊臣秀吉の従臣であり後に徳川家康について出家しています。そして国造橘田筑後介はこの小川によって奉行所に採用されたのではないかと考えています。橘田筑後介が奉行所に採用される際に提示した上申書につけた文書が多く残っていたものを国造橘田筑後介子孫の室部の橘田家が継承したとみられます。この文書を藤巻耶麻登が選んだり、伝承等を付け加えて本書を作成したと考えられます。橘田家の後裔橘田春樹氏は甲府地方行政監察局に採用されたのは何かの縁でしょうか。

三　本書『秘本酒折本宮所在考全』の内容

まず全容を感じたままに書きます。

内容は種々雑多なことが玉石混交に書かれていて、それぞれの事項が年代や内容が分類されないで順不同に記載されているので明瞭に説明するのが困難でした。特に鎌倉時代以前の事項は四世紀の古墳時代まで遡るとみられ、向山土本毘古王や国造塩海宿弥などの人物名やこれ以前の国衙のことなどがあります。本書四八ページにある天白大明神は佐久大神と同体と記されていたり、五世紀とみられる日本武尊の伝承などが同一時代になっています。しかし記で第九代開化天皇の条にのる袁耶本王は向山土本毘古王にあたるのではないかとみられること、第一一代垂仁天皇が殉死を禁止し埴輪を代わりに立てさせたことなどは、本件の古墳の時代と一致し、重要なことが載ってもいます。鎌倉時代以後から江戸時代後期までの塩海宿弥の子孫が国造を名のっていたことなども御坂町竹居に関する古文書や史実、伝承で裏付けられるなど新しい事実もあります。

以下は『秘本酒折本宮所在考全』の一ページ目に載る文書で、全文を載せます。

竹居村桙衝神社酒折本宮由緒

纏向日代宮御宇《まきむくひしろのみやおんう》（景行天皇）狭穂彦王《さほひこのきみ》三世ノ孫知津彦王《ちづひこのきみ》ノ子鹽海《しおみ》宿弥甲斐ノ国造ニ任ゼラレ前ノ国造井海徳王《いどみのどくおう》ノ女タル雛鶴姫《ひなづるひめ》ヲ娶《めと》リ今ノ北ノ宮ノ西北ノ地ニ居リ国政ヲ取リタリコレ先キ

ニ高岡宮御宇ニ登穂彦王《とほひこのきみ》ガ勅命ヲ受ケ禹《う》ガ瀬《せ》ヲ開闘シタレド復タ下流壅塞《ようさい》シ竹居ノ如キ山足ノ地ヲ除ク平地ハ皆ナ水ナレバコノ僻阪《へきさか》ノ地ヲ治所トセラレタルナリ　宿弥ハ塩田ニ祭ラレ国立明神ト称セラル井海王ハ花鳥山ニ別殿ヲ造リテ退居ス時ニ紀元七百七十年日本武尊東夷ヲ征シ帰途相模ノ足柄ヨリ甲斐ニ入リ川口ヲ経テ鳥阪《とっさか》ヲコエ阪麓ナル国造宿弥ノ家ニ滞在セラレ給ヘリ彼ノ「にひばりつくば」ノ御歌ハ此所ニ於テノ御製ナリケリ

（ルビ筆者）

武井御酒折丁ノ内三貫弐百五拾文諸役共令免除自令以後被附置候弥存此皆所定之連歌不可有怠慢以上（本朱印は拾四頁常燈油朱印ノ前ニアリシモノ）

差阿弥奉之

永禄ニ巳未睦月十日

国造武井式部少輔殿

永禄二（一五五九）年に差阿弥から笛吹市御坂町竹居大野寺の国造である武井（竹居）式部少輔にあてたものです。

内容は大和にある纏向日代宮で政治を執っていた景行天皇のことです。正しくは開化天皇の子で日坐王《ひいますみこ》の三世後の知津彦《ちづひこ》の子である塩海宿弥であることは、平安時代に書かれた先代旧事本紀の中の国造本紀に載っています。しかし国造本紀では開化天皇の子日子坐王の子の沙本毘古王の子孫の知津彦公の子が塩海宿弥であるとしています。筆者はこれも誤りで正しくは日子坐王の子の袁耶本《をざほの》王《みこ》の子孫であると考えました。袁耶本王はこの由緒書に載る登穂彦王で、袁は遠と同意同音の「を」で「とおい」です。地元の甲府市旧中道町の豪族として伝わる「とおい」は土本毘古王のことで耶は日子坐王の坐で日子坐王の子ではなくて地元の豪族であると考えます。

本書四八ページに載っている以下の原本については不明ですが古墳時代のことが書かれていいます。天白大明神と佐久大神とは同体であって土本毘古王の尊称であるといいます。佐久大神とは甲府市旧中同町向山にある佐久神社の主神です。

天白大明神（佐久大神ト同体）

鰍澤ノ南方ヲ切開シ水ヲ退ケ耕田ヲ開キシ土本毘古王ヲ向山村ヨリ此ノ武部村ニ遷シ祭リ天白大明神ト尊称ス今ノ國衙村ニモアリシハ此慮ヨリ移セシモモナラン

土本毘古王ヲ向山村ヨリ此ノ武部村ニ遷しとするのは土本毘古王の霊ヲ…遷しとみるべきです。後述する向山村から武部村に霊を移した武部村民は向山村から武部村に移って来ていた人達でしょう。三〇〇年代のことです。移って来た人達の遺跡が第二節（七）で報告したS字状口縁台付甕が出土した集落の人達の可能性があります。本書四八ページに、

甲斐國誌若彦路ハ日本武尊ノ御子稚武彦王ノ受封所武部ノ地ヲ經ル故ニ路ノ名トス武部ハ今ノ竹居ニテ尊ノ御陵ナリ花鳥岡ト云フ其東南ノ山ヲ鳥坂ト云フ即チ白鳥ノ陵ニテ唱ヘノ轉ジタルナリ

姓氏録ニ建部公ハ日本武尊ノ後ト白山治教彦王ヲ云ヒシナラン武居ニ白山明神ノ祠アリ

◎武部領ハ、今ノ竹居村、大野寺村、奈良原村、及足河總郷ニテ凡ソ千七百貫文内國造田ハ凡

ソ五百貫文ナリシト云フ
この文にある若彦路は日本武尊《やまとたけるのみこと》が通った道としているのが通説ですがこの文書では日本武尊の子の稚武彦王《わかたけひこのきみ》が住んでいた所を通ったので語源になったといいます。武居（竹居）に白山明神の祠があるというのは後述する室部にある白山天神宮をいうのでしょう。
この文で注目したいのは土本毘古王（の霊）を向山村から遷しているということで、甲府市旧中道町向山村に土本毘古王が住んでいたことを指します。事実であれば前述した仮説が事実であるのでしょうか。土本毘古王は記に載る袁耶本王です。
土本毘古王が甲府盆地に降った雨水の出口である山峡に入る所の禹之瀬を開削したことが伝説になっています。また塩海宿弥が国造となり国衙を造ったこと、笛吹市一宮町塩田に移ったこと、国立神社を造ったことも伝承として残っています。また日本武尊が阪麓にある国造の家に滞在して問答歌を読んだのは、御坂山脈を越えて下りた所にある坂下宮であったといいます。筆者はこの宮は笛吹市八代町北にある土塁と堀に囲まれた熊野神社で豪族波多八代宿弥の館であろうと考えました。しかし本書では後述するように竹居地内にある酒折本宮であろうとしています。なお本書では最後に租税を免除するので連歌をつくることと怠慢してはいけないと載っていることにも注目したいと思います。しかしこの連歌も古事記を編纂する時につくられたニセモノであることは別紀のとおりです。続けて本書の二ページに六四五（大化元）年の大化改新が行われ大規模な政治改革の後に、
紀元前千三百五年孝徳天皇大化年間ニ諸政ヲ改新シ世襲ノ国造ヲ廃シ国司ヲ置クニ当リ治所を

山崎ノ西ニ移シ阪下天神モ移シ祭リタレバ竹居ノ地元ガ為ニ衰フ武居氏ハ只ダ祭事ニ與カルノミ

とありさらに一六四一年の寛永一八年辛巳三月一八日国造武居由緒の後に続けて本書の二ページに…前略…宿弥ノ子孫世世国造トナリ祭政ヲ司リ…略…坂下天神と尊称ス爾後竹居ハ旧国衙或ハ東国衙ト呼バレ酒折を西国衙ト称スとあります。

神主ヨリ徳川幕府ノ寺社奉行ニ口壬セシ由緒書アリ

と記されていて、

由緒書（表記）

東国惣鎮寺守

桙衝神社熊野宮由緒書

寛永一八年辛巳三月一八日

甲州八代郡熊野宮国造

橘田筑後介

寛永一八年（一六四一）の文書と御朱印御祈願所熊野宮由緒書

御朱印地

熊野太権現宮

とあります。山崎は現在甲府市内の東にあり、第二次国衙があったと言われる春日居町国府に隣接する東にあります。

甲州八代郡竹居大野寺
右社内東照太権現宮　両村鎮守
御朱印地国造屋舗署八拾坪　大野寺村内　社地続
御免地国造屋舗六百九捨六坪　竹居村内
以上は徳川家康宛に出した文書です。
江戸時代以前から竹居大野寺宮司は代々国造を継承しているといい、後続するように江戸以前の文書にも国造となっている文書があります。
六四五年の大化改新で孝徳天皇になってから、以前は全国各地の豪族を国造に任命していたけれど以後は大和朝廷から派遣する国司が地方長官となるようになりました。甲斐では治所（国衙）を山崎の東に移し（今の笛吹市春日居町国衙か）に天神も一緒に移しました。さらに六七二年に天皇の後継争いで壬申の乱が起り、その後七〇一年に大宝律令が制定されるに至りました。その頃甲斐では国衙村に府庁（国衙）を移しました。この国衙を西国衙と称したというのでしょう。
この文で重要なのは、山崎に移したということは移す前に国衙があったということです。その国衙は塩海宿弥が開いた第一次国衙か、その前の竹居大野寺にある熊野神社にあった国衙です。
甲斐国造の系譜・国造についての最古の記事です。
建許呂命《たけころのみこと》ノ居リ給ヒシ跡ハ後ニ之ヲ武居ト云フ建許呂ノ約ナリ、建許呂ハ垂仁ノ御時此ノ国ノ国造ト為リ給ヒシ筑箪命ノ孫ナリ建許呂命ノ子建勝日命ハ□ニ襲ギテ甲斐ノ国造トナリ其子意美津奴命孫鹽見宿弥国造ヲ承襲セリ

（註）一一代垂仁天皇の時建許呂が国造だったとすれば四世紀大丸山古墳の被葬者の頃です。酒折は坂下りとすることも注目されます。しかし日本武尊の東征は五世紀後半とみられるので時代があいません。

鹽海宿弥については同書三八ページに、

養老七癸亥年二月二十日桂林寺開山行基僧正ノ弟子行利ヨリ甲斐国造鹽見宿弥ノ後裔国司向山徳光

とあります。次ページの向山武尊彦でしょうか。行基は六六八～七四九年、佳林寺は竹居にあった本県真言宗の最高位の名刹だったといいます。ここでは塩海宿弥が国造を継承していることは、これ以前に国造が居たことになります。

甲斐の国衙については三転説があり、通説となっています。筆者はその順序は笛吹市御坂町下井之上に六世紀中頃に塩海宿弥が開き、次に同市春日井町国衙に七世紀後半に建てられた寺本廃寺と同じ頃に移り、次に同市一宮町に移ったと考えています。一宮町の場所は特定されていませんが、筆者は同町塩田が有力地と考えています。国分寺が造られる前の八世紀前半頃に移り、さらに国分寺が衰退した頃十世紀前半頃に同市御坂町国衙の前代の国衙に近い場所に移されたのではいかと考えています。

大宝元年（七〇一）に大宝律令が公布されて、大和政権が地方に国司を派遣するようになってからの甲斐の国司の記録が残されていて、奈良時代前期天平三年（七三一）に田辺史広足《たなべのふひとひろたり》から平安時代前期仁和二年（八八六）までの一五〇年間の平朝臣任世まで、三〇人ばかりの国守が記録されています。なお第3図に作成した系譜は本書に書かれているものに、本書の文書や説明文に記載している名を追加した系譜です。

姓氏鉄ニ建部公ハ日本武尊之後ト白山治教彦王ヲ云ヒシナラン武居ニ白山明神ノ祠アリ

武部領ハ、今ノ竹居村、大野寺村、奈良原村、及足河總郷ニテ凡ソ千七百貫文内國造田ハ凡ソ

五百貫文ナリシト云フ

この文にある白山明神は御坂町室部にある第6図の白山天神宮のことでしょう。向山武彦尊は向山土本毘古王の後裔とみられ、その後裔が竹居に居たと考えられます。東国衙は竹居の大野寺の熊野神社のことで、御坂町下井之に移ったのが西国衙のことと思われ、土壘と堀に囲まれていたといいます。ここに白山丁という地名があり、白山神社が祀られていたといいます。前述の国造本紀では開化天皇の子日子坐王の子沙本毘古王命が塩見宿弥の祖先とされていますが、前述のように地方豪族の土本毘古王（袁耶本王）がその祖先であり、その子孫が代々国造となり塩海宿弥となり、七〇一年大宝律令制定までかその少し後まで子孫が国造になっていたのでしょう。ただし系図は入っていない代もあり不完全と思われます。

倭建命（紀は日本武尊）が関係する地域には建部があるといい、八代町竹居の門林にも建部姓が一軒あり抽木熊野神社の祭りに飾る幣帛は建部氏が必ず切る習慣になっているといいます。建部氏は重要な地位にあったと思われます。

本書三八ページに「古記録」として残っていることを載せます。

古事記ニ日ク和山河荒神等ニ而遠上幸時ニ足柄下ニ於食御粮所上云々即白ニ其国ニ越ニ出甲斐

一坐ニ酒折宮ニ甲斐国造ノ治所ココニアリ今ノ熊野神社ノ続地ナリ

養老七癸亥年（七二三）二月二十日桂林寺開山行基僧正ノ弟子行利ヨリ甲斐国造鹽見宿禰ノ後裔国司向山徳光ニ上リシ古文書ニ日ク白鳥天神ハ日本武尊ナリ同尊東夷罰甲斐国酒折宮御帯錦被レ成時ニ井海ノ徳王殿ニ御在被レ在徳王別殿舎ハ花鳥山ニ在リ数千ノ櫻樹シ植春景深心ト称ス則日本武尊観花誘好ス故ニ御逝界后爰改葬号スニ白鳥天神一ト（以下略）

後述の行利ノ上申書とはこのことをいいます。

この文にある桂林寺は竹居にあって甲斐国真言宗の古刹で本県で最も位が高かったといいます。

またこの記録に、日本武尊が武蔵から北に転じて群馬県と長野県境にある碓氷崎を通って甲斐に入ったというのは誤りで、足柄坂、宮城野から御殿場に越える所の峠を碓日峠というとあります。

行利ノ上申書ニ

白山大明神、日本武尊御子、武田王御子、白山治教彦王、向山土本毘古王後裔、井海徳王孫姫、大和姫御錄合、則徳王子尊彦聟、號白山治教彦王、後見、號鹽海宿禰□大伴武日、添附臣外、風早武毘、根津大友、兜残山護、日本武尊甲斐御退還被在、則白山大明神、白山治教彦王祀也トアリ花鳥山、天神丁等ニハ日本武尊ヲ奉祀シ字白山丁ニハ白山明神アリ亦タ以テ武居ハ日本武尊ニ縁故深ク酒折宮ハ確カニ今ノ熊野神社タルコトヲ知ルニ足ル

藤巻耶麻登通称ハ幸作号ハ櫻邨

本姓ハ雨ノ宮末木城（滋眼寺）主従五位下攝津守正忠ノ後裔古屋権左衛門源清行ノ四男ナリ――中略――明治四十年四月山梨県東八代郡竹野原村藤巻知栄ノ懇請ヲ容レ廃家シテ其ノ養子トナル

大正十一年酒折本宮熊野神社ノ社掌トナル

以上は新しく発見したものですが、古代豪族の系譜を軸とした歴史は前述のとおりです。ただ拙著（共著）『甲斐古代豪族の系譜』（平成二八）以後に新しく発見した資料を追加してあります。

土本毘古王（袁耶本王）、塩海宿弥、その後の系図に三〇〇年代前半の土本毘古王から五〇〇年代（中頃か）に至る約二〇〇年の間に六人の後継者があり、一世代平均三三年は長過ぎると考えられるので、この間に数人の後継者が入るとみられます。塩海宿弥の後裔に塩海大彦の数世後の保元年間（一一五六～一一五八）に塩海（武居）五郎六郎があります。この五年後の一一六二年に藤原忠重が甲斐国守となっていて、御坂町国衙にあった第四次国衙と八代町北にあった八代荘熊野神社との間に起った長寛甚文の事件があります。塩見五郎六郎は国衙に武田信清（八代冠者）は熊野神社に関係していたであろうと考えられます。

本書に大治五年一〇月六日（一一三〇）に甲斐武田氏の刑部義清から国造とみられる大野寺の熊野神社神主の武居次郎五郎にあてられた八代郡之内にて国造領并建部料任先範武相違者也の文書があります。また応永五年九月十一日（一三九八）に大檀那安芸守信満から国造武居式部大輔殿にあてた此度元一戦得勝利於敵地揚武という文書があります。その後伊奈熊蔵、武田信虎、同信玄から熊野宮国造、竹居清蔵あての文書がありますが、江戸時代になってから国造あての文書はありません。七〇一年から七三一年の間の国造と国司の関係は不明です。塩海宿弥は最後に甲府市塩部に移ったという伝承がありますが、塩部の地方には今も塩見姓が四軒ばかりあります。古い姓が残っている一宮町にある降矢、屋の例もあり、あながち根拠がないとはいえません。

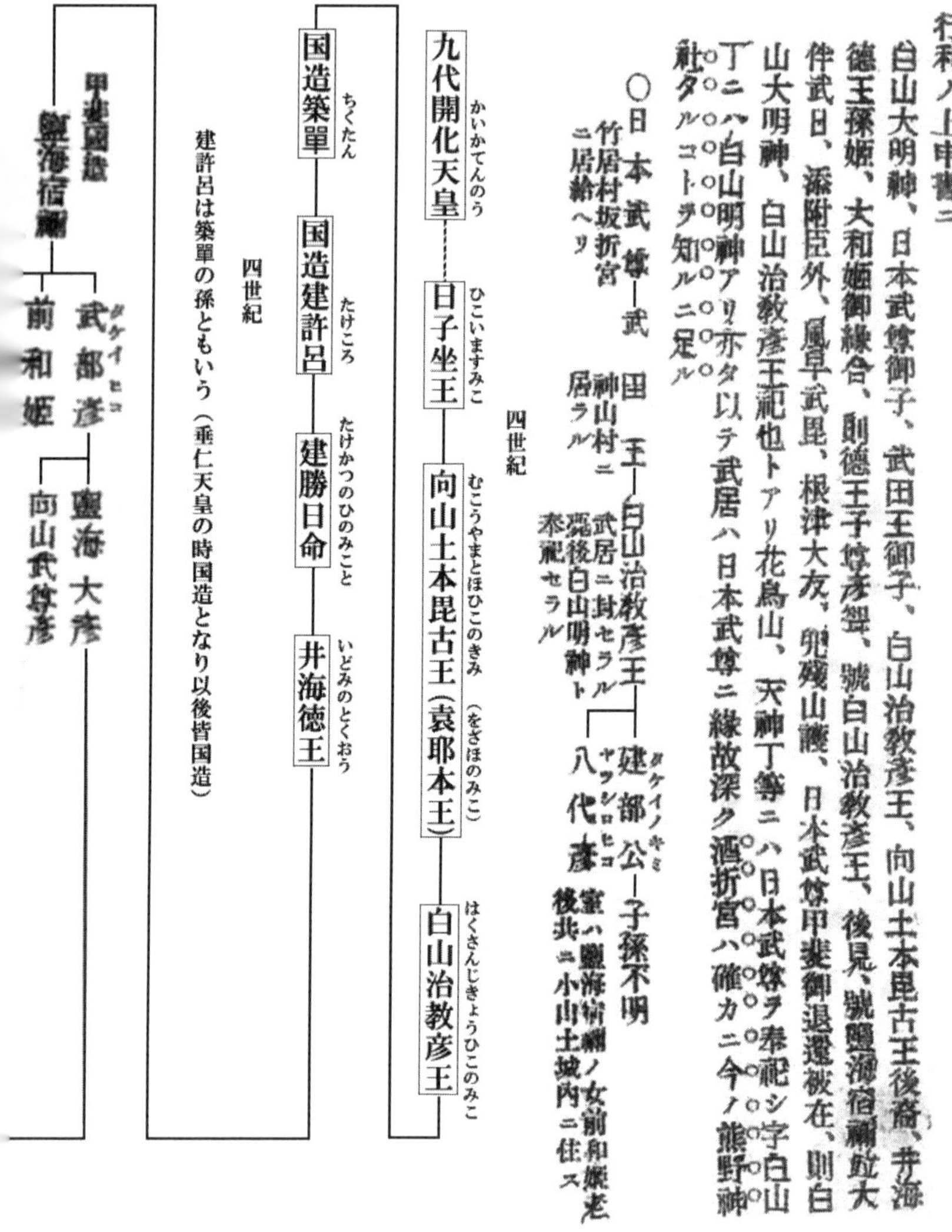
行利ノ上申書ニ
白山大明神、日本武尊御子、武田王御子、白山治教彦王、向山土本毘古王後裔、井海徳王孫姫、大和姫御縁合、則徳王子尊彦翌、號白山治教彦王、後見、號鹽海宿禰並大伴武日、添附臣外、風草武毘、根津大友、兜残山護、日本武尊甲斐御退還被在、則白山大明神、白山治教彦王祀也トアリ花鳥山、天神丁等ニハ日本武尊ヲ奉祀シ字白山丁ニハ白山明神アリ亦タ以テ武居ハ日本武尊ニ縁故深ク酒折宮ハ確カニ今ノ熊野神社タルコトヲ知ルニ足ル
○日本武尊
竹居村坂折宮ニ居給ヘリ
武国王
神山村ニ居ラル
白山治教彦王
武居ニ封セラル
薨後白山明神ト奉祀セラル
建部公《タケイノキミ》
子孫不明
八代彦《ヤワシロヒコ》
室ハ鹽海宿禰ノ女前和姫老
後北ニ小山土城内ニ住ス
四世紀
九代開化天皇《かいかてんのう》
日子坐王《ひこいますみこ》
向山土本毘古王《むこうやまとほひこのきみ》（袁耶本王《をざほのみこ》）
白山治教彦王《はくさんじきょうひこのみこ》
四世紀
国造築單《ちくたん》
国造建許呂《たけころ》
建勝日命《たけかつのひのみこと》
井海徳王《いどみのとくおう》
建許呂は築單の孫ともいう（垂仁天皇の時国造となり以後皆国造）
甲斐国造
鹽海宿禰
武部彦《タケイヒコ》
前和姫
鹽海大彦
向山武尊彦

第３図
（注）活字の部分は『秘本酒折本宮所在考全』にある原文。

◎歴代神主

鹽見大彦數世ノ後裔
武居次郎五郎 崇徳天皇大治年間ノ人 一一二六〜 — 鹽見《シホミ》五郎
同 六郎 後白川院保元年間ノ人 一一五九

（鹽見五郎・六郎）— 數代後 武居式部大輔 應永年間 一三九四〜 — 武居清八郎 天文年間 一五三二〜

武居式部少輔 一五五八 永禄年間 — 武居清藏 天正年間 一五七三〜 — 武居筑後守 慶長年間 — 竹居清左衛門 元和年間 一六一五〜 — 血縁カハラズ 橘田清五郎 寛永年間 一六二四〜

橘田筑後介 寛永年間 以上國造ヲ稱ス — 橘田大和守 寛延年間 — 橘田斎宮《イツキ》 文化年間 — 橘田清太郎 嘉永年間

血縁カハラズ 荒澤主馬介 元治年間 代數ハ隔世ノ處アリ — 石原德太郎 明治初年 石原勘兵衛ノ子 — ○藤田正昌 明治大正年間

四九

現神職
○橘田掃部 享保八年 — 同式部 享保九年 — 同豊後守 寛政年間アリ

藤巻耶麻登通称八幸作号八櫻郎
本姓八両ノ宮末木城（慈眼寺）主従五位下攝津守正忠ノ後裔
古屋権左衛門源清行ノ四男ナリ—中略—明治四十年四月山梨県東
八代郡竹野原村藤巻知栄ノ懇請ヲ容レ廃家シテ其ノ養子トナル
大正十一年酒折本宮熊野神社ノ社掌トナル

また塩海五郎六郎は国造ですから、国衙を支配した三枝氏と結託したはずです。三枝氏の末裔である石原氏は今も室部を中心に多く子孫が残っています。続いて本書にある国造提出の文書の目録と内容を抽出すると、

（一）八代郡之内ニて国造建部料任先範無相違者也
刑部三郎
義清在判
大治五年十月六日
武居次郎五郎殿

一一三〇年で本書にのる文書で最古のものです。甲斐武田氏祖先の武田義清から系譜にも載っている酒折宮熊野神社神主である塩海宿弥の子孫にあてたものです。長寛甚文事件より三一年前ですから御坂町国衙にあった国衙は未だ顕在です。

熊野宮領八代郡武居郷―略―
大檀那　安芸守　信満在判
應永五年（一三九八）戊虎九月十一日
国造武居式部大輔殿
敬白願状
夫惟日本者神国也神者下受非礼所選共臣盡丹心述願于当宮之廣前雖然若毫髪不存則全可非汚神

明庶幾恕宥信心之納受不慮者此度之一戦得勝利於敵地揚武於天下邦域之城堅固分国之士勇猛而所交戦之怨敵或消滅式倒退者当宮神風之威烈矣急急如律令

一三九八年の文書でここにあげた文書では二番目に古いものです。

(二) 子安明神之宝前において平彦御祈念霊験最新世依之蔵米五俵宛自今以後可奉納之候為後據如件

十一月吉日　信虎　善阿弥奉之

国造殿

室町時代末期であろう。この頃も国造を名のっています。

(三) 信玄判　掟の一部

一、社人并修験百姓等国造可得下知事

天文捨二年癸卯霜月吉日

武井清八郎殿

一五四三年の文書です。武井は系譜に載っています。

四　酒折宮について

天神社　竹野原村竹居無格社（四〇ページ）

本書でいう大野寺の熊野社とみられる「坂下り天神ト云ヒ日本武尊ヲ祀ル金属製古鏡ヲ御神体トス……中略……建許呂命ノ居リシ跡ハ後ニ之ヲ武居ト云フ建許呂居ノ約ナリ建許呂ハ垂仁ノ御時此

国ノ国造ト為リ給ヒシ筑篳命ノ孫ナリ建許呂命ノ子勝日命ハ後ニ襲ギテ甲斐ノ国造トナリ其子意美津奴命孫鹽見宿弥皆国造ヲ承襲セリ酒折ハ仮字ニテ正シクハ酒下ナリ」とあります。

建許呂は十一代垂仁天皇時代の人とあり。本県の甲府市旧中道町下曽根の甲斐風土記の丘地内にある前方後円墳大丸古墳が築造された三〇〇年代前半頃にあたると考えられることは前述しました。注目す可きは筑篳―建許呂―勝日命―意美津奴命―知津彦公（井海徳王《いどみのとくおう》か）―鹽見宿弥は国造でありました。建許呂は十一代垂仁天皇（四世紀前半か）の時に国造となりました。袁耶本王（土本毘古王）と同じ時期に当る甲府市旧中道町にある本県では最大級の三基の前期前方後円墳が造られた時代です。不明な点もありますが当てはめてみると順次土本毘古王の天神山古墳、大丸山古墳、甲府盆地を統一したと見られている甲斐銚子塚古墳が当りその後の三、四人の人物がぬけていますが、六世紀の鹽海宿弥は笛吹市御坂町井之上にある東日本最大の石室をもつ後期円墳である姥塚古墳にあたります。ただこれらの古墳の時期は四世紀、五世紀、六世紀であるので被葬者の名前の漢字はいつの時代につけたか不明です。

◎酒折宮熊野神社

氏子総代　石原奥太郎他十三名及び竹野原村長石原奥太郎。同助後塚越直武国造田及式部領として竹居村他二村の武部村上芦川村他五村の芦川総郷の面積合計一七十三石八升三合三勺（元八貫文也）をのせています。

甲斐国造ノ治所であった熊野神社という所は御坂町大野寺にある熊野神社を指し第7図に示した所である（国衙の所在地参照）。桂林寺は古文書によると竹居地内にあって真言宗の古刹で本県では最高位の寺であったという。向山徳光は系譜では塩海宿弥の二代後の向山武尊彦（彦尊か）に当る人物のようですので、六世紀後半のことと思われます。ただ古事記にあるというので酒折宮のことでしょう。酒折宮と連歌については別記のとおりです。

これに続いて載る天白大明神（佐久太神ト同体である）は御坂町室部小字白山丁（見京地）にある白山大明神であると考えられます。白山は八代町奈良原の牛王神社の上方にもあります。佐久太神と同体ということは佐久神社の祭神向山土本毘古王と同じであるということで、土本毘古王を向山村より武部村に遷したことは土本毘古王の霊を甲府市旧中道町下向山に建設された風土記の丘がある丘陵の南斜面に鎮座する佐久神社から移したことを意味します。佐久神社と同じ斜面の西と同町心経寺に菊理姫を祭神とする白山神社があります。この天白大明神を一〇世紀の国衙村に移したとみられるとは御坂町国衙にあたった第四次国衙跡に立っている天白大明神の石碑の所在地に移したことを意味します（『甲斐古代豪族の系譜』森和敏　二〇一六）。

五　甲斐国衙について

本書に記されている国衙又は国府について先にあげてみます。

現在知られている国衙と国府について前述した『甲斐古代豪族の系譜』で新説を発表しました。この新説に本書『秘本酒折宮所在考全』にあげられた国衙・国造をつけ加えることを目的とします。

国衙又は国府はその位置は二転して三ヶ所とされていましたが、笛吹市御坂町下井之上に築造された東日本最大の石室をもつ姥塚古墳は塩海宿弥が国造になった六世紀の中頃に築いた円墳であろうと考えると国衙をこの地域に開いたと考えられます。そうすると三転して国衙は四ヶ所にあったとしたことになります（「文間図と現地で古代の遺跡を探す」森和敏『山梨県考古学論集』二〇一九）。下井之上から七世紀後半頃には同市春日居国府に、さらに八世紀前半に同市一宮町に移されたとみられていますが場所は特定されていません。筆者は塩海宿弥の後裔である塩田長者が掌握していた塩田地域であろうと考えています。ここから十世紀に同市御坂町坂町国衙に移され一一六三年に同市八代町北にある熊野神社であった長寛勘文の事件頃までは国衙は機能していたとみられていますが、その後一説には火災があってから衰微したと考えられています。本書は直接的に国衙についての記事は少ないです。その一ページに載る竹居村桙衝神社坂折本宮由緒で永禄二年巳未（一五五九）睦月十日に差阿弥奉之が国造武井式部少輔殿にあてた文書に「纏向日代宮御宇（景行天皇）狭穂彦王三世ノ孫知津彦王ノ子塩海宿弥甲斐ノ国造ニ任セラレ前ノ国造井海徳王《いどみのどくおう》ノ女タル雛鶴姫ヲ娶リ今ノ北ノ宮ノ西北ノ地ニ居リ国政ヲ取リタリコレ先キニ高岡宮御宇ニ登穂彦王が勅命ヲ受ケ禹ガ瀬ヲ開闢シタ…」とあります。四世紀の前半に当るとみられる前述した土本毘古王が国造に任ぜられていた高岡宮が国衙だったことである。この高岡宮の所在地は不明だけれど前述した甲府市旧中道町向山あたりと推測できます。さらに「後チ宿弥ハ舎殿ヲ其処ニ造営シ東国鎮護ノ社トシタリコレ此ノ今ノ熊野神社ナリ…中略…宿弥ノ子孫世世国造トナリ…」ここにいう宿弥とは前文にある塩海宿弥とみられ、造営した所とは後述する御坂町大野寺の熊野神社か御坂町井之上の国衙のことでしょう。さらに「孝徳天皇大化年間（六四五年頃）ニ諸政ヲ革新シ世襲ノ国造ヲ崩シ国司ヲ置くクニ当リ治所ヲ山崎ノ西ニ移シ祭リタレバ竹居ノ地之レガ為ニ衰フ武居氏ハ只タ祭事ニ與（あずか）ルノミ　文武天皇（六九〇頃）ノ頃今ノ国衙村ニ府庁ヲ移ス爾後竹居ハ旧国衙或ハ東国衙ト呼バレ酒折ヲ西国衙ト称ス」とありここに言う山崎の西とは御坂町井之上の第一次国衙から移した笛吹市春日居町国府のこととみられます。又竹居から移した所は御坂町国衙でしょうか。西国衙とは春日居町国府のことでしょうか。これらのことは史実に近いことであると思います。

笛吹市御坂町大野寺の熊野神社

御坂町大野寺小字宮ノ前二四三番地にあり大野寺集落から西へ二〇〇メートルの畑の中で御坂山脈の山麓の中腹にあり室部集落に近いです。熊野神社の周囲には方形の水田が集中している地域があり、計画的に開発されたとみられ、神社と同時代の可能性があります。前述したように二基の立石が拝殿の前に立っていて塩海宿弥と深い関係があり国造屋敷があったと伝えられています。八代町竹居下ノ川の熊野神社はこの神社から勧請されたと伝えられていますので埴安姫命が祭神だったとも思われます。今神社の額には速玉男命、伊奘諾尊泉律（津か）事解男命が祭神になっていますが泉律（津か）事解男命は何如な神かは不明です。

御坂町神有坂折神社

御坂町大野寺熊野神社

八代町竹居門林唐土神社

御坂町大野寺熊野神社

御坂町大野寺熊野神社

第４図　写真１　神社にある立石

熊野神社は甲府地方法務局が所蔵する土地台帳（東八代郡花鳥村大字大野寺土地台帳）によると、現笛吹市御坂町竹居大字大野寺小字宮ノ前にあります。その建物は二四三番地にあり。隣接する二四二番地、二四四番地も神社の所有地になっています。地籍図の番地の順に従って第8図の説明をしますと二四二番地は広さ六、二四反で山林と保安林（現在は畑）になっていて土地の所有権を明治四三年に帝室（皇室官有地）から村社熊野神社に移転しています。二四三番地は広さ一、八一二反（五二五〇〇）で神社境内地になっていて本殿と拝殿が南を向いて建っていて所有権を昭和二九年に大蔵省から熊野神社に移転しています。二四四番地は官有地で広さ三四年に帝室（皇室、官有地）から村社熊野神社に移転しています。現在は芸生広場になっていて、その下は御坂町スポーツ広場があります。この中は六枚の長方形などの計画区割になっていて、区割した時代は不明ですが御坂町井之上にある第一次国衙跡に隣接する土地が同様な区画割になっていることは注意を要します。（「分間図と現地で古代の遺跡を探す」森和敏『山梨県考古学協会誌二八号二〇二一年』）注意す可き事は土地所有者が以前は帝室（皇室）や大蔵省であったことで、かつては国の機関である国衙があった伝承があることです。

そしては御坂町竹居の大野寺小字宮ノ前二四三番地に建っている熊野神社の祭神は塩海宿弥とみられることです。塩海宿弥が建てた神社から立て始めた立石が二基拝殿の正面中心線上にあります。一基は高さ一メートルで鳥居の下にもう一基は鳥居一五メートル離れた拝殿の中央にあることで、また鳥居の両側の柱に並んで一メートルほどの巨大な立石があります。また八代町竹居の下ノ川にある柚ノ木熊野神社は江戸時代に当大野寺熊野神社から勧請したと伝えられていて、祭神は埴安（山）姫命ですので（八代町誌）当熊野神社の祭神は埴安（山）姫命であったと考えられます。当熊野神社の東側を川が北流していて、この川に沿って高さ一メートル、幅五メートル、長さ五～六メートルほどの土塁と南側にも同じくらいの土塁が神社を囲むようにあるのは第四次国衙と同じです。築かれた時期は不明ですが、国衙だった時代で、前述した第一次国衙以前のものであろうかと思います。

本書二ページの同由緒書に「塩見宿弥ハ死後塩田ニ祭ラレ国立明神と称セラル」とあり、御坂町井之上にあった第一次国衙にも塩海宿弥を祭神とする国立《くにたて》明神があることは井之上国衙があったことになろうと思います。

又大野寺村内社地として御朱印地として国造屋舗四八〇坪、御免地（御朱印地）同屋舗六九六坪（二反三畝六坪）あり内訳として四三二坪畑、二六四坪四壁、桑二束とあります。四壁とは土塁のことでしょうか。同書三五ページに大正十三年の鳥居の前に立てられた標示「此地ハ往古ノ甲斐ノ国造塩見宿弥ノ殿舎アリシ処タリ……中略……武尊征伐ノ帰途甲斐…中略…楢原ヲ経テ武居ノ郷ノ宿弥ノ家ニ駐マリ……武居氏ハ宿弥ノ後裔ナリ家録并ニ里長役場ノ書ニモ社地続国造屋舗四百八十坪御朱印地トアリ」とあります。

国造塩海宿弥と日本武尊は同じ時代五世紀後半とみていて、筆者は国造屋敷が竹居にあったとすれば同意できます。その屋敷が社地に続いているとすれば別記土地台帳にみられる御坂町大野寺小字宮ノ前二四三番地の神社境内地に隣接する二四四番地か二四二番地にある官有地の帝室（皇室）の所有地であったであろうと思われます。この神社を酒折宮と称しています。この面積が合わないことが疑問ですが。二四四番地の芝生公園は伝承によると竜光寺と十軒ばかりの人家があったけれど一三世紀頃かに洪水で流され上流地に移ったといいます。竜光寺のものは現竹居山祐泉寺に預けたといいます。またこの下にあった集落も流されたといいます。この標示を書いた原本は里長の家と役場にあったと言いますが、役場にあった文書は前述のように旧花鳥村の土蔵に保存されていて平成一四年（二〇〇二）頃に窃盗団に盗まれてしまって今は所在地不明です。当時の里長の家とは大野寺の巳長瀬田家のことと思われます。

なおこの武居郷阪折本宮境内に国造神社を大正一三年（一九二三）四月三日に建てたといいます。祭神は三神で国造明神塩海宿弥と歴代神主尊霊であるといいます。

御坂町大野寺にある熊野神社は国衙だったのか現在は西斜面で広く周囲を畑（以前は田）で囲まれた中にあって室部集落に近い位置にあります。

しかしこの熊野神社は当初は集落に中にあったと考えられます。本県でも古代の神社は単独に本殿があるだけで拝殿や社務所などは建てられていません（『酒折宮とヤマトタケル』森和敏二〇一三年）。本書三八ページに載る古記録に酒折宮八坂下リナリ武居村（竹居）花鳥山下ノ地名トス甲斐国造ノ治所ココニアリ今ノ熊野神社ノ続キ地ナリとあり国衙とは書いていませんが国造が政務を執る所です。国衙は国造が本殿の中で行なう節句や収穫祭などの例大祭、富山の噴火や災害時など忌祭礼の時に占師で首長たる国造が土製模造品の勾玉や管玉を身につけ高坏などに供物を持って儀式を行う。この大野寺の熊野神社が「分間図と現地で古代の遺跡を探す」（『山梨県考古学協論集』Ⅲ、山梨県考古学協会二〇一九年、森和敏）で論じた第一次・第三次・第四次国衙（国府）を論拠として新資料を紹介し、第一次国衙以前に国造が居た所であったことの証拠としたいと思います。

この三ヶ所の国衙については本論にはのせない前述した論文にのせた第14図、御坂町第一次第四次国衙推定位置図と第16図塩田長者遺構・遺物分布図も参照してください。なお第一次国衙、第三次国衙は偶然に中央自動車道の建設地となったため建設前に遺跡の発掘調査を一九八四年に県教育委員会が行ない調査報告書を刊行しています（『姥塚遺跡』『笠木地蔵遺跡』『北堀遺跡』）。第二次国衙と考えられている笛吹市春日居町国府にあった国衙（国府）については資料は甲府地方法務局が所蔵している旧土地台帳四冊と旧図の写しです。第一次国衙は笛吹市御坂町井之上小字山横畑九二四・九二五番地に建つ国立神社やこの西に隣接した同町国衙八四〇～八九〇番地辺りの規則正しく方形に区画した地を含む周辺と考えられます。東に隣接している姥塚古墳が南照院の境内にあり、第四次国衙が北西一〇〇メートルにありこれらの周囲一帯は計画的に方形区画に地割されています。この区画割りは大野寺の熊野神社付近にみられる計画的地割から始まり第三次国衙から第四次国衙周辺へと拡大整備されています。土地台帳でみるとこの国立神社がある九二五番地は官有地（大蔵省）でありましたが今は社地になっています。同九二五番地は官有地で帝室（皇室）の所有地だったのが昭和二八年に村社国立神社に所有権を移転しています。

また隣接する九四二番地は官有地だったのが同時に南照院に所有権を移転しています。官有地は国立神社に属していたものだったのかもしれません。又国立神社の西に隣接する土地の状況が大野寺の熊野神社に似ていて、同じく官有地だったことや熊野神社と同じく帝室（皇室）の所有地だったことは皇室の直属の機関であった国衙であった可能性が高い。遺跡の発掘調査で社の本殿だったかもしれない堀立柱高床式建物二棟や竪穴住居跡や土製模造玉類など祭祀的遺物が検出されています。

第三次国衙は笛吹市一宮町塩田小字宮田三八六番地にあった国立神社の地域と考えられます。中央自動車道の建設地となるため西方一〇〇メートルの現在地に全ての施設が移設前と同じように移築されました。土地台帳によると三八六番地は官有地でしたが昭和三〇年に国立《くにたて》神社に所有権を移転しました。また国立神社の北側も官有地でしたが民間の個人に所有権を移転しました。南側の小字宮田町三九〇〜四〇四番地など一帯も官有地でしたのが塩田にある超願寺に所有権を移転したといいます。この一帯は大昔一千年も前は超願寺の檀家があった（檀徒が住んでいたということか）との伝承が超願寺に伝わっているといいます。この伝承を理由に官有地を超願寺に移転したと考えられるのです。この伝承は神仏混淆の時代の名残りかもしれません。また超願寺は現在塩田の中心地にありかつては周囲に所有地が多くありました。超願寺の南西にある楽音寺も古代寺院とみられていて、九三〇〜九五〇代の番地は帝室所有地を含む官有地で楽音寺の支配地であったと言います。塩海宿弥の後裔が塩田長者となり一宮町西部・北部の一部分を除く広い地域が塩田長者の支配地となりました。古墳群、中田町、南田町などの町名、街道四つの地蔵、徳門、土壘跡などが残っていて、八世紀には国府が開かれたと考えられます。その後塩田長者は一七世紀武田信虎の時代まで続いて信虎に亡ぼされたとみられています。

なお前述のように中央自動車道建設の事前に国立神社地は遺跡の発掘調査が行なわれましたが国衙・国府の予想がされていなかったこともあってか、国衙に関係する遺構・遺物はほとんど発見されていません。

第四次国衙は笛吹市御坂町国衙小字宮本九～三〇番地とその北に続く小字堀之内を含む広い平坦な範囲にあり、国府を形成していたと考えられます。周囲には正確な土地割や計画的に作られた方形の地割がみられ今は耕地になっていて、昭和の中期までは多くの土地が水田でした。この水田の地割が行なわれた時期は他の国衙の地割と同様に特定できませんが古代まで遡るのではないかとみられます。前述したように南東に第一次国衙や姥塚古墳があり、第12図のように小字宮本と北と東に接する小字堀内は文字通り堀と土塁に囲まれていたとみられ国衙の中心地だったとみられます。堀之内の北西隅には稲荷社が北東隅の外には御提頭樽天《おだいずるてん》が、東には国衙の中心地から移したと言われる天白大明神の石碑があります。この天白大明神は『酒折本宮所在考』に土本毘古王の（霊）ヲ向山村ヨリ此ノ式部村ニ遷シ祭リ天白大明神ト尊称ス今ノ国衙村ニアリシハ此処ヨリ移セシモノナランとあり天白大明神は佐久太神と同体だとしています。宮本の南西隅二九番地には官有地でしたが所有権を吉祥寺に移転したとみられます。小字宮本の南に隣接する七六五番地（八〇一番地を含むか）を囲むように長方形の土地割がみられるのは土塁と堀だったのかもしれません。この周囲には規則的な土地割が数ヶ所みられるのは国府を計画的に整備した名残りではなかろうかと思います。

六　甲斐国造について

本書に載る国造の系統をまとめると第3図のようになります。その初めは記に書かれた九代開化天皇の子日子坐王の子袁耶本王が甲府市旧中道町下向山佐久神社に伝わる土本毘古王であろうと前述のように筆者は考えました。

本書四〇ページにその時代一一代垂仁天皇の時に建許呂が国造になったとみえ袁耶本王（土本毘古王）が建許呂にあたる人物となります。建許呂の父は筑単だといいますが。この建許呂の三・四代後に意美津奴命があり、記にのる知津彦公にあたるとみられます。この記録は出典が不明であるので真偽は後日の研究にゆずりたいと思います。国造本紀（平安時代）では袁耶本王の妹沙本毘古命が公式の記録にのる塩海宿弥の祖先だとしています。本書四八ページに載る系譜では橘田筑後介が江戸時代前期寛永年間までを大治五年（一一二九）の武居次郎五郎から十一人を国造ヲ称スとありますꓸ本書にはこの後の国造は三・四代別紙のようにのっているだけでわかりませんが塩見大彦数世の後裔として二七代崇徳天皇大治五年（一一三〇）に武居次郎五郎があり欠損もありますが明治時代の藤巻耶麻登まで続いていています。

国造は大化改新（六四五年）で改正され、大宝律令（七〇一年）が公布された後は大和朝廷から地方に派遣された国司が地方長官となりました。続日本紀に甲斐国司が天平三年（七三一）から人和二年（八八六）までの一五〇年間に田辺史広足ほか三〇人ばかりの国守がのせられています。

（『御坂町誌』昭和四六、御坂町）

次に本書に記されている塩海宿弥以前の国造国衙について考察します。

本書三八ページにある古記録によると酒折宮は武居村花鳥山の下にあって、甲斐国造の治所で、今の熊野神社の続地であるといいます。今の大野寺の熊野神社のことと考えられます。酒折宮の宮とは王の居る所すなその土地の豪族が居る所で記紀では卑しい身分とされている御火焼老人が居た所で日本武尊が立寄って連歌をかわしたと記されています。つまり前述した帝室（皇室）の所有地であった竹居大野寺二四三番地と二四四番地であったとみられます。同書四〇ページのある竹野原村竹居無格社である坂下り天神に寄り、国造建許呂命（四世紀か）の家で御休憩したという神社は御坂町竹居の大野寺の熊野神社・同書三五ページにある大正一三年に鳥居前に建てられた標示では神有に今ある天神社のことも書かれています。

社地に続いている国造塩海宿弥（六世紀）四八〇坪屋舗は御朱印地で日本武尊と連歌を交わしたといいます。これらの事項は歴史的には混乱し、時期や神社の所在地も合わないのですが竹居に伝承されていたことは確かです。

前述した土本毘古王は四世紀の人物と考えられ、甲府市旧中道町に造られた三基の前方後円墳の時代にあたります。この一基に巨大な甲斐銚子塚古墳がありこの被葬者について山梨県立考古学博物館館長兼県埋蔵文化財センター所長時代の磯貝正義氏は甲斐国造だったのかもしれないというようなことを話しておられたことを思い出します。もしそうだったとしたら本書に載る人物は塩海宿弥以前に国造だったことになります。

前述した（五）国衙については御坂町大野寺の熊野神社に国造の屋舗があったのであれば、国造を支える組織と施設もあったことが推定されます。しかし国衙であったとは記されていません。塩海宿弥が造営した国衙があったと筆者は考えて、第一次国衙としましたが、これ以前にすでに国衙の機能を有した施設があったのかもしれません。以上のような国衙や国造に関係する事柄があったとみられることはこの竹居を中心として広い地域を統一して支配する人物と組織があった可能性があります。

次に本書にのる国造を年代順になおしてあげたいと思います。

1、永禄ニ巳未(一五五九)睦月一〇日に差阿弥から国造武井式部少輔にあてた「武井村梓衝神社坂折本宮由緒」に狭穂彦王三世ノ孫知津彦ノ子塩海宿弥甲斐ノ国造ニ任セラレ前の国造井海徳王ノ女タル雛鶴姫ヲ娶リ今ノ宮ノ西北ノ地ニ居リ国政ヲ取リタルコレ先キニ高岡宮御宇ニ登穂彦王が勅命ヲ受け禹が瀬ヲ開闢し……とあり四世紀前半とみられる塩海宿弥の最初の祖先土本毘古王を国造としています。

2、甲州八代郡竹居大野寺両村鎮守より熊野大権現右社内東照太権現宮にあてた御朱印地御祈願所熊野宮内諸書に大野寺村内社地続国造屋舗四百八拾坪同屋舗六百九捨六坪とあります。

3、大治五年(一一二九)一〇月六日に甲斐武田氏本流の刑部三郎義清から武居次郎五郎にあてた文書に国造領并建部料任とある本書最古の文書があります。

4、広永五年(一三九八)戊寅九月一一日に大檀那芸守信満在判から国造武居式部大輔殿へあてた願状。

5、一一日吉日に信虎から国造にあてた文。

6、信玄判物の文書で天文一一年(一五四三)武井清八郎にあてた文書に国造可得下知事の文書。

7、永禄ニ巳未(一五五九)一〇月に善阿弥から国造武井式部少輔にあてている。

8、天正四年丙子（一五七六）二月吉日に武田勝頼判物加津市右衛門から熊野宮国造にあてた文書。

9、天正一〇年（一五八三）八月二五日の朱印状井伊兵部少輔から国造竹居清蔵にあてた文書。

10、熊野宮中并国造屋舗の朱印状で竹居清蔵にあてた文書。

11、天正一七年（一五八九）巳丑一一月三日に伊奈蔵から熊野宮国造にあてた文書。

12、午二月一〇日に浅野右近大輔から国造竹居筑後守殿にあてた熊野宮修覆祈念免の文書。

13、熊野宮修覆料祈念免で午二月一〇日に浅野右近大輔名乗から国造竹居筑後守殿にあてた文書。

14、篠目熊野宮として、慶長一〇（一六〇五）年卯一〇月に桜井安芸守の国造□可得下知事の文書。

15、梓衝神社由緒に寛永一八年辛巳（一六四一）三月一八日に甲州八代郡竹居村熊野宮国造橘田筑後介から寺社奉行にあてた文書。

16、古事記に桂林寺開山行基僧正ノ弟子行移ヨリ甲斐国造塩見宿弥ノ後裔国司徳光ニ上リシ古文書ニ曰クとした文書。

17、竹野腹村竹居無格社の天神社の由緒に建許呂ハ垂仁ノ御時此国ノ国造ト為リ給ヒシ筑箪ハ孫ナリ建許呂命ノ子勝日命ハ分ニ襲ギテ甲斐ノ国造トナリ其子意美津奴命孫塩見宿弥皆国造ヲ承襲セリとある前述した本書四八ページにのる系譜や説明文のようなものがあります。

七　竹居の神社仏閣

最後に文書に載っている神社をあげておきます。

本書の四～九ページに書かれているもので橘田筑後介が江戸幕府の寺社奉行所に登用される際に東照太権現宮（徳川家康）あてに寛永一八年（一六四一）三月一八日に提出された上申書に添付された文書です。

竹居村内御免地熊野権現堂、祭三回（以下日付は略）、同門林、同唐土権現祭四回、同木瓜田石社領高壱石六年、同室部神明宮同祭二回、同御崎明神同門林祭三回、同坂折天神同神有祭二回、同下之河同八幡宮祭二回、同杉之木田同御宝典八幡祭二回、同室部同山神社祭二回、同花鳥山同白鳥淺間社、同門林同山神社祭三回、同門林同道祖神、祭二回同原山同山神社祭二回、同原山同大神宮祭二回同見京地同白山権現祭二回、同弥寿野同鹿島明神祭二回、同郡奈良原同牛王権現祭三回、同村内右社領高壱石九斗余、同村内同屋鋪六畝十八分右之外攝社七八座有之祭日等夫夫御座候得共書載不申

人別

橘田筑後介

私類族九人（男四、女五）、召抱え者十四人（男九、女五）譜代者五軒十九人（内八軒退転、十一軒有之）として八軒の氏名と男女別家内人数と十一軒の氏名が載り惣人数百人（男五十、女五十）が書かれています。山見京地に文久年間の絵図になお白山権現は室部組地内に白山明神があ

り、奈良原牛王権現の上方山林中に矢高山中の一部堂ヶ入の建久寺白山の地名があります。奈良原の牛王《うしおう》神社は大人《うし》王のの意味とみられることは前述しました。牛王神社の所在地は大口山にあり急傾斜地となっていて山林中にあります。近くには集落を形成するような広場もないから牛王神社が単独にあったのでしょうか。山梨の古代では神社は本殿だけで集落内にあったから、この牛王神社は例外的な存在だったのだろうか。白山は甲府市旧中道町佐久神社の西に白山神社があります。本書には天白大明神はのこっていません。また物部神社等現在は所在不明であるものも多いです。

第二章　御坂町竹居周辺の記念物

一　総説

御坂町竹居は笛吹市にあります。甲府盆地の東に連なる御坂山脈の山麓に広がる浅川扇状地の上部と洪積地にあり、肥沃土地帯であることが特徴といえます。急傾斜地であり生活環境としては良好とは言い難いですが農業には適地です。本書で扱う事項は全てこの地帯と下に広がる扇状地と笛吹川流域にある記念物で、事項によっては極く限定された地域にあり、古墳時代から平安時代までの古代に関する考古学的には特殊な遺物・遺跡です。政治的・文化的にはこの地域が中心地であった時代のことです。

『甲斐古代豪族の系譜』（平成二八四　森和敏、北村千鶴）『補遺甲斐古代豪族の系譜』（二〇一六

年一〇月　森和敏、北村千鶴）『酒折宮とヤマトタケル』（平成二五　森和敏）に書いた内容や本項の塩海宿弥などの国造・国衙などとそれぞれが関係し、重複する部分がありますが本書の成立やその経過上やむを得ませんでした。

本項で扱う内容を目次的にあげれば次ページ表1に載せた事項で、1塩海宿弥が祭神になっている神社、2立石のある神社、3埴山姫命石碑、4星石について、5大人、6新発見の古墳です。

二　塩海宿弥が祭神になっている神社

『甲斐古代豪族の系譜』と『同補遺』に載せた二神社に新しく発見した八代町奈良原の牛王神社です。牛王神社の祭神には国造宇志王塩海宿弥とあり（八代町誌）、宇志（うし）は大人（うし）です。また御坂町竹居大野寺にある熊野神社には塩海宿弥が神社の本殿前に立てたと考えられる立石が二基あるので、本来は塩海の宿弥が祭神であったと考えられます。両神社とも塩海宿弥に深い関係があり御坂町竹居、八代町竹居にもあります。

三　立石のある神社

前掲の著書にあげた神社は御坂町・一宮町と笛吹川の右岸にもあって、広い範囲に点在します（第表）。他には見られない特殊な遺構です。前掲の二神社のうち牛王神社には本殿の西にある石垣で囲まれた高さ七〇センチメートルの中に祠と一緒に立てられていて、本来は拝殿か本殿の前に立て

	場所	立石cm	塩海宿弥等	埴山ヒメの命碑
1	井之上国立神社	63 106	祭神 塩海宿弥	
2	西宮神社	94 60		
3	成田西之宮神社	115		
4	大神さん	70		
5	西之宮美和神社	80 80		
6	夏目原八幡神社	79		
7	杵衝神社	106		
8	桧原神社	97		
9	塩田国立神社	65	祭神 塩海宿弥	
10	一宮浅間神社	180 150 175		
32	八千蔵熊野神社	76		埴山毘賣命高135cm
34	日当神社	117		
35	小石和諏訪神社	92 64 40		
36	八王子神社	98		
37	神明神社	30 30 60		
38	石和八幡神社	68		
39	甲斐奈神社	77		
15	一宮町石舟神社		祭神 塩海宿弥	
40	唐土神社	100	祭神 武内宿弥	埴山日賣命 高100cm 明治23年建
41	抽ノ木神社		祭神 埴安(山)姫命	
42	神有坂折神社	50		埴山姫神 高91cm 明治30年建
43	牛王神社	50?	祭神 国造宇志塩王海宿弥	
44	大野寺熊野神社	60 100	鹽見宿弥祭神か	
45	室部 コミュニティセンター	星石130cm×35cm×30cmの石英閃碌岩に八百万神、一道禅流、太陽、月、彗星二箇、北斗七星、冠座などの星座二五箇が彫られている。		埴山姫命 高95cm 大正6年建

表１ 立石がある神社 塩海宿弥が祭神になっている神社。埴山姫命碑の所在地

註『甲斐古代豪族の系譜』に載せたものを除く

られていたものと考えられます。また大野寺熊野神社には拝殿の前の直線上に二基立てられています。この熊野神社境内に続く帝室領地に国造の屋舗があったことが文書に見えます。

四　埴山姫命石碑

写真2にもあげた四基があります。狭い限定された地域に集中していて、この地域だけで信仰していた神であろうと思われます。一メートル前後の石を割り磨いて字を彫り建立するのは当時としては大事業であったと思われ、一集落の三〇軒ばかりの家で立てたのですが建立した時の状況や建てた理由は全く伝わっていません。御坂町八千蔵にある熊野神社の石碑には建立年が刻されていませんが他の三基は明治後期から大正前期に建てられているので、八千蔵の熊野神社も他の神社にならって立てたと考えられます。最初に建てたのは八代町竹居門林の唐土（渡）神社です。竹居門林が最もこの埴山日賣を重視していたのでしょうか。三基は神社に建ててあるのであるが御坂町室部だけは公民館たるコミュニティセンターにあります。近くに大野寺熊野神社があるにもかかわらずです。この土地と特別な関係つまり埴輪の窯跡があったとか—が考えられます。公有地によくあることです。

八代町竹居抽ノ木熊野と大野寺熊野神社の祭神埴安姫命

抽ノ木熊野神社は記録によれば大野寺熊野神社から勧請したのだという。抽ノ木熊野神社は八代町誌によれば祭神が埴安姫命であるといいます。

埴安姫と埴山姫については後述しますが、同じ神です。勧請元である大野寺熊野神社の祭神は埴安姫命であったはずです。埴山姫と塩海宿弥は非常に近い時代だったと思われます。埴山（安）姫について詳しくみてみます。

（1）唐土（渡）神社

八代町竹居の門林集落の氏神です。集落から離れた北側の畑の中にあり、かつては唐渡神社と言ったそうです。埴山日賣命と刻し、高さ一メートル明治二三年建立である。祭神は記・紀にも載る武内宿弥で、八代町北小字竹之内にある南八代・北八代熊野神との深い関係があり朝鮮半島の出身者ともみられる武内宿弥です。立石一基があります。

（2）大野寺の熊野神社、八代町竹居抽ノ木熊野神社

御坂町大野寺小字宮ノ前二四三番地にあります。第三章第一節（五）で前述したので参照してください。八代町竹居の熊野神社は当神社から勧請したと古文書に書かれていて祭神は埴安姫命になっています（八代町誌）。埴安姫命は埴山姫命と記では同ですから大野寺の熊野神社の祭神は埴安（山）姫命だったと考えられます。

（3）に御坂町竹居神有小字天神四八三七にある氏神坂折天神社境内の埴山姫命碑は高さ九一センチメートルで明治三〇年に建てられました。坂折神社とも書きます。拝殿の前に立石が立ち、鳥居の両側に巨大な立石があり、碑に関係する伝承はありません。日本武尊が立寄った酒折神社ともいいます。

（4）御坂町室部のコミュニティセンター（公民館）敷地内の埴山姫命の碑は高さ九五センチメートルで大正六年に建てられています。最後に立てられたのですが、他の三基が建てられている

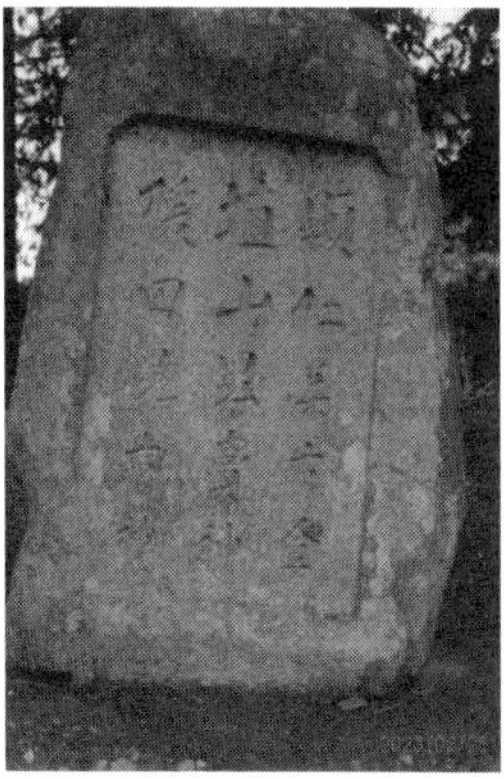

御坂町八千蔵熊野神社

御坂町室部
コミュニーセンター

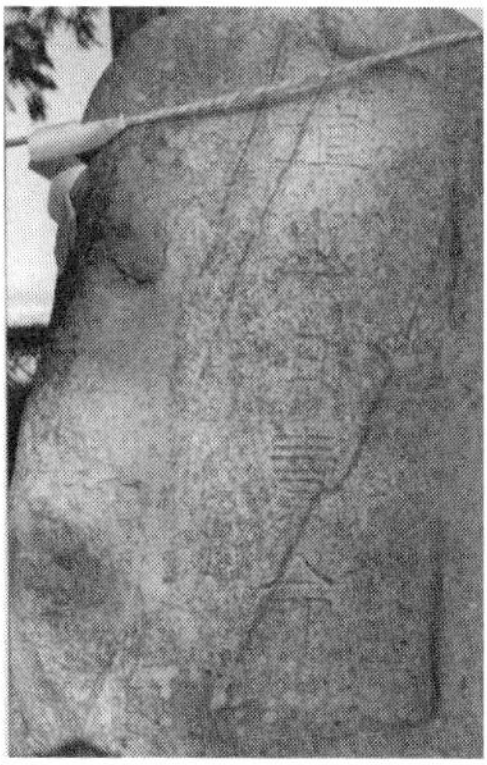

八代町竹居唐土神社

御坂町神有坂折天神社

御坂町神有天神社

第5図　写真2　埴山ヒメ命石碑

神社とは場所ちがい、集落の公有地です。このような場所は過去から公有地としてきた特殊な扱いをされることが多くあるので土取場か、陶器などを焼いたようなところであったのでしょうか。表に書いた星石が安置されている所でもあります。碑に関する伝承はありません。

これらの四基は同じ時期に一定の地域に立てられているので最初に建てた唐土神社にならって次つぎに建てられたのでしょうか。何れにしてもその集落では重要な意味をもった埴山姫と思われ建てる目的、意義については何も伝えられていないので碑の性格が判然としません。推定として埴輪を焼いたことと深い関係があったのかもしれなません。

花鳥山の一本杉の近くにかつて壁土などに使った良質の粘土が採取された所があります。埴輪などを窯で焼いた破片の有無などを再三調査しましたが発見できません。御坂町室部で生れ育った良識派の陶芸家で石原専邦氏にもその窯の有無や付近にある粘土を使ったかどうかなどについて聞き取り二〇二三年三月に調査しましたが全くわかりません。氏が使う粘土は長野県から取り寄せているといいます。本県の甲府市下曽根の三〇〇年代中頃から後半頃造られた銚子塚古墳、八代町岡の銚子塚古墳、同南の四〇〇年代後半の団栗塚古墳、狐塚古墳の前方後円墳に立てられた埴輪を焼いた窯跡の所在は未だ不明です。これらを焼いた技術は春日居町寺本廃寺や一宮町の甲斐国分寺、尼寺に葺かれた甲府市川田の窯で焼かれた瓦焼成技術に継がれたのでしょうか。

次に記紀に載る初代神武天皇、八代孝元天皇、九代開化天皇、一〇代崇神天皇、一一代垂仁天皇の条で記された波爾夜須毘女、紀の埴山姫について述べます。両者は陶器の神といわれています。

初代神武天皇九月の条で、神武天皇は潜かに天香具山の埴土を取りて八十平瓮（中略）を造り神を祭り区宇を安定めた。土を取りし所を号けて埴安という。又神代の条で伊奘冉尊は火神軻遇突智を生んでその神のために焼かれて死亡する時に臥しながら土の神埴山姫と水の神罔象女をお生みになったと記されています。（中略）次に、

伊冉尊は大便して死亡したので名づけて埴山姫と申す。「五行の火、水、木、金、土（日月は既にあった）五時の春、夏土用、秋、冬五方の東、南、中央、西、北が整った」といいます。また「波爾夜須毘女と波冉夜安命で男女の神」といいます。

「八代孝元天皇の条に孝元天皇の子彦太忍信命の娘埴安媛は武（建）埴安彦命を生んだ。また孝元天皇が波爾夜須毘女を娶った」ともいいます。建波爾安王は軍を率いて、九代開化天皇の子一〇代崇神天皇に反逆を起し大阪の和訶羅川（木津川）で崇神天皇軍に矢で射られ死亡したことが詳しく書かれています。

全国には多くのハニヤス、ハニヤマ神を祭る神社があり、群馬県赤城神社、同榛名神社、千葉県成田市の埴生神社は土師器を作った一族の土師部が建てたといいます。一一代垂仁天皇が野見宿弥の意見を聞いて殉死を禁止し、埴輪を造って古墳に立て並べたのは三〇〇年代であるとみられ須恵器（陶器）を作る窯を造ったのもこの頃です。山梨県にも埴山姫を祭る神社として山梨市牧丘町の中牧神社などがあります。

一一代垂仁天皇は三〇〇年代であると考えられ、山梨県の古墳時代で前期前方後円墳が築造されました。甲府市旧中道町向山に大型の天神山古墳、大丸山古墳、甲斐銚子塚古墳が造られ、垂仁天皇の頃に造られたと考えられる大丸山古墳には埴輪は立てられないで後に造られた全長一六八メー

トルの銚子塚古墳に埴輪が立てられ、続く八代町岡の銚子塚古墳に立てられたことは別記のとおりです。

五　星石

元位置は御坂町竹居室部小字浄源寺三一五八番地先で、室部の室部堰との分水地点で堀川に懸けられた橋の下、堀川の中段にありました。馬頭観世音の碑と五〇センチメートルくらいの二つの石佛と小自然石と一緒にあったと伝えられ、橋であったともいいます。ここの上部には祐仙寺《ゆうせんじ》がありましたが大水で流されて竹居の現在地に移った、という所で星石が発見されています。この星石についでは他に書かれていますので概略を記すだけですが、新しく発見された、といっても地元では既に知られていたといわれています。特殊な遺物で、製作年代は古くて塩海宿弥や神社の立石、埴山姫命や新発見の古墳など同じ頃と考えられるので取上げることとしました。恐らく製作させた人物は支配階級の知識人で特別な地位にあったと思われます。星石の大きさは長さ一・三メートル、縦三六七センチメートル、奥行三〇センチメートルの不整形な四角の巨石です。その一面の右端に一道弾流、八百満神と刻書され、彗星とみられる二ヶ所の穴とU字形に深く掘られた北斗七星と星々があります。「甲斐星石論」（犬飼和雄氏二〇二一）では、八百万神は古事記に書かれたことばで本県で漢字が使われた歴史から考えると古事記（七一二年）の時代に遡るとみられるとしていて、石の表面は風化が激しく、地当にもある花崗閃緑岩です。

実は星石は他にも三ヶ所あります。その一は笛吹市八代町北一六三九（熊野神社の西）飯田三郎氏宅の北に流れる宮川に架かっている縦九六センチメートル、厚さ二〇センチメートルの石橋で、北斗七星と星群が皿状に掘られています。石質は堅い水成岩で、俗に油石《せきゆ》と呼ばれています。その二は同町増利七九、岩谷勇人宅の庭の踏石です。一九八〇年頃まで増利小字屋敷之内にあるお明神道（玄定坊）の東を流れる小川が前川に沿ってある道を横断する橋でした。一〇枚の板状の水成岩で厚さ一二センチメートルで縦九〇～一五三センチメートル、幅四三～四八センチメートルの前述したものと同じ磨かれた面に径三～八センチメートルの皿状の穴が掘ってあります。橋になって並んでいた状況が不明で、星座かどうかは判明し難いです。その三は同市御坂町下井之上南照院境内にある姥塚古墳の石室前にある石段の踏石で、下から二、三番目で長さ七〇～九〇センチメートル、縦横は三〇～四〇センチメートルに細長く加工された花崗石の表面に直径一〇センチメートル、深さ一センチメートルの皿状に掘られた穴が二五ヶ所あります。新しい時代のものです。

これらの石は室部の星石を除いて全て踏まれる所に置かれていたものです。星石と他の三ヶ所の製作時代は違うもののようで、これらに関する伝承は全く不明です。現在は室部のコミュニティーセンターに保存されています。

六　大人《うし》

『広辞苑』（昭和四二　岩波書店）に「うし」は大人とあり、つかさどる人官位の高い人、徳の高い人などとあります。二〇二二年三月一九日（土）、NHKテレビ第一で放映された「愛と異端のシルクロード（雲岡石窟の全貌）」で、中国北魏五世紀の時代中原に大人がいて、現代の中国でも中国人や日本から行った留学生等に聞くと一般人でも普通に知っているといいます。朝鮮半島にもあり「たいにん」といったそうです。日本では古代女王卑弥呼が治める邪馬台国（三世紀）の社会に大人と下戸があり、この二者に身分差があったようです（『日本史辞典　一九九九　岩波書店』）。中国から朝鮮半島経由で日本に伝わり、渡来人たちが使ったことばだろうと考えられます。紀の天孫降臨の始まりの部分に「依て其の子大背飯三熊之大人大人此をば于志と云ふ」と、紀の第一七代履中天皇八七年正月条に「大人、何ぞ憂へますこと甚しき…」とあります。また古墳から出土する人骨は大きいとよくいわれます。「大人」とは身体が大きいという意味も含まれるのかもしれません。

本県でも「大人」と言われる人があり、渡来人系の人ではないかと思われます。『甲斐国社記寺記』第一巻神社編（昭和四二年　山梨県立図書館）の小石和筋に、牛王権現があり、八代町小石和筋奈良原村（現笛吹市八代町）に鎮座する牛王神社に祭神宇志王国造塩海宿弥霊神右村産神、本殿、玉垣、渡殿、鳥居あり、天照大神とありました。竹居村の江戸時代の古絵図とこの牛王神社の北側の沢に白山と書かれた地名があります。牛王神社の境内にある二棟の立派な本殿の一つは白山神社である可能性があります。沢にあった白山神社を明治期の政令で牛王神社に移したのかも知れません。

家系之儀ハ往居国造宇志王塩海宿弥之後胤ニ而徳川家康公入国之砌御由緒御紀之筋国造屋敷芸弐ヶ所前之通…

寛文年中（一六六〇年代）御検地之節縄入ニ相成

慶応四年　　　　兼務神主荒沢主馬
寺社御役所

とあります。

同町の大間田にも牛王神社がありますがその由来は不明です。なお牛王神社は白山権現であるともいいます。

また笛吹市御坂町金川原小字八反久保六〇三番地にある藤塚があります（『御坂町誌』歴史昭和四六年、御坂町）。この盛土の全周囲を石垣で囲まれた高さ約五メートル、直径約一三メートルの古墳頂上に迎浅間神社が祀られています。この迎冨士浅間神社《げいふじあさまじんじゃ》御由緒の説明板に「墳丘に立つ三抱（約四、五メートル）もある榎の巨木に懸けられた板礼に牛王《ごおう》についての由緒が書かれていた」といいます。牛王は明らかに牛王《うしおう》、つまり「大人」のことと考えられます。

金川原は金川扇状地の扇央にあり、この地帯には後期古墳が多くあります。藤塚も金川原集落の中にあるのですが、周囲が削られて裾部はない程小さくなっていて、その高さから推測すれば姥塚古墳級の大円墳とも考えられます。また本県の後期古墳は石室の入口（普通は南にある）がこの藤塚古墳は南に入り口が露出していないので横穴式石室ではなく、前期の竪穴式石室か粘土槨ではないかと考えられます。御坂町から北側にはない前期古墳とすれば、同町下成田にある前期の亀甲塚古墳と同様に注目すべき古墳であろうと思われます。金川原集落の北にある後期の長田積石塚群集墳は金川の氾乱原にあり、この中には複室であったり平面形が胴張りの石室であったり、朝鮮半島系であると考えられます。

七　古墳時代前期の出土した土器

八代町竹居小字三光一一三八番地の小林信一氏所有の畑からS字状口縁台付甕が出土しました。口縁部の一部が欠損していますが復元可能です。この甕は甲府盆地では三〇〇年代に造られた特徴的な土器で、米などの煮沸用に使われたお勝手用具と考えられています。竪穴式住居跡から発見されることが多いです。復元可能な状態で発見されたことは前期古墳時代の住居跡が残っているのであろうと思います。恐らく集落遺跡の一部とみられます。前述した向山土本毘古王の霊を武部（竹居）に移した人達が居た集落なのでしょう。この遺跡近くには金銅製毛彫馬具が出土した後期古墳と、筆者が発見した縄文時代晩期の翡翠製鰹節型大珠が出土した三光遺跡があります。

八　新発見の後期古墳

古墳の位置は笛吹市御坂町室部小字杉木田四五一六番地。この古墳の調査等にご協力いただいた石原専邦氏に聞き取り調査の後案内されて、室部集落から三〇〇メートル北西、神有から三〇〇メートル南西で、大杉から一〇〇メートル西（下）にある現地に行って調査しました。御坂山脈から下りる急傾斜地で桃やぶどう園の中にあります。明らかに後期古墳の横穴式石室が破壊された残骸であって巨石が累積しています。ここは火山灰土が厚く積もっている地層で、石はありません。累積している石は全て自然石で、天井石は縦二メートル横一メートル×厚さ五〇センチメートルが一個、縦二メートル×横一・五メートル×厚さ〇・四メートルが一個など、一〇個くらいの石があり、かつてはこの石の倍ほどもある石があってすべり台にしていたといいます。これらの下に八〇センチメートルくらいの石が一五個ばかりあり、南にはある石垣にも使われていた石は石室に使われた石であったと見られます。周囲には中小の石が散乱しています。これらの石から推測すれば中規模の石室と考えられ、石室は野面積（穴能積《あのう》）で本県では一般的にみられる中規模のものです。天井石の大きさから考察すると石室の幅は一・五メートル、奥行は六・七メートルくらいあったのでしょうか。竹居にある古墳では大形に属すると思われ、六〜七世紀のものに比定できます。八代町南にある地蔵塚に次ぐ規模で、同町竹居の門林にある二基よりやや大きめでしょうか。室部集落の歴史を語るものです。なお小字杉之木田には御宝典八幡があり、三月一五日、八月一五日に祭りを行っているといいます（『酒折本宮所在考』）。

九　竹居地区の現地調査

竹居地区とは笛吹市御坂町竹居と同市八代町の竹居をいいます。旧花鳥村竹居が一九五八（昭和三三）年に混乱のうちに前期の二町に分村合併しました。現在も笛吹市の両町に竹居があり、御坂町竹居には大野寺、室部、神有の集村があります。八代町竹居は一集村ですが門林、下ノ川、南竹居に分けています。二町の境界線は複雑で、一軒の庭の中に境界線がひかれているようなところもあり判別し難くなっています。

調査者四人は二〇二三年一一月二五日午後に調査を行いました。調査の目的は前述したように多くの古文書や伝承があって本県の古代史に関係する重要な事項が含まれている竹居地区の検証をしたいためです。また合併以前の大量の竹居の古文書が土蔵に保存されていたのですが二〇〇二（平成一四）年に軽トラック一台分盗まれて、盗難届けも出されていない状況で所在は全て不明であることへの補足です。その他個人で保存していた古文書には重要なものもあり、前述した『秘本酒折本宮所在考全』もその一つです。

調査は室部で生まれ育った陶芸家石原専邦氏に乞うて案内していただきました。石原氏は子や孫を山梨大学、東大、横浜国大を卒業させた教育家でもあり良識人でもあります。室部には石原氏が数軒あり、有力氏族でした。祖母も石原氏の旧家の出で、昔のことを祖母から聞いたといい、石原氏は本県の古代豪族であった三枝氏に関係する系統なのだと聞いたといいます。調査には、石原のほか、小林信一氏、櫛原功一氏にお願いしました。小林信一氏は八代町門林の旧家で生まれ育ち、地域の歴史を研究していて、本書の資料を提供していただいて共同執筆者でもあります。櫛原功一氏は帝京大学文化財研究所の研究員で文学博士で本県に来て歴史研究歴は長く、本書の刊行には多大な御協力をいただきました。執者は県教育委員会で考古学専門職員でした。当論集を種本とした小説を同時刊行いたします。

以下調査内容を記します。

室部はむろべといい、石原氏がある家の掛軸に室部と記されていたものに「もののべ」とルビがとふってあったものを見たといいます。又『秘秋本酒折本宮所在考全』の六ページに記載されている神社仏閣の一覧表に「物部神社」があり、竹居村内室部が所在地になっていますが、現在この神社はありません。これについての推定は後述します。次に石原氏が室部のある故人から神有の上流の御坂山脈の峡谷である三ツ沢にあった古屋敷に大量の瓦が捨ててあったということを聞いた事についてです。瓦を焼成した登窯か丸窯があった跡の可能性があり、原料の粘土もあるかもしれません。埴山姫命《はにやまひめのみこと》（字が違うものもある）の石碑がこの地域に四基あるうちの一つが室部のコミュニティーセンターに建ててあります。埴とは土器や埴輪を焼く原料となる粘土をいい、一九一七（大正六）年に石碑を建てた時のその設施目的、理由などについては伝承や記録がないのでわかりませんが、古代まで遡る原因がありそうです。

古屋敷は三ツ沢に左岸あるコンクリート製の水道用揚配水施設でその下方にコンクリートの貯水施設もある沢川の対岸南斜面の中腹にある平坦地に五軒～十軒の民家があったといいます。平坦地には二基の石塔婆があり、明治二年、明治四年と彫られています。二基の石仏や五輪塔の一部もあって、屋敷墓地とみられました。落し積とみられる石垣も二ヶ所ありました。平坦地には密生した篠竹藪で歩くことも困難な状態で、地表面は枯葉で覆われ、遺物の表面採集もできません。集落廃絶後は畑となって、その最上部に瓦は捨てられていたと聞いたそうですが、捨てられるような場所とは思われません。焼いた瓦の失敗したものを捨てたとみる可きであろうと思いますが、窯の使用時期も不明です。上流にある堰堤の近くで石原氏が拾った二片は明治前後の素焼と陶器でありました。石原氏は窯があったことは聞いていないといっていました。山の中にあった集落の生業は何であったかも疑問として残ります。

この集落の下流にある中央新幹線の上部にかつて御身洗の泉が岩の下から湧いていましたがリニアのトンネル掘削で枯渇して今はない、といいます。神有に関係する語源のようでもあります。

次に室部の小字白山三二、七二番地にある白山天神宮についてです。県内には白山、白山神社が数ヵ所あり、前述した八代町奈良原の牛王神社の上や甲府市旧中道町向山の佐久神社の西にも白山神社がありますこの三ヶ所は旧中道町の白山神社と関係があるのではないかと思われます。それは御坂町にある竹居と古代には深い関係があったと考えられるからです。室部にある白山天神宮は幅三尺（九〇センチメートル）×奥行五尺、高さ三尺くらいの切り石の石垣で囲んだ台の上に二尺四方くらいの未だ新しい本殿が建ててあり、中には二枚の和紙に白山天神宮、巳と墨書されていましたので、白山神社であろうと思います。『秘本酒折本宮所在考全』の六ページの神社・仏閣一覧に白山権現が載っていて、竹居見京地とありますが、その所在が不明で現在白山治教彦王や白山明神の祠がある、と記されてもいます。また竹居室部には物部天神があると記されていますが今はありません。隣接する畑との境になっている石垣の中に素焼で文様のある軒丸瓦一片と平瓦一片が発見されました。二片とも部厚い焼物で江戸から明治時代の神社仏閣の屋根瓦であったといいます（櫛原）。ここの本殿は草葺でなかったと石原氏はいいますので、今の本殿の前の建物は瓦葺だったと思われます。この瓦が前述した古屋敷にあった瓦と同じものかどうかは判定できませんが石原氏によれば当地方の土でも一〇パーセントくらい砂を混ぜて千度以下で焼けば素焼の瓦や埴輪は焼成可能であるといいます。ただ雨水は浸み込むけれども苔が生えれば水は透さなくなるそうです。室部の白山天神宮は拝殿や社務所をもつに到らなかった古い形式を残していると考えられます。後述する室部三二八四にあったという天白大明神か物部神社だったかと考えられる神社本殿も同じです。この本殿は石原氏が子供の頃は室部小字白山三二八四番地にあったものを三二八五番地の隅に移されて今は土台の痕跡があるだけです。ここには室部にある橘田姓の本家であって橘田斎宮《いつき》家と同じ藤巻耶麻登の家であったといいます。この斎宮家の祖先は江戸幕府奉行所に登用された橘田筑後介でした。この本殿は天白神社か物部神社であった可能性が大きいと考えられます。前述した白山天神宮と同じように拝殿や社務所がない古い形式の神社だったと考えられます。本家の橘田家は竹居（大野寺）熊野神社の神主を代だい継承しています。

また室部コミュニティーセンターにある埴山姫碑と星石は、同センターの上を通る道を拡幅した時に同センターに移したのだといいます。星石は元位置は堀川（今は中村正則県議の時から竜蛇《りゅうじゃ》川となった）の橋の下の小字浄源寺三一五八番地先に二体の石仏石塔婆と並んであった星石を室部と神有の住民が取りあって室部の三二六一番地の石原家屋敷に移したのだといいます。

室部集落は、室部をもののべとルビをふった例や物部神社があったことなどを考えると、古代豪族の物部氏の一族郎党が蟠踞していた所であったのでしょうか。この集落にある石原氏族は物部氏の後裔でしょうか。三枝氏の後裔ともいわれていますが。また物部氏系といわれる武内宿弥は朝鮮半島と深い関係にあったことは確かです。武内宿弥は八代町にある南八代・北八代熊野神社を館としていた波多八代宿弥の父親であり、竹居にある唐土（渡）神社の祭神です。さらに前述したハニヤマ（ハニヤス）ヒメや星石との関係も考えられます。

八代町奈良原
牛王神社本殿

八代町奈良原牛王神社立石か

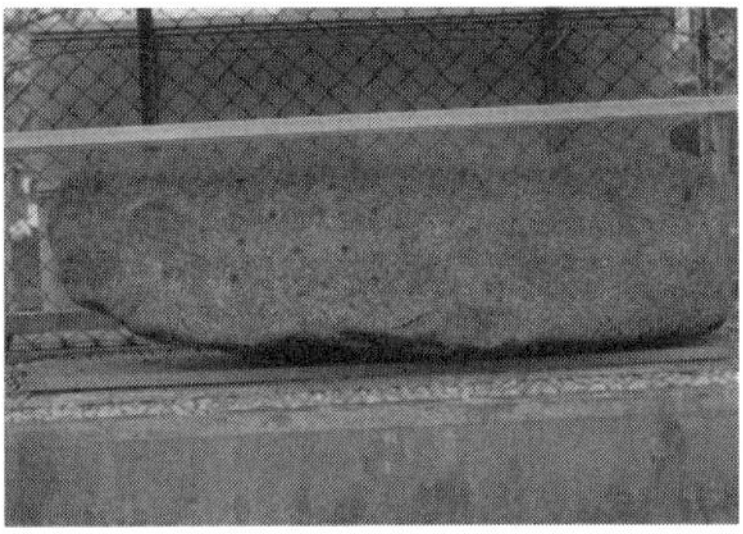

御坂町室部コミュニーセンター
星石

御坂町室部杉之柚古墳残石

第６図　写真３　古墳石室の残がい、星石等

第 7 図　写真 4　室部白山天神宮

第８図　御坂町大野寺熊野神社地籍図（甲府地方法務局所蔵）

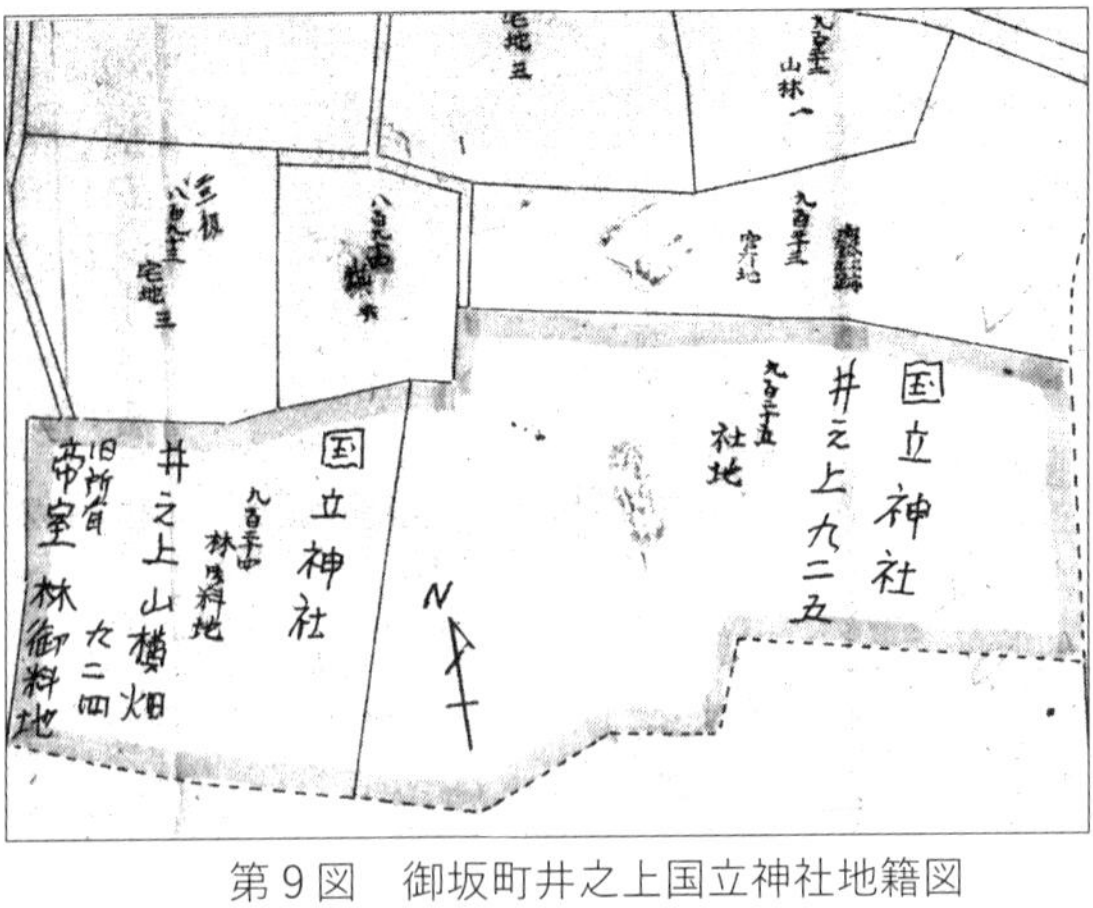

第９図　御坂町井之上国立神社地籍図
（第１次国衙推定値）（第８図に同じ）

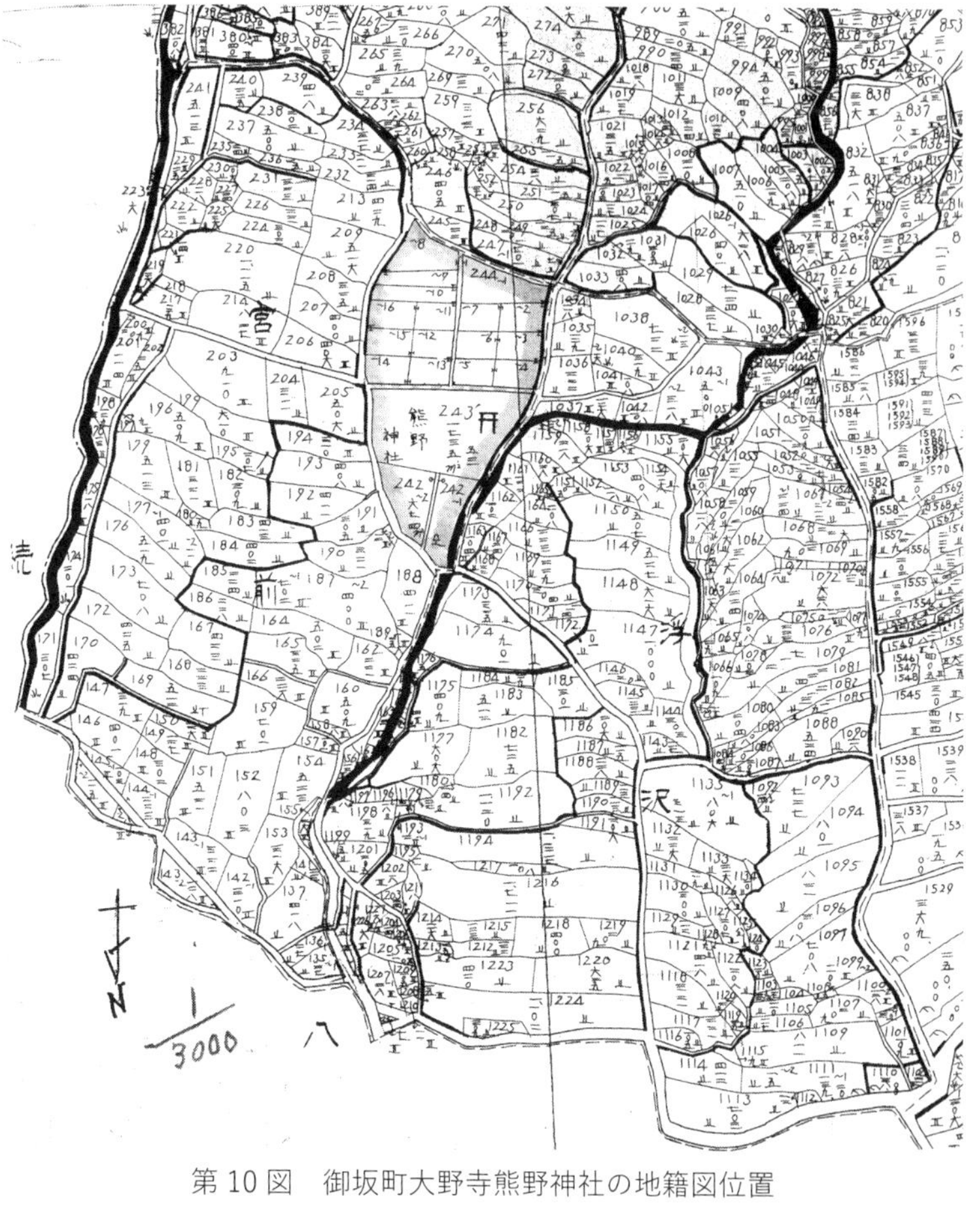

第 10 図　御坂町大野寺熊野神社の地籍図位置

第 11 図　御坂町井之上国立神社の地籍図（第 1 次国衙）位置

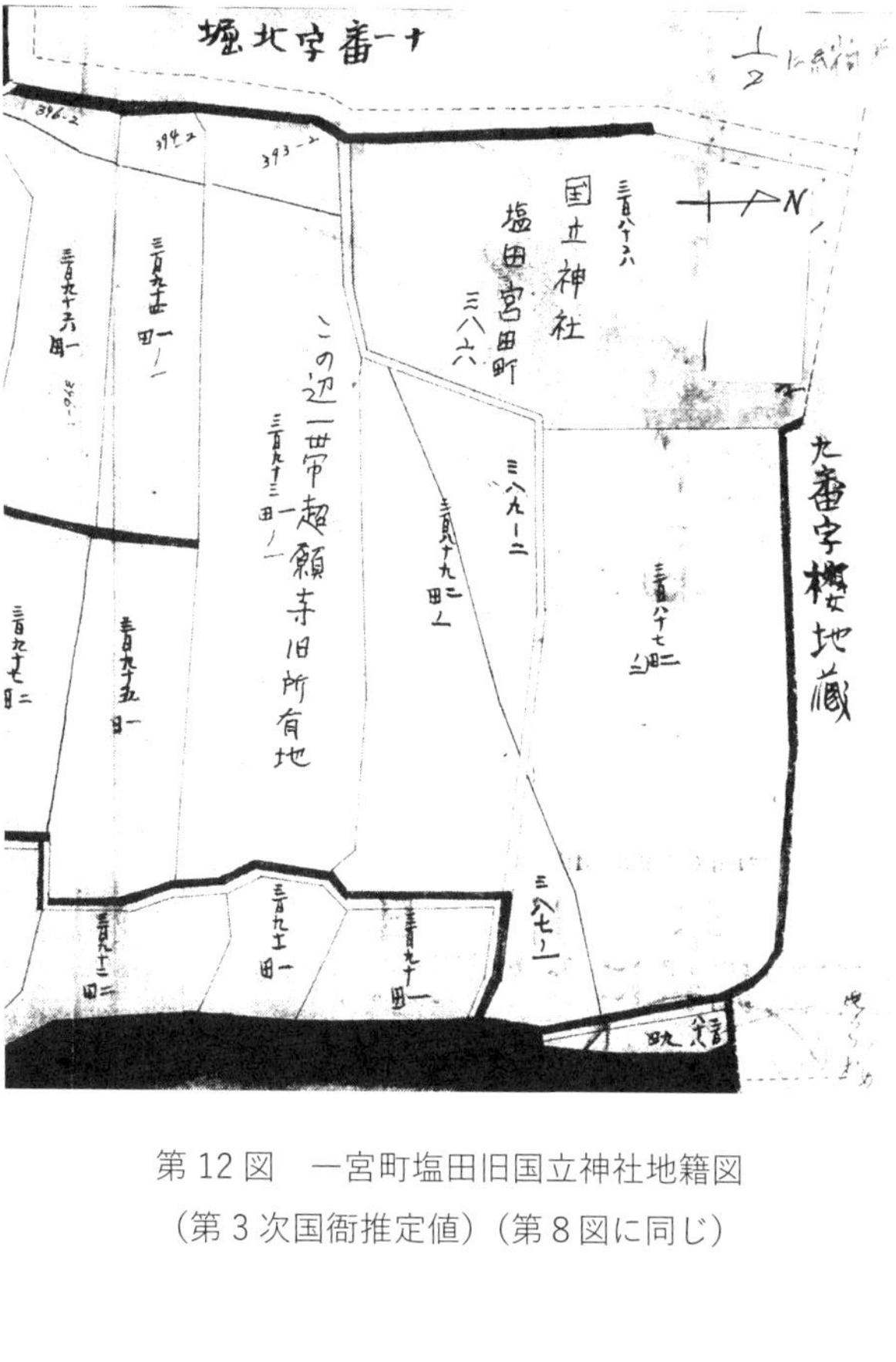

第 12 図　一宮町塩田旧国立神社地籍図
（第 3 次国衙推定値）（第 8 図に同じ）

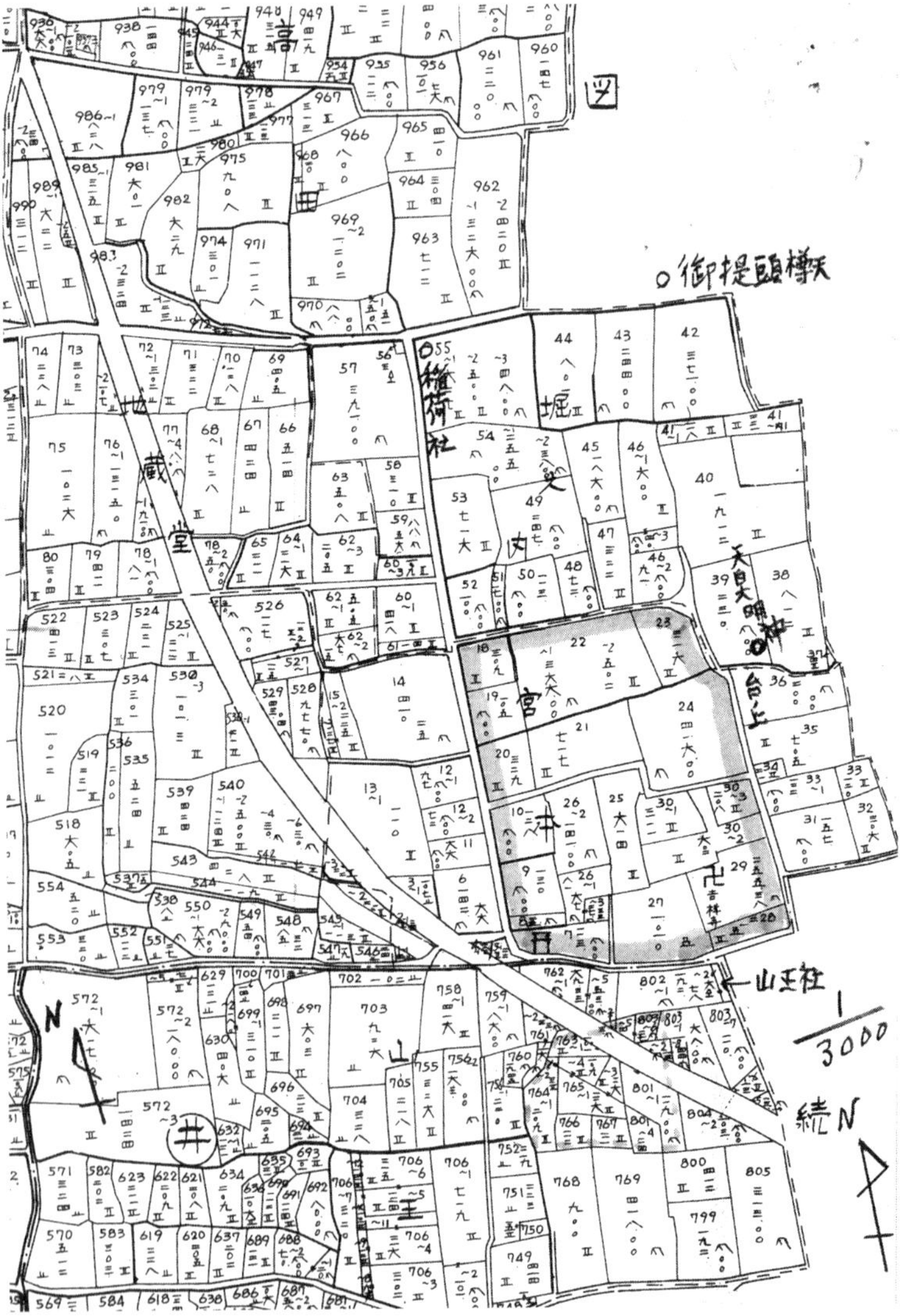

第 13 図　御坂町国衙第 4 次国衙の地籍図位置

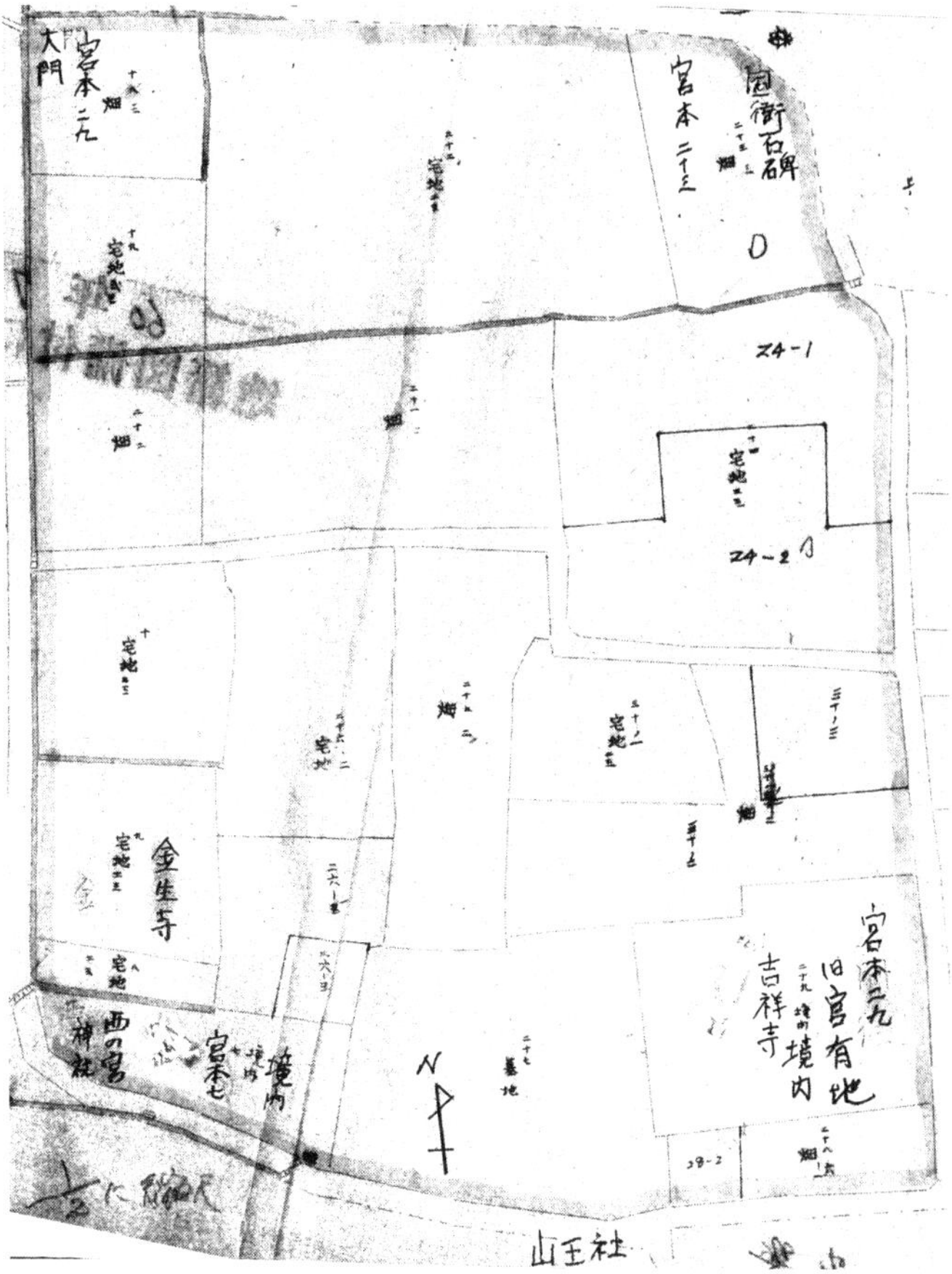

第 14 図　御坂町国衙第 4 次国衙地籍図（第 8 図に同じ）

酒折宮問答歌再考

犬飼　和雄

一

現在わたしは酒折宮問答歌の論文をくりかえし書いているが、それは甲府に住むようになったからだ。といっても、五十年以前に甲府に来たとき、甲斐国のことは、山梨県のことは、全く知らなかった。もちろんいうまでもなく、酒折宮問答歌があるなどうわさにも聞いたこともなかった。

わたしが甲府へ来たのは、甲府にある山梨大学で英語を教えるためだった。そのため甲府で家を求めてくらすようになった。その家が、酒折宮と呼ばれていた神社の東隣りにあった。といっても酒折宮についてはなにも知らなかったし、なんの興味もなかった。

それでも大学への通勤に、神社の境内を利用するようになった。すると、神社の境内にある石碑の文字がいやでも目に入るようになった。やがて、この神社で、ヤマトタケルノミコトとミヒタキノオキナという人物が、はるか昔、歌で問答をかわしたのを知った。ふと、そんな文化的な歌問答が、どうして甲斐国かと、古代甲斐国にひきこまれていった。やがてわたしは東京の法政大学に移ったが、もうその頃は古代甲斐国にひかれ、甲府をはなれられなくなっていた。

ちょうどその頃、わたしは佳川文乃緒と知り会った。佳川はもの書きでもあるし、歌い手でもあった。同時に古い甲斐のことをおどろくほどよく知っており、やがてわたしを古い甲斐へ案内してくれるようになった。

赤烏《せきう》銅鏡《どうきょう》もその一つだった。

この銅鏡は三珠《みたま》町という甲斐国の東南端の町にある古墳から出土したものである。二三八年に三国時代の呉の国でつくられたもので、赤烏元年という文字が鋳造されていた。赤烏というのは太陽のことである。この鏡が甲斐国の古墳の中に入っていたということは、そんな古代、すでに甲斐国には文字がそれなりにわかり、この赤烏銅鏡を必要とした人物が、いや、国が存在したのであろう。

わたしの個人的意見を述べさせてもらえば、この赤烏銅鏡の存在が、どうして酒折宮問答歌が甲斐国かという疑問に答えてくれている気がした。

次の石碑は誰もどこから出土したか知らないが、盆地の東端に存在したことはまちがいない。星石と呼ばれている巨石である。しかし星とは関係がなく、その巨石の表面の右側に文字が二行八文字きざまれている。左側には太陽と月がきざまれている。その間に、点のような穴が十前後ほられている。この穴があるから星石といわれるようになったのであろう。しかし石碑の中心はあくまでも文字である。その文字の一行は「八百万神」となっている。これは『古事記』の文字である。この文字があるところを見ると、この石碑も甲斐国の古代のものかもしれない。

また現在は神社だが、その酒折宮の背後に小高い丘がある。その丘は御室山と呼ばれている。御室山とは甲斐国王の住居という意味だが、今では山頂へ登る道もない。ヤブをかきわけて山頂にあがると、山頂にひとかかえもある巨石がある。その巨石に字が、「婢」という字がきざまれている。それ以外にも、それぞれヤブにうずもれているが、大きな石に、光とか境界とかいう字がきざまれているし、これ以外にもたてに四文字がきざまれている石がある。しかしこの四文字は読むことができない。このように山の石に文字がきざまれるのを、他ではみたことがないが、いずれにしろ、これは古代甲斐人が文字を読むことのできた証拠であろう。

古代甲斐国にひかれ、あれこれ学びながら、甲斐国の塩山《えんざん》という町が古代甲斐国の存在と関係があるなど考えたこともなかった。関係があるとわかったのは、『甲斐国志』という本を手にとって読みはじめたときだった。この本は江戸時代に書かれた甲斐国の歴史書である。

この本の古蹟部というところに、塩山として説明がでていたのである。江戸時代に書かれたものだから、もちろん、現在の町の説明ではない。塩の山の説明であった。その『甲斐国志』には塩山を次のように書いてあった。

山ノ周回壺里高拾町鹵塩《ろえん》ヲ産ス。

わたしは長いこと日本には岩塩はないと信じていたが、この文はそうしたわたしの信念を裏切るものだった。鹵塩というのは岩塩のことである。この文は甲斐国の岩塩の説明である。その塩の山は周囲が一里で高さが十丁あるというのである。

これだけでは信じられないかもしれないが、梁塵秘抄に、梁塵秘抄というのは平安末期につくられた歌謡集で、もっぱら都で歌われたものだが、そこに「かひにをかしき山の名はしらねなみさきしほの山」のように、その塩の実在が暗に証明されている。

また平安時代都に甲斐の塩山が、和泉式部をはじめとしてなん人もに和歌でうたわれているし、八世紀に書かれた『先代旧事本紀』の甲斐の国造《くにのみやつこ》の名前が塩海足尼《しほみのすくね》と塩の字が入っていることでも、岩塩が甲斐国にあったことがわかろう。なお古代岩塩があるところに人間が集まり、そこに古代の文化をもったそれなりの国が存在したことは認められる。この件に関していえば、中国の前漢時代に『塩鉄論』が書かれている。それを見ると漢という古代の国がいかに塩に支えられていたかがわかるのである。

また、古代甲斐の国が存在した証としては、甲斐国から多く出土している精巧な縄文式土器がある。それよりなにより、明らかに甲斐国に古代国家があったことを主張しているものとして大小の古墳がある。

ここから酒折宮問答歌にもどり、その論に入る前に、まず酒折宮問答歌の文について説明することにする。

酒折宮問答歌は『古事記』『日本書紀』に、同じ問答歌が書かれていると長いこと思いこんでいた。が、その問答歌は、実は現代の学者によって現代の日本語にやくされたものだったのである。もちろん、わたしが長いこと読んでいた『古事記』も『日本書紀』もそうだったのである。しかしこの両書を作ろうと思いたった天武天皇の時代は、六百年代は、この両書が完成した七一二年と七二〇年も、日本には文字はなかった。そのため『古事記』も『日本書紀』も中国文字の漢字で書くしかなかった。当然酒折宮問答歌も漢字で書かれたのである。しかもその漢字は三種類からなっていたのである。その一つは中国語、いわゆる漢文である。二つ目は、日本語を漢字音をつかってあらわしたものである。これはたとえば問答歌などの歌にもちいられたものである。三つ目は、『日本書紀』などが参考にした『芸文類聚《げいもんるいじゅう》』という百科事典の字と同じ意味に問答歌の意味を解さなければならないということである。

二

これから扱う酒折宮問答歌は『古事記』にも「日本書紀』にも記されている。しかも日本語版の『古事記』『日本書紀』では、この酒折宮問答歌が全く同じものになっている。どうして本が違うのに、この問答歌が同じなのかを、長いことおかしいとも思わなかった。それでもおかしいと思うようになったのは『古事記』と『日本書紀』という二つの作品があったからだ。したがって、この両書から説明をはじめることにする。

この両書は天武天皇の命令でつくられたものだが、完成したのは『古事記』が七一二年『日本書紀』が七二〇年である。天武天皇が亡くなったのは六八六年だから、天皇の死後この二作は作られたのである。

しかし七二〇年になっても、日本にはまだ日本文字がなかったので、『古事記』も『日本書紀』もすべて漢字で書かれたのである。

はじめて『古事記』や『日本書紀』を手にとって読んだ時、わたしはそういうことを知らなかった。ましてこの両書の特徴など知るよしもなかった。日本語版を読むだけでいっぱいだった。それでもやがて、この両書の特徴は、天武天皇の壬申の乱というものがわかればわかるし、酒折宮問答歌がわかる、ということがわかってきた。天武天皇がどうして日本の歴史を作ろうとしたかという理由までわかる気がした。

ただなにがわかろうと、その目的はここでは、酒折宮問答歌をわかるためである。

さて、天武天皇は天皇になる前は大海人皇子といい、天智天皇の皇太子だったといわれている。

しかし天智天皇はやがて大友皇子という皇子を太子にする。すると大海人皇子は身の危険を感じ、僧になって吉野宮に逃れる。

やがて天智天皇が死ぬと、大友皇太子は大海人皇子が生きていては、安全に天皇になれないと思い、大海人皇子のもとに兵を送る。大友皇太子にとって、大海人皇子はそれほど危険な存在だったのである。その事実を裏付けるように、大海人皇子はやがて反抗に転じ、両者の間に激しい戦いがおこる。

この戦いを壬申の乱という。

戦いの結果は、大海人皇子が大友皇子を殺して天皇に、天武天皇になる。したがって大友皇子は皇太子だったので、天智天皇の正式の後継者だったので、天皇になった天武天皇は天皇位を横奪したことになる。それ故に、壬申の乱で戦っている時、いわゆる天皇はまだ存在しなかったのである。強いて天皇と呼べる人物がいるとすれば、それは大友皇子である。

さてわたしは『日本書紀』の壬申の乱を読んでいたが、するとその壬申の乱の記録の中に「天皇が」ということばがいくつもでてきたのである。最初、当然のようにこの天皇は皇太子の大友皇子かと思った。それはすぐにまちがいだと気がついた。この天皇は、大海人皇子だったのである。

『日本書紀』は天武天皇の命令で作られた歴史書だという証が、こんな天皇に見られるのかと、その時妙に納得した。

ここまでくると、天武天皇がどのように考えて、日本の歴史を作ろうとしたか、それなりにわかる文が残っているのに気がつく。

その文というのは、太安万侶の書いた『古事記』の序文である。そこに天武天皇のことばとして次のように語られているのである。

是《ここ》に天皇詔《の》りたまひしく、「朕聞く、諸家のもたる帝紀及び本辞、既に誠実に違《たが》い、多く虚偽を加ふと。今の時に当りて、其の失《あやまり》を改めずば、未だ幾年をも経ずして其の旨《むね》滅びなむとす。斯《こ》れ乃ち、邦家の経緯、王化の鴻基《こうき》なり。故惟《かれこ》れ、帝紀を選録し、いつはまこと旧辞を討覈《とうかく》して、偽《いつは》りを削り實《まこと》を定めて、後葉《のちのよ》に流《つた》へむと欲ふ。」とのりたまひき。

この天皇というのは天武天皇のことであり、壬申の乱で、天智天皇の皇太子を殺して天皇になった天武天皇のことばだとわかると、それなりにこの序文はわかるであろう。

いちおうわたしなりの理解をのべることにする。

たとえば「既に正実に違い、多く虚偽を加う」という天武天皇のことばは、壬申の乱によって、大友皇子を殺して天皇になった天武天皇の立場からの主張であろう。また「帝紀を撰録し、旧辞を討覈して、偽《いつわ》りを削り實《まこと》を定めて」というのは、皇太子を殺して天皇になって、天武天皇が自分の新天皇としての正統性を述べているのである。このことばは全体として見ると、天武天皇が自分こそ正統な天皇だという、大和天皇家の歴史を作れと述べていると思われる。

三

さてこれは『古事記』の序文について述べたのであるが、その『古事記』は実は長いことその存在が黙殺されていたのである。もちろん黙殺したのは、天武天皇を中心とした大和天皇一族である。『古事記』が長い間どうして黙殺されたかといえば、暗に倭国の存在を認め、倭建命のように、日本を代表する英雄の名前に倭をつかったからであろう。『日本書紀』では、倭を日本にかえ、倭建命を日本武尊にかえているのでもそれがわかる。それよりなにより、『古事記』の存在が認められなかったのは、『古事記』には壬申の乱を含め、天武天皇のことが書かれていなかったからだと、わたしは考えている。

さてここから酒折宮問答歌に入るが、それに先立って、今までわたしがどのように酒折宮問答歌を考えて論じてきたかを説明しなければならないだろう。

従来のわたしのこの問答歌論の最大の欠点は、問答歌といっても、その問答歌は、岩波書店の日本古典文学大系の『古事記』と『日本書紀』の日本語訳の問答歌を中心におこなってきたことである。この日本語訳が原文に忠実な訳だと思いこんだことにもよるが、そんなことはいいわけにすぎない。

なおこの両書には原文がそえられていたが、どうせ漢字、見てもわからないと、長いこと思いこんでいた。それに原文をそえているというのは訳が原文に忠実だと、その学者が信じていたからだろうとわたしは解していた。

それはともかく、酒折宮問答歌をこの両書がどのように説明し、それが一般的な理解になっており、それをわたしも同意し、やがておかしいと、どのように反論していったかをまず述べることにする。わたしは長いこと、普通に酒折宮問答歌といわれているものは、わたしの場合『古事記』によるもので、それによると、景行天皇の時、その皇子のヤマトタケルノミコト＝倭建命が、天皇の命令で東征し、甲斐国の酒折宮で、ミヒタキノオキナ＝御火焼之老人という人物と歌で問答をかわしたというものである。

その問答というのは、倭建命が御火焼之老人に、新治、筑波から酒折宮までいく日かかったかとたずね、その質問に、御火焼之老人が、九泊十日ですと答えたというのである。

その同じ問答歌が『日本書紀』にものっているのである。わたしは最初『古事記』の問答歌を知った時、『日本書紀』にも同じ問答歌が書かれているとは知らなかった。といって知った時、ああ、そうかと思っただけだった。

もっともここで述べている酒折宮問答歌というのは、現代の学者によって日本語にされたものである。それを書くと、次のようになる。

　即ち其の国より越えて、甲斐《かひ》に出でまして、
酒折宮《さかおりのみや》に坐《ま》しし時、歌《うた》ひたまひしく、
　新治《にいはり》　筑波《つくば》を過ぎて　幾夜《いくよ》か寝つる
とうたひたまひき。爾に其の御火焼《みひたき》の老人《おきな》、
御歌に続《つ》ぎて歌《うた》日ひしく、

かがなべて　夜には九夜《ここ》　日には十日を

とうたひき。是を以ちて其の老人《おきな》を誉《ほ》めて、

即ち東《あずま》の国造《くにのみやつこ》を給ひき。

この文の主人公は、ヤマトタケルノミコト＝倭建命で、其の国というのは、足柄の坂本である。足柄の坂本は甲斐の国の南にあるので、倭建命が甲斐国に入ったのは南からである。

それはともかく、『古事記』のこの文を読んで新治をはじめわからないことだらけだった。さいわいなことにいくつも註がついていた。その一つが新治についてのものだった。それが次のようなものだった。

常陸国新治郡新治郷と筑波郡筑波郷で、

常陸の新治や筑波の地を通り過ぎて……

この註を見て、わたしはあっけにとられた。というのは、わたしが今まで見たこともない、もちろん『古事記』でだが、常陸国という国が註の中にあり、そんなわたしにとって未知の国の中に新治という地名が郡や郷となって入り込んでいたからだ。それだけではなかった。時間をかけてわかったことだが、この註では新治と筑波が同じ場所になっているのである。それどころか、原文の漢字に新治なる地名はないのである。そんな存在しない、というより、新治なる地名をつくった学者が自分のつくった地名にこんな註をつけていたとは。

もう一つ、わたしがあっけにとられた註をのべることにする。この註も最初はそうかと納得し、やがてそのおかしさに気づいたのである。

この註は御火焼之老人についてのものである。

夜のともしびのために火をたく役の老人。

書紀には秉燭者《ひともすもの》とある。

この註を見た時、わたしはわかったようなわからないようなそんな気分だったが、ああそうかと思った。が、しばらくして、この註はなんだと思った。少なくとも、ヤマトタケルノミコトは、景行天皇の皇子で、東征軍の将軍である。その将軍が甲斐国にいるというのは、甲斐国を征服したということである。その征服者がいるところは、酒折宮である。宮というところは、王の居住地である。そんな人物とそんなところで、歌で対等に会話する人間が、ただの火をたく役の老人であるはずがない。それが書紀では秉燭者とある。この註ではますますわからない。この註では、御火焼之老人がどうして秉燭者になったのかわからないからである。いや、このような註では、御火焼之老人・秉燭者そのものもわからない。

『古事記』の酒折宮問答歌の日本語訳の註を見るかぎり、わたしはただただあっけにとられるだけだった。

次の文は『日本書紀』の酒折宮問答歌の文であるが、酒折宮問答歌に関するかぎり、どちらも全く同じである。ここでいう問答歌というのは、現代の学者によって日本語にされたものである。それがいかに矛盾したものであるかを中心に説明することにするが、その前提として、まず『日本書紀』のその日本語訳の酒折宮問答歌を述べることにする。

常陸《ひたち》を歴《へ》て、甲斐国《かいのくに》に至《いた》りて、酒折宮《さかをりのみや》に居《ま》

します。時《とき》に乗燭《ひとも》して進食《みをし》す。是《こ》の夜《よる》、歌《みうた》を以《も》て侍者《さぶらひひと》に問《と》ひて日《のたま》はく、

新治《にひはり》　筑波《つくば》を過《す》ぎて、幾夜《いくよ》か寝《ね》つる

諸《もろもの》の侍者《さぶらひひと》、え答《こた》へ言《もう》さず。時に秉燭者《ひともすもの》有《あ》り。王《みこ》の歌《みうた》の末《すえ》に続けて、歌《うたよみ》して日《のたま》はく、

日日並《かがな》べて、夜《よ》には九夜《ここのよ》　日《ひ》には十日《とおか》を

即《すなは》ち乗燭人《ひともし》の聰《さとり》を美《ほ》めたまひて、敦《あつ》く賞《たまひもの》す。則《すなは》ち是《こ》の宮《みや》に居《ま》しまして、靫部《ゆけひのともの》を以《も》て大伴《おほともの》連《むらじ》の遠祖武日《とおつおやたけひ》に賜《たま》ふ。

この文を見てまず気づくのは、この酒折宮問答歌が、『古事記』の酒折宮問答歌と同じになっていることである。本文では『古事記』のヤマトタケルノミコトは足柄之坂本、つまり南から甲斐へ入っている。

それに対して『日本書紀』では常陸《ひたち》を歴《へ》て甲斐に、つまり北から入っている。したがってこの問答歌を旅の日数とするためには出発点が二か所ではなく一か所でなくてはならない。したがって『古事記』の註もあのような註だったし、『日本書紀』の註も次のような不自然なものになっているのである。

新治《にひはり》・筑波《つくば》は、常陸国の地名、新治郡は今、

茨城県眞壁郡の東部、筑波郡は同筑波郡の大部分。

こんな土地名の註に納得する人はいるだろうか。この歌はヤマトタケルノミコトの時代、景行天皇の東征の話である。新治、筑波が常陸《ときわ》国の地名という註などただただあっけにとられるだけである。それよりなにより、新治と筑波が同じ所だというような説明は納得しかねるものだ。

もう一つの註は、秉燭者《ひともせるもの》についてのものだが、この註を書いた学者に、註はなにかと聞きたくなった。秉燭者の註として次のようにかいているのである。

記には「御火焼之老人《みひたきのおきな》」とある。

これでは『日本書紀』がどうして御火焼之老人を秉燭者にかえたのか全くわからないし、秉燭者とは何者かもわからない。

それ以外にも、この二つの酒折宮問答歌にかかわる説明文にはおかしなことだらけである。その一つが、答えた人物の結末である。読めばわかるが、『古事記』では老人は東《あずま》の国造《くにのみやつこ》になっているのである。それに対して、『日本書紀』では武日《たけひ》に賜ふになっているのである。もちろん、この変化についても註など全くない。

さて次の章で、『古事記』と『日本書紀』を酒折宮問答歌に関する点に限ってのみ、その違いを論ずることにする。

三

わたしは長いこと、ヤマトタケルノミコトという名は、『古事記』では倭建命であり、『日本書紀』では日本武尊だと、当然のごとく理解し、書いてきた。

ところが、最近になってその知ったかぶりに首をかしげるようになった。

わたしのその知ったかぶりを支えていたのは、岩波書店の日本古典文学大系のそれも日本語版の『古事記』や『日本書紀』のヤマトタケルノミコトの説明がそうなっていたからである。もっともどの出版社の『古事記』『日本書紀』での説明も、岩波のと同じ説明になっている。

ところがいつ頃か、わたしの頭の中に、このヤマトタケルノミコトの説明はあやしいぞ、納得できないぞと疑問が浮かんできた。ヤマトタケルノミコトのヤマトというのは国名で、たしかこの国をつくったのは、神武天皇だ。神武天皇が九州から東征し、奈良を征服し、そこに新たな国をつくった。その国がヤマトで、といっても、この『古事記』では、『古事記』は原文の『古事記』だが、ヤマトは夜麻登になっているのである。

したがって、『古事記』この『古事記』は原文でも日本語版でも同じだが、そこに書かれている倭建命は現在ではすべてヤマトタケルノミコトと読まれている。倭の字はすべてヤマトと読まれているのである。

現代語版の『古事記』では、倭はすべてヤマトである。『古事記』ではその冒頭の神話のところに、もちろんそこには神武天皇は存在しないが、伊邪邦岐命と伊邪邦美命の大八島誕生の神話の中に一つの島として、大倭豊秋津島が誕生したと書かれている。この倭の字が『古事記』における倭の字の最初である。現代語版の『古事記」ではこの倭からすべての倭をヤマトと読んでいる。もちろんこの神話の時代、ヤマトなる国は存在していないのだ。

さらにいえば、神武天皇の九州での名が、神倭伊波礼毘古命である。現代語版の『古事記』ではこの倭もヤマトと読んでいる。これもおかしい。それに『古事記』のどこにも倭をヤマトと読めなど書いていないのである。

なおいえば、『古事記』や『日本書紀』が書かれた六百年から七百年頃、当時の日本の学者たちの頭の中には、倭は日本の唯一の古代国家として生きていたにちがいない。

その証として、ここで倭国がどこでどのように存在していたかを説明することにしよう。

日本の古代史は『古事記』『日本書紀』が書かれる以前は、もっぱら中国の史書の中で倭国として描かれていた。その代表的な史書をあげると『三国志』がある。そこでは倭国のことが、魏志倭人伝としてかなり詳細にえがかれている。倭の女王卑彌呼のことを語っているのもここである。この『三国志』は二百年代に書かれたものだから、そこに書かれた倭国は二百年代前後と考えられる。

この他倭国の歴史をのせるものは十におよぶが、もう一つあげると『宋書』がある。この『宋書』の特徴は、倭の五王について具体的に述べていることである。例えば武王のことを、使持節《しじせつ》都督《とく》倭《わ》・新羅《しらぎ》・任那《みなま》・加羅《から》・秦韓《しんかん》・慕韓《ぼかん》・六国諸軍事《りっこくしょぐんじ》・安東大将軍《あんとうたいしょうぐん》・倭王《わおう》に除す。というような記事が見える。

また朝鮮半島では、古代の日本倭国の行動の記録が残されている。その一つが広開土王碑文というものである。広開土王碑というのは高さが六メートルの方形の巨岩で、そこに当時の朝鮮半島の歴史が刻まれ、その一部に倭のことがかかれているのである。時代は四百年前後である。史書としては『三国史記』がある。この史書は千年前後につくられたものだが、倭国に関する最初の記事はその新羅本紀の倭人兵を行《つら》ねて、辺を犯さんと欲すの前五〇年の記事である。倭の女王卑弥乎の記録も見える。また百済本紀では倭国が百済とくんで、唐と新羅の連合軍と戦い大敗した記事が書かれている。これは六六三年の白村江《はくすきのえ》の戦いである。

このように当時の、というのは六百年代前後の日本の学者の頭の中には倭国が存在し、その一つの中心が倭建命であったと思われる。したがってもちろん、この倭はヤマトとは読まれてはいなかった。おそらく『古事記』が長いこと認められなかったことに、この倭の字があったことであろう。

それは『日本書紀』を見ればよくわかるのである。そのひとつが「ヤマト」ということばである。ヤマトの天皇家は「ヤマト」を前面におしだしたかったのである。倭では「ヤマト」を前面におしだすことはできないと考えたのである。

そこで『古事記』の大倭豊秋津島を『日本書紀』は大日本豊秋津州と書きかえて、日本に次のような漢字ルビをつけたのである。この漢字ルビを見れば、『古事記』の倭がヤマトではないことがわかるであろう。

日本という字の漢字ルビは次のようになっているのである。

日本・此を耶麻騰と云ふ。下皆此に效え。

この文を訳すと、「日本これをヤマトとする。これ以後ヤマトという時は、すべて日本とする。」

したがって、『日本書紀』の日本武尊はヤマトタケルノミコトである。なお『古事記』の倭建命はワタケルミコトである。それは次の漢字ルビが証明している。この漢字ルビはもちろん原文のものである。したがって『古事記』の倭の字をどう読んだらいいのかを明示したものである。それが少宮ということばにつけられた漢字ルビだ。少宮というのは、伊弉諾尊《いざなぎのみこと》の住居の名前につけられたものである。仍りて日の少宮に留《とどま》り宅《す》みましきという。

少宮・此を倭祠美野といふ。

この漢字ルビ倭河美野はワカミヤである。おそらくこの漢字ルビが問題なのは、倭の字だったのであろう。倭の字は発音は「ワ」以外考えられないのである。それにこれは伊弉諾尊に関する話である。もちろん神話である。そこでの倭の発音である。なお『古事記』の原文ではヤマトは「夜麻登」になっている。したがって、どう考えても、『古事記』の倭は「ヤマト」ではありえない。

四

ここでは酒折宮問答歌が『古事記』と『日本書紀』のその日本語版でどのように論じられているかを明らかにすることにする。というのは、『古事記』や『日本書紀』はほとんどの日本人が現在ではその日本語版で読んでいるからである。わたしも長いことこの両書が漢字で書かれたものだとは知らなかったのである。

さてわたしがここで扱うのは、岩波書店の日本古典文学大系の『古事記』と『日本書紀』の酒折宮問答歌のそれも日本語版である。この文は現在日本でたいへん信頼されており、他社の『古事記』や『日本書紀』もほとんど岩波にならっている。いちばんの例は倭を「ヤマト」と読んでいることでわかる。
まず岩波の『古事記』の酒折宮問答歌は次のようにはじまるが、その主人公は倭建命でヤマトタケルノミコトと読まれている。

即ち其の国より越えて、甲斐《かひ》に出でまして、酒折宮《さかおりのみや》に坐しし時、歌《うた》ひたまひしく、
新治《にひはり》　筑波《つくば》を過ぎて　幾夜《いくよ》か寝《ね》つる
とうたひたまひき。爾に其の御火焼《みひたき》の老《おき》人《な》、御歌に続きて歌《うた》日ひしく
かがなべて　夜《よ》には九夜《ここのよ》　日には十日《とおか》を
とうたひき。是を以ちて其の老人《おきな》を誉《ほ》めて、即ち東《あずま》の国造《くにのみやつこ》を給ひき。

この文の其の国というのは足柄の坂本であり、足柄の坂本は甲斐国の南である。したがって倭建命が甲斐国へ入ったのは、南からである。また国造というのは、古代においては国王に相当する。
なお『古事記』の酒折宮問答歌と『日本書紀』の酒折宮問答歌がこのように問題になるのは、この歌が二つの史書に記されていたからで、どちらか一つの史書にしるされていなかったら、このようなわたしの論文にはならなかったであろう。それはともかく、『日本書紀』の酒折宮問答歌は次のようになっている。『古事記』の酒折宮問答歌と比較して読むと、その違いとか、矛盾とかいくつも問題点に気づくである。もちろんこの文も日本語版のものである。

常陸《ひたち》を歴《へ》て、甲斐国《かいのくに》に至《いた》りて、酒折宮《さかをりのみや》に居《ま》します。時《とき》に挙燭《ひとも》して進食《みおし》す。是《こ》の夜《よる》、歌《みうた》を以《も》て侍者《さぶらひひと》に問《と》ひて曰《のたま》はく、

新治《にひはり》 筑波《つくば》を過《す》ぎて、幾夜《いくよ》か寝《ね》つる

諸《もろもの》の侍者《さぶらひひと》、え答《こた》へ言《もう》さず。時に秉燭者《ひともせるもの》有《あ》り。王《みこ》の歌《みうた》の末《すえ》に続けて、歌《うたよみ》して曰《のたま》はく、

日日並《かがな》べて、夜《よ》には九夜《ここのよ》 日には十日《とおか》を

即《すなは》ち秉燭人《ひともし》の聰《さとり》を美《ほ》めたまひて、敦《あつ》く賞《たまひもの》す。即《すなは》ち是《こ》の宮《みや》に居《ま》しまして、靫部《ゆけひのとものを》を以《も》て大伴連《おほとものむらじ》の遠祖武日《とおつおやたけひ》に賜《たま》ふ。

わたしはこの二つの酒折宮問答歌を最初に読んだ時、おかしいと思わなかったどころか、同じ歌だと思いこんだ。今になれば同じこと自体がおかしいのだが、長いことそんなことには気づかなかった。

わたしにとって、この二つの酒折宮問答歌が、同じものでありながら実は同じものではない、だから『古事記』だけではなく『日本書紀』に書かれたのだとわかるまでには、長い時間がかかったし、『芸文類聚』という中国の唐代の百科事典との出合が必要だった。

それはともかく、この『古事記』と『日本書紀』の酒折宮問答歌の現代語訳は今でも世の中にごくふつうに通用しているが、実はなんともおかしいのである。そうしたおかしさが通用している日

本の文化そのものがおかしいといった方がいいのかもしれない。

そのおかしさの最初は、ヤマトタケルノミコトである。『古事記』ではヤマトタケルノミコトは倭建命になっている。これに誰も疑問を投げかけないようである。

ところが『日本書紀』の作者は倭建命がヤマトタケルノミコトではないと、漢字ルビで否定しているのである。『日本書紀』では冒頭の漢字ルビで「ヤマト」という時はすべて「日本」にせよと記している。なおこの漢字ルビは前に記してある。なお倭の字音についても、倭の字音は「ワ」であると、漢字ルビで前に説明した。

『日本書紀』ではヤマトタケルノミコトは日本武尊である。ところが今更いうまでもないことだが、日本語訳では倭建命もヤマトタケルノミコトになっている。もちろん『古事記』のどこにも倭をヤマトに読めなど書いてない。

更にいえば、このヤマトタケルノミコトの相手役の名もちがうのである。いや名だけではなく、人間そのものがちがうのである。

『古事記』ではその相手役は、御火焼之老人である。この人物は、その返事がよかったといって、東《あずま》の国造《くにのみやつこ》の国造にされているのである。国造というのは、古代において国王である。

わたしが御火焼之老人を甲斐国王と考えるのは、まずヤマトタケルノミコトと歌で対等にことばをかわしたことである。ヤマトタケルノミコトは景行天皇の皇子で、東征軍の将軍である。そんな人物と対等に、しかも歌でやりとりのできる甲斐人は、甲斐国王以外には考えられない。しかもその場所が酒折宮である。宮というのは国王の住居である。

したがって『古事記』がその存在を長いこと認められなかった原因は、このように倭の存在を、甲斐国の存在に認めたところにあったと思われる。

そのことは『日本書紀』の酒折宮問答歌だけを見ただけでも十分にわかるのである。『古事記』の倭を日本にかえ、この日本をヤマトと現天皇家の国名にかえたことでまずわかる。それからヤマトタケルノミコトの相手を秉燭者《ひともすもの》としたことも同じである。秉燭者にはどう考えても倭の存在は認められない。このことばの意味は、灯を手にもって散歩するものである。

なお『古事記』ではこの酒折宮問答歌の結論は、老人《おきな》を東国造にして終っており、甲斐国の存在をうかがわせるが、『日本書紀』では次のようになっている。

この宮《みや》に居《ま》しまして、靫部《ゆけひのともの》を以《も》て大伴連《おほとものむらじ》の遠祖武日《とおつおやたけひ》に賜《たま》ふ。ここではここの説明を見て、そこに甲斐国の存在をうかがうことはできないであろう。少なくとも、『日本書紀』では、ヤマト天皇家以外の王国をすべて否定しているのだ。

最後にこの二つの酒折宮問答歌の違いを述べると、『古事記』ではヤマトタケルノミコトは足柄の坂本から甲斐の酒折宮に入っている。足柄の坂本は甲斐国の南である。したがってヤマトタケルノミコトは、甲斐国へ南から入っているのである。

ところが『日本書紀』ではヤマトタケルノミコトは常陸から甲斐国の酒折宮へ入っているのである。常陸は甲斐国の北である。したがってヤマトタケルノミコトは、明らかに北から甲斐国の酒折宮へ入っているのである。

なぜこんな違いになったかは、もう一つ問題ではあるが、それはそれとして、ここで問題にしたいのは、『古事記』の酒折宮問答歌と『日本書紀』の問答歌が、もちろん現代語訳でだが、全く同じだということである。

まず『古事記』の問答歌をあげると、次のようになっている。

新治《にひはり》 筑波《つくば》を過《す》ぎて、幾夜《いくよ》か寝《ね》つる

諸《もろもの》の侍者《さぶらひひと》、え答《こた》へ言《もう》さず。時に秉燭者《ひともせるもの》有《あ》り。王《みこ》の歌《みうた》の末《すえ》に続けて、歌《うたよみ》して日《のたま》はく、

かがなべて、夜《よ》には九夜《ここのよ》 日には十日《とおか》を

それにたいして、『日本書紀』では問答歌は次のようになっている。

新治《にひはり》 筑波《つくば》を過《す》ぎて、幾夜《いくよ》か寝《ね》つる

諸《もろもの》の侍者《さぶらひひと》、え答《こた》へ言《もう》さず。時に秉燭者《ひともせるもの》有《あ》り。王《みこ》の歌《みうた》の末《すえ》に続けて、歌《うたよみ》して日《のたま》はく、

日日並《かがな》べて、夜《よ》には九夜《ここのよ》 日には十日《とおか》を

見ればわかるとおり、『古事記』の酒折宮問答歌と、『日本書紀』の酒折宮問答歌とはおなじである。こんなことってあるのだろうか。

それだけではない。元来註というのは、理解できない原語につけるものだ。訳語などに註はつけないのである。ところが新治に、もちろん、原文に新治などという地名はないが、次のような註がついている。

これは『古事記』の註である。新治についてである。

常陸《ときわ》国新治郡新治郷と筑波郡筑波郷で、常陸の新治や筑波を通り過ぎて

この註は常陸が中心になっているが、常陸という地名は、『日本書紀』を読んでいない人間には全くわからないのである。『日本書紀』にでてくる地名だからである。また新治郡新治郷とか筑波郡筑波郷なる国名も全く不可解である。また御火焼之老人の註に書紀には秉燭者とあるにいたっては註とはなにかとききたくなる。

『古事記』も『日本書紀』もこの問答歌を筑波から酒折宮までいく日かかったかと、ヤマトタケルノミコトがたずねたのに、『古事記』では御火焼之老人が九夜十日ですと答え、『日本書紀』では秉燭者が九夜十日だと答えたとなっている。

これもおかしい。たずねたのは、ヤマトタケルノミコトである。ヤマトタケルノミコトは天皇の皇子で、東征軍の将軍である。その将軍が甲斐の酒折宮へ入ったというのは、甲斐国を征服したということである。そんな将軍が、筑波から酒折宮までいく日かかったかたずねたりするだろうか。百歩ゆずって、旅の日数をきいたとして、南から酒折宮へ入ったヤマトタケルノミコトと北から酒折宮に入ったヤマトタケルノミコトが同じ九夜十日だとはありえない。それ以上におかしいのは、『日本書紀』の九夜十日という返事は二度目である。こんな返事を二度もするとは、とうてい考えられない。ありうることではない。

ここまではどうにか考えたが、長いことここでとどまり、ここから先へは一歩もすすめなくなった。

五

『日本書紀』といっても、もちろん、岩波版のものだが、わたしはその解説文を読んでいた。するとそこに中国の古典の影響を受けて『日本書紀』がいかにつくられたかと書いてあった。もちろん、『古事記』や『日本書紀』が書かれた時代、七百年代、日本には日本語が、この日本語というのは、ひらがなやかたかなのことだが、まだなかったので、文はすべて漢字で書かれていた。したがって、想像以上に中国古典の影響が強かったのはいうまでもない。もっともその漢字は二種類あって、その中心は中国文の漢字だが、もう一つは、日本語を漢字音で表現したものである。これは日本の歌や人名、地名がすべてそうである。

『日本書紀』がいちばん影響をうけた中国古典は『芸文類聚』だと書いてあり、その『芸文類聚』について、かなりくわしい説明が書いてあった。わたしが『芸文類聚』を知ったのはこの時がはじめてだった。もっともそんな古典が身近にあっても、当時のわたしには中国語を読むなどとうていできなかったので、手にとることもしなかったろう。

それはともかく、その解説文は異常なほど『芸文類聚』をくわしく説明していた。書紀の編者がその潤色のために大いに利用したのは、まず唐人欧陽詢らの撰した『芸文類聚』百巻があげられる（高祖の武徳七年六二四奏上。）……この書はいわゆる「類書」の一つであって、これには、書名の示す如く、天部以下災異部にわたって類衆した唐以前の代表的佳句佳文の芸文（詞華）が殆んどすべて収集されている。『芸文類聚』は、たとえ百巻の大巻の大部に及ぶにしても、編者らにはその利用のための便宜が与えられていた。……

当時、書紀の編者は、この一大類書を参照して書紀を述作したという事実は認めざるをえない。ここでいう類書というのは、現代の百科事典のことであり、書紀というのは『日本書紀』のことである。ここでは書紀の編者の利用となっているが、『古事記』の編者も利用できたはずである。ということは、宮中に図書館があり、そこにこのような中国古典がそなわっていたはずだからである。

この書紀の『芸文類聚』の紹介はそれなりに勉強になったが、『芸文類聚』を具体的にどのように利用したか、つまり『芸文類聚』とはどのようなものか紹介されてなかったので、わたしはここでは特にひかれなかった。したがって、その類書を手にとりたいとも思はなかった。

それでも中国の漢字を少しは勉強しないと酒折宮問答歌がいきずまったままに終ってしまう、ひとつこの行き詰りから抜け出すために中国へ漢字の勉強に行くかと考えた。

その末、中国の成都の四川大学へ客員教授として留学できた。成都の町はわたしにとって魅力的だった。中国の古典が意外なほど容易に手に入った。『芸文類聚』の四冊本も手に入ったのである。でも当時わたしは中国語を全く読むことができなかったのでその作品をあけて見ることもしなかった。先の『芸文類聚』の解説で百巻と書いてあったが、当時はすべて手書で、巻物だったので百巻だったのである。わたしは成都で勉強するどころか楽しんでしまった。というのは、写真でしかみたことのない中国骨董が、たとえば青銅器とか唐三彩とか各種の陶器や土器が、しかもわたしが買える値段でわたしの前に出現したからだ。それだけではなく、山水画や美人画が町にあふれ、それも自由に手に入ったからだ。わたしはろくな勉強もできず成都から日本に帰ってきた。それでもさすがに漢字の勉強をはじめた。といってそれが勉強といえるかどうか。いつ頃かわたしは李白や杜甫や白居易の詩が好きになりめったやたらと読みはじめた。もちろんそんな時、漢字の勉強をしているなどという意識は全くなかった。が、それが勉強になっていたのであろう。

いずれにしろ、わたしが目にするのは漢字だけになった。

六

最近になって、わたしは白居易の長詩長恨歌や琵琶行をそらんじられるほど読めるようになった。少しは中国語がわかるかもしれないと、ようやくに『芸文類聚』を手にとった。

すると冒頭の巻一天部天項から思いがけない文がとびこんできた。とっさにそれがどこにあった文か気がつかなかったが、すぐに思い出した。なるほどこういうことだったのかとわたしはひとりうなづいた。わたしは『日本書紀』、それは日本語版だが、読むごとに、いつもこの文はなんだとひっかかるところがあった。それは次の文である。

古《いにしえ》に天地《あめのちい》未《ま》だ剖《わか》れず、陰陽《めを》分《わか》れざりしとき渾沌《まろか》れたること鶏子《とりのこ》の如《ごと》くして

もちろんこの文は『日本書紀』の冒頭の天地創造の文で、わたしがこの文のどこにひかかったかといえば、鶏子ということばである。鶏子というのは、ニワトリのタマゴのことである。ニワトリのタマゴが白味と黄味が一つになっているので、天と地が分れていないで一つになっている比喩に

たとえたのだが、そこにニワトリのタマゴをもってくるとは、あまりにもとうとつだと思われたのである。それが『芸文類聚』に次の二つの文があった。

（1）天如雞子。

（2）天地混沌如雞子。

どちらの文も天と地が創世期にはまだ分れてなく、ニワトリのクマゴのように一体になっていると述べているのである。ということは、『日本書紀』が創成期をニワトリの卵にたとえたのは『芸文類聚』によったことだとわかったのである。だからといって、酒折宮問答歌が『芸文類聚』とかかわりがあるとは思わなかったが、その中に十日ということばを見いだした時、この十日は酒折宮問答歌の十日かもしれないぞと考えはじめた。この『芸文類聚』の十日というのは、旅の十日ではなく、十の太陽であり、葬の弓で射ち落された九の太陽は九烏であり、当時というのは中国古代の発帝にそむいた九つの国でもあった。

この記事は『芸文類聚』の中にまず次のように記されている。なお『芸文類聚』は当時の類書、百科事典で、当時の中国や日本の学者たちにそれなりに信頼されていたと思われる。

大荒之中喝谷上有扶桑十日所九日居下。

この文の大荒というのは、中国の東に広がる大海原のことである。太陽がそこからあがるので、太陽の住居がそこにあると古代の中国人は考え、喝谷としたのである。また太陽の住居なので、その谷に扶桑という神木がはえていると考えたのである。問題は「十日所浴九日居下」である。

わたしはこの文を見た時、古代の中国人は、そして古代の日本人も、といっても古代の中国人の学者と日本人の学者という意味だが、それなりにみごとに太陽について考えたものだと感心した。

十日所浴というのは、十の太陽が浴する、体を冷すところという意味である。太陽が火の玉に見えたからであろう。太陽がもえつきないのは、十あって、まい日体を冷しては交代で空に火の玉になってかがやくことができたからだと考えたのだ。

昼をこのように考えていた古代中国人は夜をどのように考えていたのだろう。わたしはその夜を次のことばだと気がついたのである。おそらく『古事記』の作者も『日本書紀』の作者も夜を次のように理解したにちがいない。

日中有三足烏。

これはそのまま日本語にすると、太陽の中に三本足のカラスがいるという意味である。ということは夜とは、三本足のカラスが太陽の住人になることだと考えたのである。

次の『芸文類聚』の文は『淮南子』の引用文である。『淮南子』というのは前漢時代につくられた思想史で、当時の、というのは前漢時代からの古代中国人という意味だが、そこに書かれたことを、現実だと信じていた。

『芸文類聚』の作者もそう信じていたし、『古事記』『日本書紀』の作者たちもそう信じていた。その『淮南子』の文を真実だと引用したのが次の『芸文類聚』の文である。なお『淮南子』をつくったのは劉安という人物である。

堯時十日並出草木焦枯堯命羿仰射十日中其九烏皆死墮羽翼。

この文をそのまま訳すると次のようになる。

堯皇帝の時、空に十の太陽が同時に出現した。熱くて草木が焼け枯れた。そこで堯皇帝は弓の名人である羿に九つの太陽を射落してこいと命じた。羿は太陽にむかって矢をはなち、十の太陽のうち九この太陽を射落した。この文では射落した九つの太陽を九烏と書いているが、太陽の中の三本足の烏は、また夜のことである。

さてこの話は太陽のことではなくもう一つ別の話しにとれるのである。この堯という人物は、堯舜と並び称される古代中国の二人の聖帝の一人である。聖帝といわれるのは、中国を平和に統一支配したということである。ここに発が出現したのは、そういうことをした皇帝だということである。もっといえば、中国を平和に統一支配したということである。つまり中国に十の太陽が出現して草木を燋枯したというのは、住みにくくなったということは、九つの国が反乱したので、皇帝堯が弓の名人羿に、ということはすぐれた武力を行使してその九つの国を平定したということである。

当時は、というのは『芸文類聚』が書かれた当時はということだが、当時の中国人は、ここでは当時の学者たちはといった方がよいかもしれないが、そして、その『芸文類聚』を読んだ当時の日本人の学者たちも、この話を征服諏と理解したのであろう。少なくとも、旅行輝などとらなかったはずである。またそんな旅行諏を当時必要としなかったはずである。

ここでは酒折宮問答歌がどのように『芸文類聚』の影響を受けているかの説明として、次のような説明をしているのである。

その一例として、『芸文類聚』の第十一の帝王部一に天皇氏が記されている。その天皇氏はかんたんなものだが、天皇という『古事記』『日本書紀』の称号はここからきているのではないかとわたしは思っている。

それよりなにより、『古事記』『日本書紀』は神話の部分をのぞき、すべて天皇を中心に歴史がしるされている。中国を代表する『史記』や『三国志』などにはこのような皇帝を中心とした記述はみられない。ところが『芸文類聚』では歴史を帝王を中心にかいているのである。『古事記』『日本書紀』がこの『芸文類聚』の帝王部と同じ書き方をしているのは明らかである。いずれにしろ、酒折宮問答歌が陽に陰に『芸文類聚』の影響をうけてつくられたということができるであろう。

七

ここから酒折宮問答歌そのものを扱うことにするが、わたしは長いこと酒折宮問答歌とは、岩波書店の日本古典文学大系の『古事記』『日本書紀』に日本語で書かれている酒折宮問答歌が酒折宮問答歌そのものだと信じて論文を書いてきた。そうではないと気がついて、わたしのそれまで酒折宮問答歌について書いた論文がすべてだめだと気づいたのはつい最近のことだった。現在酒折宮問答歌再考というテーマでその論文を書きなおしている。そのわたしのミスをおぎなうためである。

それなら酒折宮問答歌は、『古事記』『日本書紀』は何語で書かれたかといえば、漢字で書かれたのである。しかもその漢字は二種類からなっている。三種類ともいえるのである。

その漢字の中心となるのは、いわゆる中国語そのものである。その説明文は中国語で書かれている。それに対して歌の部分は、日本語なので、日本語を漢音を利用して表現しているのである。例えば「ヤマト」という日本語を「夜麻登」とするがごとくである。またもう一つの漢字の用法は日本独自の漢字のよみ方、たとえば、「アズマ」を東の漢字で読むことである。

このように『古事記』『日本書紀』は、ということは、酒折宮問答歌はといえるが、このような三種類の漢字で書かれているのである。それを長いこと日本語で書かれていたと信じ、その日本語の酒折宮問答歌がおかしいとろんじてきたのだからいやはやである。

さてそのわたしがふりまわされていた日本語の酒折宮問答歌をあらためてここに記して、私の論をはじめることにする。

その酒折宮問答歌の日本語版は、同じものが『古事記』と『日本書紀』の両方に記されているのである。

『古事記』では次のようになっている。

新治《にひはり》　筑波《つくば》を過ぎて、幾夜《いくよ》か寝《ね》つる

かがなべて、夜《よ》には九夜《ここのよ》　日には十日《とおか》を

この歌は、質問したのは、ヤマトタケルノミコト、『古事記』ではヤマトタケルノミコトを倭建命と書いている。それに対して答えたのはミヒタキノオキナ、『古事記』では御火焼之老人となっている。

この『古事記』の酒折宮問答歌に対して、『日本書紀』の日本語の酒折宮問答歌は次のようになっている。

新治《にひはり》　筑波《つくば》を過《す》ぎて、幾夜《いくよ》か寝《ね》つる

日日並《かがな》べて、夜《よ》には九夜《ここのよ》　日には十日《とおか》を

この歌は質問者はヤマトタケルノミコトであるが、『日本書紀』ではヤマトタケルノミコトを日本武尊と記しているのである。それに対して答者は、ヒトモセルモノ、秉燭者になっている。

このたずぬる人と答える人を見ただけでも、『古事記』の酒折宮問答歌と『日本書紀』の酒折宮問答歌が同一だというのはおかしいのに、ヤマトタケルノミコトが『古事記』では南から酒折宮に入っているのに、『日本書紀』では北から入っているのである。それがどちらも同じ旅の歌だということなどありえないのである。

それどころか、酒折宮問答歌にはもっとおかしいことがある。それは註についてである。註というのは、原則として原文につくものである。訳語につくものではないし、まして、関係のない他の語を指示するものでもない。実は酒折宮問答歌にはそのような註にもならない註がいくつもあるのである。

この例を一っだけあげておく。それは『日本書紀』の秉燭者の註である。秉燭者の註は次のようになっている。

記には「御火燒之老人」とある。この秉燭者にはどこを見ても老人などという文字はない。この註が註になっていないのは今更述べるまでもないであろう。どこにも秉燭者の説明がないのだ。

それよりなにより、『古事記』のヤマトタケルノミコトが現在では倭建命だとされているが、原典というのは、すべて漢字で書かれたものだが、原典に書かれている倭建命をヤマトタケルノミコトなど読めとは、原典の『古事記』にはどこにも指示されていないのである。

八

ともかくここで原典にもどったので、ここで『古事記』の酒折宮問答歌の原典にもどることにする。次の質問を発したのは、『古事記』では倭建命であり、答えたのは御火焼之老人である。この二人の関係は、征服者と被征服者である。征服のために旅をして歩いて甲斐国に来たのは倭建命である。それをむかえて答えたのが御火焼之老人である。この二人の会見がどこでおこなわれたかといえば、酒折宮である。住居に「宮」がつけば、この当時は王宮である。そういうことをすべて頭に入れて、次の原典の酒折宮問答歌を見ていただきたい。なお次の文は七一二年に書かれたものである。

即自㆓其国㆒越出㆓甲斐㆒、坐㆓酒折宮㆒之時、歌曰、
邇比婆理都久波袁須疑弖　伊久用加泥都流
爾其御火焼之老人、続㆓御歌㆒以歌曰、
迦賀那倍弖　用邇波許許能用　比邇波登袁加袁
是以誉㆓其老人㆒、即給㆓東国造也㆒。

ここでは『日本書紀』の酒折宮問答歌と比較しながら酒折宮問答歌を追求したいのだが、その前に、『古事記』の一つの特徴を説明しておく。それは前の文の其国ということばである。其国とい

うのは足柄之坂本のことで、この国は甲斐国の南である。したがって『古事記』の倭建命は甲斐国の南から甲斐国に入ったことになる。

それに対して、『日本書紀』の酒折宮問答歌は次のようになっている。

歴㆓常陸㆒至㆓甲斐国㆒居㆓于酒折宮㆒時挙㆑燭
而進食。是夜、以㆑歌之問㆓侍者㆒曰

『古事記』の其国に対し、『日本書紀』では歴常陸となっている。常陸は明らかに甲斐国の北にあり、ヤマトタケルノミコトは北から甲斐国に入ったことになる。おそらく『古事記』の甲斐国への南入説がまちがっていたので、『日本書紀』は北入説にかえたのであろう。

それはともかく、岩波書店の『古事記』『日本書紀』の酒折宮問答歌をはじめとして他の出版社の酒折宮問答歌もすべてがということだが、現在では、岩波の『古事記』と『日本書紀』のと同じものになっている。もちろん、この酒折宮問答歌というのは現代の学者に現代語に訳された酒折宮問答歌のことである。一般にはその方が読まれているのである。

さてここで、『古事記』と『日本書紀』のちがいをあらためて述べたい。そのちがいの中心はヤマトに見られる。現在の日本語にされた『古事記』『日本書紀』では倭も日本もすべてヤマトになっているが、原典ではそうはなっていないのである。

岩波の『古事記』では大八島誕生という神話の中で、その一つの島の誕生名として、大倭豊秋津島とし、この倭をヤマトと読んでいる。この倭の字をヤマトと読めなど『古事記』のどこにも書いていない。現代の日本の学者たちはそれを無視して、それどころか、『日本書紀』では倭の読み方を指示してあるのに、それさえ無視して、倭をヤマトと読んでいるのである。

　このヤマトという国名は、『日本書紀』がつくられるまで、その書き方は一定してなかった。『古事記』ではヤマトを夜麻登と書き、『日本書紀』ではヤマトを夜摩苔と書いたりしていた。もちろん両書とも原文でである。

　ところが『日本書紀』では、この『日本書紀』は原文だが、その『日本書紀』の冒頭の大八洲国誕生の一つの国の名前として大日本豊秋津洲《しま》がある。『古事記』では大倭豊秋津島になっている。ところが『日本書紀』ではこの大日本豊秋津洲《しま》に読み方のルビ、漢字ルビが次のようについているのである。もちろん原文である。

　大日本・日本、此云二耶麻騰一示皆效レ此。

この文を現代語に訳すると次のようになる。

日本、此の語をヤマトという。いかヤマト

という場合はすべて日本とする。

いずれにしろ、『古事記』の倭についてはこのようなヤマトの読み方はない。それどころか、『日本書紀』に倭の読み方が漢字ルビとして記されているのである。

それが次の文である。

　仍留二宅於日之少宮至一矣。少宮、此云二倭柯美野一

この文を訳すと、「仇《よ》りて日の少宮《わかみや》に留《とどま》り宅《す》みましきという。」少宮に住んだのは伊弉諾尊《いざなきのみこと》であ

るが、今はそんなことは問題ではない。問題なのは少宮の漢字ルビである。それは倭柯美野＝ワカミヤとなっていることである。倭という字をワと読めと指示していることである。

『古事記』と『日本書紀』はほとんど同時代に、ということは漢字で書かれた作品である。その漢字の読み方は両書とも同じだと考えるべきである。倭という『古事記』の字も「ワ」以外には考えられないのである。

このように『古事記』と『日本書紀』は異なっているのである。このような視点から『古事記』の酒折宮問答歌と『日本書紀』の酒折宮問答歌を見ると、二つの点に気がつくのである。

その一つは、この二つには共通の字が共通の場所におかれているということである。それ以外の字は場所は同じだが、字は全く異なるということである。このことからでも、この二つの問答歌は同じではないとわかるのである。もちろん、これは原歌のことであり、この原歌を現代語の訳では全く同じにしていることは、またそれが現代国語では一般化されているのである。

さてくりかえしになるが、その二つの原歌をもう一度あげることにする。

『古事記』の酒折宮問答歌の原歌は次のようになっている。

邇比婆理　都久波袁須疑弖
　伊久用加泥都流

爾其御火焼之老人、続二御歌一以歌日、

迦賀那倍弖　用邇波許許能用
　比邇波登袁加袁

これに対して『日本書紀』の問答歌の原歌は次のとおりである。

珥比麼利　菟玖波塢須擬氏

異玖用伽禰菟流

伽餓奈倍氏　用珥波虚虚能用

比珥波苔塢伽塢

この二つの歌を読みくらべると、同じ字が、比と用という字が、同じ位置にあるのがわかる。したがって、同じ内容の歌だとわかる。しかし、それ以外は同じ位置に異なる字がおかれている。その代表的な例は、『古事記』の場合は許許、『日本書紀』の場合は虚虚である。また「を」の場合は、『古事記』の場合は袁になっているのに、『日本書紀』では塢となっている。どうして「を」の字に烏をつかったかは別として、この二つの歌の関係は、『古事記』の酒折宮問答歌では不満だったので、『日本書紀』の作者が、その酒折宮問答歌に、つまり元の酒折宮問答歌の内容はそのまま、『日本書紀』の内容にふさわしいものにつくりかえたものだとわたしは考えたのである。少なくとも、現在のように一般化している『古事記』と『日本書紀』の酒折宮問答歌のように全く同一のものではないのはたしかである。

ここから、その具体例に入ることにする。

両歌に共通の文字というのは「比」と「用」である。『古事記』では次のようになっている。

（1）邇比婆理

（2）比邇波登袁加袁

この比という字は、日を太陽をあらわす字である。したがって、通比婆理は新治のような地名にはなりえないのである。

『日本書紀』ではこの部分は次のようになっている。

（1）珥比麼利

（2）比珥波苔塢伽塢

あきらかに比にまつわる字が『古事記』と『日本書紀』では異なる。それはともかく、この比の字は、日の太陽の意味である。したがって、ここでも珥比麼利は新治な地名ではないのである。

（2）の意味は「日には、太陽は十をである。」もちろん、『古事記』も『日本書紀』もである。

もう一つ共通の文字がある。それは「用」である。『古事記』では次のようになっている。

（1）伊久用加泥都流

（2）用邇波許許能用

この用という字は、夜という意味である。したがって、（2）の意味は、夜にはここの夜である。

これが『日本書紀』では次のようになっている。

（1）異玖用伽禰菟流

（2）用珥波虚虚能用

この（2）は『古事記』の（2）と意味は同じで、夜にはここの夜だが、字は異なる。

この時代、というのは、まだ日本の文字がなかった時代、字を、漢字をかりるということは、現代人の漢字感では考えられないほど大きな意味があった。その意味は『古事記』と『日本書紀』の漢字の違いによるもの、この時代の漢字の意味の違い、というより、この時代の字がどのように使われていたかを知らなければならないということである。ことに酒折宮問答歌ではその点が問題になる。くりかえしになるが、ここでその問題をもう一度論じることにする。

酒折宮問答歌は日と夜が中心になっているが、日と夜をあつかっているのは、中国の古典、『芸文類聚』である。『古事記』『日本書紀』がこの『芸文類聚』の影響を強く受けており、酒折宮問答歌はこの『芸文類聚』の次の部分を、日と夜の部分に準じて作られたのだとわたしは信じている。

『芸文類聚』では夜を次のように述べている。

日中有三足烏

これは、日の中に、太陽の中に、三本足のカラスがおり、夜になるということは、その三本足のカラスが日の、太陽の住人になると考えたのである。

これに対して次の文は日と夜を表現していると同時に、日と夜を人格化した文になっている。

堯時十日並出草木燋枯堯命羿仰射十日中其九烏皆死墮羽翼。

わたしが酒折宮問答歌のもとがこの文だとわかったのは、この十日である。いうまでもなく、『古事記』『日本書紀』の漢字は、十日は、『芸文類聚』のこの十日だからである。これが旅の日数の十日でないことは、あらためていうまでもないだろう。日日並べては十の太陽を並べてみればの意味だろう。

堯というのは堯舜とならび称せらる古代中国の理想的な聖帝である。このような聖帝というのは、国を平和に治めた人物である。

その皇帝の時に、十日が、十の太陽が一度に天にあらわれ、草木が焼け死んだ。そこで堯《ぎょう》帝が弓の名人羿《げい》に命じて九つの太陽を射ち落とさせたという話だが、同時にこの話は、皇帝発の時、九つの国が反乱した。そこで皇帝発は弓の名人葬に命じて、というのは武力をつかって、九つの反乱国を平定させた。その平定された国をここでは九烏としたのである。ということは、太陽が死んで九つのカラス、つまり、夜になったということでもある。

さらにいえば、十日が、十の太陽が、九烏になって、皇帝発の国だけが残ったということである。したがって、十日九烏というのは、十日九夜で、ここからわかってくることは、中国の皇帝堯が中国を平和な国として一つにまとめたということである。

さて、ここから酒折宮問答歌にもどることにしよう。いまさらいうまでもないことだが、この酒折宮問答歌は原文、漢字のものである。

『古事記』ではその歌の冒頭の字は次のようになっている。

邇比婆理

『日本書紀』では次のようになっている。

珥比麼利

あきらかに字をかえている。ところが日本語訳ではなぜ字をかえたのかなど全く考えないで、それどころか比という字がどんな意味をもっているのかもわからずに、『古事記』でも『日本書紀』でも邇比婆理と珥比麼利を同じ新治としかも地域名にしてしまっているのである。前にも述べたように、出発点が二つある旅の日数をたずねる歌などないのである。したがって、邇比婆理と珥比麼利は地域名の新治にはならない。その理由は、比の字が、日、つまり太陽だからである。

『古事記』の邇比婆理は「新日はり」つまり新しい太陽がかがやくである。もっと日本語にすれば、大和天皇家があらたに征服したという意味である。

その『古事記』に対して『日本書紀』の珥比麼利は『古事記』と同じ意味だが、字が異なるのである。珥という字は、字そのものが日を、太陽をあらわしているし、麼利はまるで、この字そのものが日を太陽を示しているのである。つまり『古事記』の邇比婆理では、字を見ただけではそれが日、つまり太陽だとはわからないので、字を見ただけで。珥比麼利を見ただけで、それが日を、太陽を述べているのだとわかるようにかえたのである。日本でも朝日、日向、日割のように日は太陽のことを言う。

このように、日本文字がなく、すべて漢字でものを書かなければならなかった時代、当時の学者たち、『古事記』や『日本書紀』を書いた学者たちが、漢字にどのような思いをこめていたかは、この邇比婆理を珥比麼利になおしたなかにも認められるであろう。

次の文は（1）が『古事記』で（2）が『日本書紀』である。

（1）都久波袁須疑弖

（2）菟玖波塢須擬氏

この二つの文を見ると、「つ」の字のところが、『古事記』では「都」になっており、『日本書紀』では「菟」の字になっている。この字の変更は、酒折宮問答歌の中で、どうして字をかえるのかという理由を説明するのがもっとも容易だとわたしには思われるのである。

『古事記』のこの歌をつくった作者は、甲斐国の酒折宮でこの問答歌がかわされた。ということは、酒折宮というのは王宮である。王宮にいるのは王であり、王の住んでいるところは都である。だから筑波のつに都という字を使い、この地にかつて国が、王国があったことを暗示したのだ。

それに対して『日本書紀』では都を菟にかえたのである。菟はウサギという意味だが、わざわざくさかんむりのついだウサギという字にしたのだ。筑波という地が、草でおおわれている田舎だ、都ではないといいたかったのであろう。あらためていうことではないが、都も菟も発音は「つ」である。

この文では、もう一字目をひかれるところがある。それは「を」の字である。『古事記』ではをの字に「袁」の字をつかっている。この字は特になにかを暗示しているわけではない。ところが『日本書紀』ではをの字に「塢」の字をあてているのである。もちろん、『古事記』のをの字「袁」をかえているのである。

おそらく『日本書紀』が塢の字にかえたのは、この酒折宮問答歌が『芸文類聚』の九烏の話、この九烏というのは、葬によって射ち落された九つの太陽が九烏になって死んだという話、この話はまた中国の古代の皇帝発が中国を統一し平和にした話でもあるが、その九烏の話にもとづいているからなのである。烏はまた夜とむすびついているのである。

さて次の文は、(1)が古事記で(2)が『日本書紀』である。

(1)伊久用加泥都流

(2)異玖用伽禰菟流

この原文を「幾夜か寝つる」と日本語版の『古事記』も『日本書紀』も全く同じ日本語に訳し、その訳が現代では一般化している。しかしこの質問を発しているのは、ヤマトタケルノミコトである。ヤマトタケルノミコトが自分の足で筑波から酒折宮までいったのである。そんな人物がいく日かかってこの宮に着いたのかなど聞くだろうか。しかもヤマトクケルノミコトはこの国、甲斐国の征服者だ。そんな人物がこのような質問をすることはまったくありえない。

まして『古事記』と『日本書紀』の原文を見ると字がちがうのである。この字のちがいを理解すれば、酒折宮問答歌がどんな歌かわかるはずである。

この文はいわゆる「用」を夜を述べた文である。しかも『芸文類聚』の夜を述べているのである。『芸文類聚』の夜というのは、太陽であり、烏であり、国である。『芸文類聚』によると、皇帝の命により、弓の名人羿《げい》が天にあらわれた十日を、十の太陽をねらいそのうち、九つの太陽を射ち落した。その落ちた九つの太陽を、『芸文類聚』では九烏と書いている。なお『芸文類聚』では太陽の中に三本足の烏がいて、夜になるということは、その烏が太陽の中の主になることだと考えたのである。

したがって『日本書紀』で異玖用と用に、夜に、異という字をもちいたのは、この用が夜が、『芸文類聚』の夜であって、普通の夜ではないということを示しているのだ。

ということは、この用は、この夜は、ヤマトタケルノミコトが征服した国の数を聞いているのだ。それが『日本書紀』の異玖用伽である。もちろん、『古事記』の伊久用加も同じ意味である。

次に『古事記』では泥になっており、『日本書紀』ではその泥を禰にかえている。現代の日本語訳ではその泥も禰も寝にしてしまっている。泥と禰が寝と同じ意味だということはありえないのである。

ただ泥と禰は字音が同じなのである。どちらも字音は「ナイ」と「デイ」である。おそらく泥では意味が悪いので『日本書紀』では禰にかえたのであろう。泥ではその意味は泥でしかないが、禰は意味が「みたま」であり、言外に亡ぶものという意味がふくまれているからである。したがって、禰菟流はナイズルだが、言外に亡びた国がいくつかあったのか聞いていることがわかるのである。

これに対する答えは（1）が『古事記』で（2）が『日本書紀』である。

（1）迦賀那倍弖

（2）伽餓奈倍氐

現代の日本語訳の『古事記』ではこれをかがなべてとしており、『日本書紀』では日日並べてとしている。どちらも日数を重ねての意にしている。ところが原文では『古事記』の賀を『日本書紀』では餓にかえている。もちろん、字音はどちらもガだが、意味は異なるのである。賀はよろこぶだが、餓はうえである。

したがって字をかえるということは意味がかわるのである。しかも酒折宮問答歌の日は『芸文類聚』の日である。日日並べてといえば、十の太陽が並んで空でかがやき、熱くて餓えて死んでしまう。だから『日本書紀』は賀を餓にしたのである。いいかえれば、『日本書紀』は『古事記』の賀を餓にかえることにより、そこの賀が『芸文類聚』の十日の話だということを明らかにしたのである。もちろん、この十日というのは十の太陽である。

次の『古事記』と『日本書紀』の原詩は、わたしがはじめて、その漢字の違いに気がついたものである。

今更ことわることもないが、(1)が『古事記』で(2)が『日本書紀』である。

(1)用邇波許許能用

(2)用珥波虚虚能用

まず気がつくのは九を『古事記』では許許にし、『日本書紀』では虚虚にしていることである。『古事記』や『日本書紀』が参考にした『芸文類聚』というまでもなく、中国の古典ではすでに数字はごく普通に使われている。それを九という数字を許許とか虚虚とかわざわざ字で表現した酒折宮問答歌は、それだけでもこの問答歌をつくった作者の意図が字にこめられているのがわかるであろう。

『古事記』の九(ここ)、許許は『芸文類聚』の九烏によるものである。この九烏は夜を示すと同時に、皇帝発に亡ぼされた九の国を示している。したがって、許許能用といえば、九の夜であり、ヤマトタケルノミコトに、大和天皇家に亡ぼされた九つの国ということになる。しかも『古事記』ではその征服の方法は、その相手の敵を抹殺するのではなく、敵の存在を認め、間接的に支配しているのである。それが次の酒折宮問答歌の結末である。

その老人をほめて、即ち東の国造《あずまくにのみやつこ》を給ひき。

この老人《おきな》はヤマトタケルノミコトに答えた御火焼之老人のことで、ヤマトタケルノミコトに降伏したので、甲斐国の東の国の王にしたということである。原文の許許（ゆるすゆるす）は暗にその事実を述べているのである。ということは、『古事記』では他国の存在をそれなりに認めているのである。

それに対して、『日本書紀』は大和天皇家以外の国の存在を認めないのである。その一例が「日本」をヤマトと呼べ、以下ヤマトという時はすべて日本にせよという規則を『日本書紀』の前提にしていることでもわかる。したがって『古事記』の他国の存在を認めているような許許は認められなかった。

それで許許を虚虚になおしたのである。虚という字は無という字である。したがって、虚虚能用といえば、抹殺された夜となる。この夜は『芸文類聚』の九烏、羿の弓で射ち落された九烏のことである。この九烏は亡ぼされた九つの国でもある。それが虚虚能用、九（ここ）の亡ぼされた夜である。この夜は九烏、九夜である。

さて次の二つの文は酒折宮問答歌の最後の文句である。（1）が『古事記』で（2）が『日本書紀』である。

（1）比邇波登袁加袁

（2）比珥波莟塢伽塢

ここで目につくのは「を」の字のちがいである。『古事記』では「を」の字が「袁」になっているが『日本書紀』ではその「を」を「塢」にかえているのである。この変更はなんだろう。少なくとも袁という字に特別な意味はない。それに対して『日本書紀』の塢の字には意味を感ずるのである。というのは、そこに烏がいるからである。烏がいるということは、前にも述べたが、そこに『芸文類聚』の烏が、九烏が存在しているということである。九烏が存在しているということは、十日が存在しているということである。今更十日と九烏の関係を述べる要はないだろうが、九烏は夜でもあるのだ。夜は大和天皇家に反抗した国でもあるのだ。原文では烏に土へんがついているが、この土へんは国をあらわしている。したがって、塢という字は、大和天皇家に反逆した国をあらわす字ともとれるのである。

つまり原文は塢という字で、酒折宮問答歌がどのような問答歌であるのかしめくくったのである。少なくとも酒折宮問答歌は旅の日数をたずねるという歌ではなかった。その歌は大和天皇家が日本を統一支配したと天皇家がどんなにすばらしか、その威大さを誇示した歌だったのである。酒折宮返答歌は六二四年に奏上された『芸文類聚』を引用して記紀の編纂者が作った歌であった。つまり四〇〇年代に甲斐に来たと考えられる倭建命と御火焼老人がよんだ（作った）歌ではない。

さいごに『古事記』と『日本書紀』の酒折宮問答歌の原歌をわたしなりに日本語にして終えることにしよう。

にひはる　（新らし天皇家がかがやく）
筑波をすぎて　いく夜かないする　（いく国かないする）
かがなへて　（国をかぞえると）
夜にはここの夜　（支配した国は九つ）

十の国のうち

参考

『古事記』岩波日本古典文学大系
『日本書紀』岩波日本古典文学大系
『芸文類聚』
『甲斐国史』（上、中、下）
『塩鉄論』
『三国志』
「広開土王碑文」
『宋書』
『三国史記』

#『酒折宮とヤマトタケル』の出版を祝う会へのお礼

二〇一四（平成二六）三月一日の午後岡島デパートローヤル会館で私達夫婦を招待していただいて出版祝賀会を開いてくれました。

山梨郷土研究会の理事長の清雲俊元氏をはじめ、山梨県考古学協会、帝京大学山梨文化財研究所、山梨県埋蔵文化財センター、山梨県立考古博物館、山梨学院大学、山梨大学考古学研究会関係者、親しい友人など三〇余名が参加していただきお祝の言葉が話される中で和気あいあいの懇親会となり人数は多くはなかったのですが盛大な会でした。発起人は末木健、新津健、八巻与志夫、出月博文氏の各氏の代表として小野正文氏が会長となって会を盛りあげてくれました。

私が何より嬉しかったのはこの著書の目的であった酒折宮とヤマトタケルについての新説を認めていただいたことでした。本書と『甲斐古代豪族の系譜』を合本して再販されることを機会に改めて皆さんに感謝する次第です。

森　和敏

二〇二三年一一月吉日書斎にて

おわりに

古代史をなぜ学ぶかということは永遠の課題かもしれません。この課題にわずかでも挑戦できればとの思いと今の世相がこれでいいのかと考える疑問とを表現しようとして綴ってみました。

温故知新という言葉は西暦前四〇〇年前頃に生まれた中国の思想家孔子の言葉を記録した『論語』に載っています。また私が卒業した大学の卒業生の会で発行した新聞に同じ意味の「過去を未来の鏡として」という文章が書かれていました。

筆者は日本史を勉強してきて近頃考えていたことに今何を為す可きかを決めることが「温故知新」の目的ではないかと思うようになりました。この物語りの一五〇〇年以上も前にしかなかった経験を知ることにより遠い未来が視野に入り誤りのない考えや判断ができるようになると思うのです。

犬飼　和雄（いぬかい　かずお）

1930 年神奈川県に生れる。

東京大学文学部英文科卒業。法政大学名誉教授。中国四川大学客員教授。作家。作詞、作曲などを手がけた。

著書「緋魚」（文学界新人賞受賞）他多数。

翻訳『文学と直感』（研究社）他多数。

令和 6 年 1 月 1 日没。

北村　千鶴（きたむら ちづる）

1956 年山梨県笛吹市一宮町塩田 747 に生れる。

1974 年山梨県立日川高校卒業。1976 年相模女子大学短期大学国文科卒業。2005 年山梨県笛吹市一宮町塩田に戻り、郷土史研究を始める。

小林信一（こばやし　しんいち）

1947 年山梨県笛吹市八代町竹居門林 301 に生れる。

1965 年山梨県立石和高校卒業。2002 年日本国有鉄道を定年退職。その後郷土史研究を始める。民生委員。

森 和敏（もり　かずとし）
1938 年山梨県笛吹市増利 1791 に生れる。
1960 年国学院大学文学部史学科卒業。
1961 年八代町教育委員会勤務。
1972 年山梨県教育委員会に文化財保護専門職として勤務。
1998 年山梨県教育委員会定年退職。
著書『山梨県の考古学資料集』、『酒折野宮とヤマトタケル』、「八代町史」、各種遺跡発掘調査報告書ほか。

山梨県の古代史ー酒折宮とヤマトタケルの謎に迫るー

2024 年 4 月 29 日　発行

編著者　　森　和敏
発行者　　向山 美和子
発行所　　㈱アスパラ社
〒 409-3867
山梨県中巨摩郡昭和町清水新居 102-6
TEL 055-231-1133
装　丁　　㈱アド・ステーション
印　刷　　シナノ書籍印刷㈱

ISBN978-4-910674-10-0